# LETTRES

## NOUVELLES ET INÉDITES

### DE LA

# PRINCESSE PALATINE

PAR

## A.-A. ROLLAND

PARIS

*COLLECTION HETZEL*

J. HETZEL, LIBRAIRE-ÉDITEUR

18, RUE JACOB, 18

# LETTRES INÉDITES

DE LA

# PRINCESSE PALATINE

PARIS. — IMPRIMERIE DE J. CLAYE

Rue Saint-Benoît, 7

# LETTRES INÉDITES

DE LA

## PRINCESSE

# PALATINE

TRADUITES

## PAR A.-A. ROLLAND

(Abraham-Auguste)

## PARIS

*COLLECTION HETZEL*

J. HETZEL, LIBRAIRE-ÉDITEUR

18, RUE JACOB, 18

1863

# INTRODUCTION

Depuis un siècle et demi, les archives de Hanovre recélaient avec un soin jaloux une quantité innombrable de lettres adressées par la Princesse palatine à sa tante, l'électrice Sophie de Hanovre. Des historiens, des littérateurs et des curieux de tous pays avaient à différentes reprises frappé à la porte de ce dépôt mystérieux ; mais elle ne s'était ouverte que pour de rares privilégiés admis à lire seulement quelques lettres sans en pouvoir copier aucune. Il semblait donc que l'on dût désespérer de connaître cette collection précieuse à tant de titres, lorsqu'une honorable exception — honorable pour le prince qui l'a permise et pour l'écrivain qui en a été l'objet — fut faite récemment en faveur de l'illustre historien Léopold Ranke.

M. Ranke, dont la méthode savante a fait école en Allemagne, préparait un grand travail sur *l'histoire de France aux* XVI<sup>e</sup> *et* XVII<sup>e</sup> *siècles,* lorsqu'il demanda au roi de Hanovre l'autorisation de consulter ses archives. Georges V comprit qu'il s'agissait ici de maintenir à l'étranger la juste réputation de

science et de conscience que se sont acquise les savants et les écrivains de la patrie commune, de cet
*atelier d'idées de l'Europe,* comme un Anglais appelait
naguère l'Allemagne. Il comprit que M. Ranke n'était
pas un de ces curieux vulgaires qui ne recherchent
que le scandale et les historiettes de boudoir.

M. Ranke a donc puisé librement et à pleines mains
dans la correspondance de la Princesse palatine. Éla-
guant tout ce qui n'offrait qu'un intérêt médiocre, il
a publié, dans le cinquième volume de son *Histoire*[1],
les lettres dont nous donnons ici la première traduction française.

Sans doute, il reste encore à glaner, après le livre
de M. Ranke, qui lui-même vient déjà *compléter* la
*correspondance complète de la Princesse palatine* publiée
en 1854 par M. G. Brunet. Sans doute aussi les passages d'une crudité étrange qui ont éloigné les esprits
délicats des premières lettres de la Princesse palatine
n'abondent pas dans les lettres qu'on va lire comme
dans celles que les lecteurs qui ne reculent pas devant
les gros mots connaissent déjà. En revanche, on y
trouve des détails du plus haut intérêt sur la cour de
Louis XIV, sur la guerre, la politique et la religion du
grand siècle. Et ce qui donne à notre publication une
valeur toute particulière, c'est que le plus grand
nombre des lettres dont elle se compose sont confiden-

---

1. *Französische Geschichte vornehmlich im sechzehnten und
siebzehnten Jahrhundert, von Léopold Ranke. Stuttgart, J. G.
Cotta' scher Verlag, 1861.*

tielles et adressées par des *occasions sûres* (de peur du *cabinet noir*) à la personne que la Princesse palatine aimait et estimait le plus au monde, à cette tante Sophie qui l'avait élevée, qu'elle regardait presque comme une seconde mère, et à laquelle — c'est Madame elle-même qui le dit — elle confessait ses péchés avec plus de sincérité qu'au père Jordan, son directeur. M. Brunet, malgré le titre de *correspondance complète,* qu'il a donné à son recueil, excellent d'ailleurs, s'exprime ainsi dans l'avertissement placé en tête du premier volume : « On ne sait ce que sont devenues les lettres écrites à l'électrice de Hanovre; ce serait la partie la plus curieuse de la correspondance de Madame, car elle confiait à sa tante des secrets dont elle ne parlait pas ailleurs. » Eh bien ! ces lettres sont retrouvées. Nous en donnons la partie la plus intéressante, sans aucun doute, le choix ayant été fait par un homme de goût et de savoir, qui n'a pris évidemment que la fleur du panier.

Que M. Ranke nous permette de lui adresser ici nos bien sincères remercîments pour la bonne fortune dont nous lui sommes redevable, et pour la bienveillante obligeance avec laquelle il nous a autorisé à traduire non-seulement ces lettres, mais son *Histoire complète,* Histoire que nous nous proposons également de faire connaître bientôt au public français.

Cela dit, peut-être ne sera-t-il pas hors de propos de placer ici, en guise de préface, quelques mots sur la Princesse palatine et sa tante Sophie.

Élisabeth-Charlotte, fille de l'électeur palatin, Georges-Louis, nous apprend elle-même qu'elle naquit à Heidelberg au mois de septembre 1652. Très-jeune encore, elle fut confiée à sa tante l'électrice Sophie de Hanovre, qu'elle ne quitta que pour venir en France épouser Monsieur, duc d'Orléans, frère de Louis XIV. Monsieur était veuf de cette Henriette d'Angleterre que Bossuet, en jetant sur sa tombe ce cri sublime : « Madame se meurt, Madame est morte! » a enveloppée dans sa propre gloire comme dans un incorruptible linceul.

Convertie au catholicisme, à l'occasion de son mariage, sans que la religion de ses pères cessât de régner dans son cœur, la fille de l'électeur épousa Monsieur le 16 novembre 1671, et en devint veuve en 1701 après trente années d'une union qui fut loin d'être heureuse. Elle eut trois enfants : le duc de Valois, né en 1673, qui mourut à l'âge de trois ans; le duc de Chartres, né en 1674 et qui fut le Régent; enfin la duchesse de Chartres, Charlotte-Élisabeth, née le 2 septembre 1676, mariée en 1698 au duc de Lorraine et morte le 13 novembre 1744.

Quant à la Princesse palatine, elle mourut septuagénaire, le 8 décembre 1722, un an après le Régent. Elle fut ensevelie à Saint-Denis, et Massillon prononça son oraison funèbre.

Le nom qu'on lui donnait à la cour était *Madame;* son nom officiel était : *Madame duchesse d'Orléans,* mais l'histoire lui a conservé celui de *Princesse palatine.*

S'il est dans la cour brillante de Louis XIV une

figure originale entre toutes, c'est assurément celle de
la mère du Régent : « Madame, dit Saint-Simon, tenoit
beaucoup plus de l'homme que de la femme ; elle étoit
forte, courageuse, allemande au dernier point, franche, droite, bonne, bienfaisante, noble et grande en
toutes ses manières ; petite au dernier point sur tout
ce qui regardoit ce qui lui étoit dû : elle étoit sauvage, toujours enfermée à écrire, dure, rude, se pre-
nant aisément d'aversion ; nulle complaisance, nul
tour dans l'esprit, quoiqu'elle ne manquât pas d'esprit ; la figure et le rustre d'un Suisse ; capable avec
cela d'une amitié tendre et inviolable. »

Qu'on se représente donc cette nature virile accou-
plée au prince le plus efféminé de son temps, ce laideron qui, au milieu des splendeurs de Versailles,
regrette la choucroute, les saucisses et la grosse bonhomie de son pays ; cette patriote entêtée qui saute
de joie en apprenant la défaite des Français à Consar-
rebrück, et l'on se dira qu'elle devait sembler bien
étrange en France, et surtout à la cour, à une époque
où la beauté régnait en souveraine en la personne des
La Vallière et des Montespan, où les raffinements les
plus délicats s'étaient déjà introduits dans les plaisirs
de la table aussi bien que dans tous les autres, où
enfin le patriotisme était surexcité au delà de toute
expression par les victoires de celui qui était encore
le grand roi. De quel œil le monarque qui ne pouvait souffrir les *magots* des Téniers devait-il voir
une princesse qui trace d'elle-même le portrait suivant : « Il faut bien que je sois laide : je n'ai

point de traits; de petits yeux, un nez court et gros, des lèvres longues et plates; tout cela ne peut former une physionomie. J'ai de grandes joues pendantes et un grand visage : cependant je suis très-petite de taille, courte et grosse; j'ai le corps et les cuisses courts : somme totale, je suis un petit laideron. Si je n'avais bon cœur, on ne me supporterait nulle part. Pour savoir si mes yeux annoncent de l'esprit, il faudrait les examiner au microscope ou avec des conserves; autrement il serait difficile d'en juger. On ne trouverait probablement pas sur toute la terre des mains plus vilaines que les miennes. Le roi m'en a souvent fait l'observation, et m'a fait rire de bon cœur; car, n'ayant pu me flatter, en conscience, d'avoir quelque chose de joli, j'ai pris le parti de rire la première de ma laideur : cela m'a très-bien réussi, et j'ai souvent trouvé de quoi rire. »

Mais si Madame riait de sa laideur, elle ne riait plus quand il s'agissait de son rang et de ses prérogatives. Intraitable sur le chapitre des mésalliances jusqu'à scandaliser Louis XIV lui-même, elle soufflette en présence de toute la cour, dans la grande galerie de Versailles, son fils qui vient lui baiser la main après avoir consenti à épouser une bâtarde du roi, M<sup>lle</sup> de Blois. Après le mariage du duc de Bourgogne, dont la jeune femme doit avoir le pas sur elle, Madame se réjouit de n'être plus la première parce que si le mariage de la Maintenon vient à être déclaré, elle ne sera pas obligée de donner à *cette ordure,* comme elle l'appelle, la chemise et les gants.

On est toujours puni par où l'on pèche, dit le proverbe. C'est ce qui arriva à Madame. Ses plus grands crève-cœur lui furent causés par des questions de rang et d'étiquette. On ne la voulait pas dans le *particulier* du roi, on l'excluait du *cabinet* de Sa Majesté. Lorsque la reine d'Angleterre (la femme de Jacques II) allait à Marly et qu'elle faisait des promenades à pied ou en voiture avec Louis XIV, la reine et la princesse d'Angleterre, la Dauphine et les princesses allaient avec le roi, et, grâce à son ennemie intime M^me de Maintenon, Madame était la seule qu'on renvoyât. Aussi que de colère s'amassait dans son cœur contre cette *vieille*, ce *méchant diable*, cette *ripopée*, cette *ratatinée* de Maintenon! « Je fais comme disait mon père, écrit Madame dans une de ses lettres, *je prends patience en enrageant.* » Elle aurait pu ajouter : *et je me venge en écrivant.* En effet, c'est dans ses lettres qu'elle épanche toute sa bile, et si l'on doit juger de la quantité de celle-ci par la quantité d'encre qu'elle use, il faut convenir qu'elle en avait de quoi l'étouffer. Aussi bien nous apprend-elle que, lorsqu'elle était triste, sa rate se gonflait tellement qu'il lui montait des vapeurs à la tête et qu'elle devenait insupportable. Quant à ses lettres, on peut dire qu'elle en a inondé l'Europe entière pendant au moins cinquante ans, c'est-à-dire depuis 1671, année de son mariage, jusqu'à 1722, époque de sa mort. Elle en écrivait quelquefois dix dans un jour, et ce n'était pas de ces petites lettres de duchesse élégante et frêle; non, mais des lettres rudes, vives, brutales, spirituelles et sensées comme elle, des lettres de vingt ou trente pages farcies de *tout ce qui lui passait par la tête*; des morceaux de résistance, de vrais pâtés épisto-laires où il y avait de quoi mordre à belles dents, des *livres* enfin comme elle les appelle souvent. Elle en-voyait de ces pâtés — de ces lettres, voulons-nous dire, — à sa fille la duchesse de Lorraine; à la reine de Prusse Sophie-Charlotte, sa cousine; à la duchesse de Modène, fille du duc de Hanovre, frère de son oncle l'électeur; aux deux filles de Monsieur : Marie-Louise, femme de Charles II d'Espagne, et Anne-Marie, femme de Victor-Amédée de Savoie; à Leibnitz; à sa dame d'honneur et intime amie la comtesse de Beuvron, éloignée d'elle pendant un certain temps par l'in-fluence malfaisante du chevalier de Lorraine, favori de Monsieur; au duc Ulrich de Brunswick; à la prin-cesse Wilhelmine-Caroline de Galles, enfin à ses deux tantes, l'abbesse de Maubuisson et l'électrice Sophie !

Elle écrivait du matin au soir et presque du soir au matin, car parfois elle y passait une partie des nuits. Chaque jour de la semaine était consacré à un ou deux de ses correspondants habituels, et il fallait des rai-sons majeures pour que Madame manquât de profiter de *l'ordinaire,* ainsi qu'on appelait la poste en ce temps-là. « Le dimanche, dit-elle, j'écris à ma chère tante, l'électrice de Hanovre, et en Lorraine; le lundi en Savoie et à la reine d'Espagne; le mardi en Lorraine; le mercredi à Modène; le jeudi encore en Hanovre; le vendredi en Lorraine, et le samedi je m'acquitte de l'arriéré. » Ainsi pas un seul jour de repos! ni diman-

ches, ni fêtes, rien n'y fait; pour elle, écrire et chasser,
chasser et écrire, c'est toute la vie. Qu'on juge d'après
cela, s'il est possible de parler de *correspondance complète* en deux petits volumes in-18. Autant vaudrait dire
qu'on peut soutirer l'Océan dans une bouteille. *Complète*
et *correspondance de la Princesse palatine* sont deux
expressions qui jurent entre elles autant que le nom
*d'agneau,* que se donne Madame, jure avec son portrait physique et avec son caractère. « Je suis, disait-
elle en venant en France, l'agneau politique sacrifié
pour son pays. » Singulier agneau, en vérité, qui, dès
son apparition à la cour, commence par montrer les
griffes. Écoutons-la plutôt raconter de quelle façon elle
arrêta tout court, pour son début, la mauvaise langue
de Mᵐᵉ de Fiennes. « Mᵐᵉ de Fiennes avait beaucoup
d'esprit et aimait la raillerie; sa langue n'épargnait
personne que moi. Comme je vis qu'elle ne ménageait nullement dans ses propos ni le roi, ni Monsieur,
ni qui que ce fût, je la pris un jour par la main,
et, la conduisant dans un coin, je lui dis : « Madame,
vous êtes aimable, vous avez beaucoup d'esprit, mais
vous avez une manière de parler dont le roi et Monsieur s'accommodent parce qu'ils y sont accoutumés;
pour moi, *qui ne fais que d'arriver,* je n'y suis point
faite; je me fâche quand on se moque de moi; c'est
pourquoi j'ai voulu vous donner un petit avis. Si vous
m'épargnez, nous serons très-bien ensemble; mais si
vous me traitez comme les autres, je ne vous dirai
rien; cependant je m'en plaindrai à votre mari, et,
s'il ne vous corrige pas, je le chasserai. » Il était mon

écuyer ordinaire. Elle me promit de ne jamais parler
de moi, et elle a tenu parole. Monsieur disait souvent :
« Mais comment faites-vous pour que M^me de Fiennes
ne vous dise rien de fâcheux? » Je répondais : « C'est
qu'elle m'aime. » Je ne voulais pas lui dire ce que
j'avais fait, car il l'aurait excitée contre moi[1]. »

On reconnaît bien ici la prudence du serpent, mais
non pas, certes, la douceur de l'agneau. Autre trait de
haute prudence. Convaincue que la première Madame
avait été empoisonnée, elle ne se gêne pas pour faire
savoir, dès son arrivée, qu'elle connaît à fond cette
mystérieuse affaire, et qu'elle est sur ses gardes. De
là cette haine profonde, implacable, que lui vouèrent
le chevalier de Lorraine, le marquis d'Effiat et toute la
*cabale*. Du reste, malgré ses colères, ou plutôt ses
vivacités, malgré les traits mordants qu'elle décoche
dans ses lettres sur tout ce qu'elle n'aime pas, la
Princesse palatine se recommande par sa franchise et
par un fond de bonhomie qu'on ne saurait méconnaî-
tre. Elle avoue naïvement qu'il est malaisé d'aimer
ceux qui nous font du mal, comme la religion le
commande, et « qu'il vaudrait mieux n'aimer que
ceux qui nous font du bien. » Elle ne fait parade ni
de vertu, ni de religion, ni de quoi que ce soit au
monde. Son fils, le *fanfaron de vice,* comme l'appelait
Louis XIV, l'impatiente surtout, parce qu'il force son
naturel pour être libertin, « sans cela, dit-elle, je
n'aurais pas la moitié tant de reproches à lui faire. »

1. *Correspondance* de Madame, duchesse d'Orléans, traduction
de M. G. Brunet, 2 vol. in-12.

Elle se résigne à ne jouer aucun rôle politique, ce qui d'ailleurs est conforme à ses goûts, et elle ne demande qu'une chose : vivre à son aise et en paix. Elle passe son temps à chasser, à lire la Bible qu'elle trouve *très-divertissante*, à feuilleter ses recueils d'estampes, à examiner son médaillier et ses pierres gravées, à écrire enfin, et à regarder passer autour d'elle tous les personnages qu'elle crayonne si bien. Son esprit est un singulier mélange d'orgueil aristocratique et d'insouciance du monde, de *rationalisme* et de superstition, de *rouerie* (qu'on nous passe l'expression) et de candeur, d'innocente fourberie et de naïve franchise. Bonne mère, bien qu'elle n'ait pas aimé, dit-elle cyniquement, *le métier de faire des enfants;* bonne amie, comme le prouvent ses sollicitations au roi en faveur de *sa pauvre Théobon,* victime de son dévouement pour elle; ardente et incorruptible patriote, ainsi qu'on le verra par plusieurs de ces lettres, il ne manquait à Madame qu'un peu plus d'énergie et d'esprit de suite pour dominer ses ennemis et se faire au moins craindre de ceux dont elle ne parvint jamais à se faire aimer. Mais, comme lui disait M^me de Maintenon, et comme elle l'avoue elle-même, «*elle n'était bonne à rien;*» d'ailleurs irréprochable dans sa vie privée au témoignage du roi et de tous les contemporains. Au point de vue littéraire, s'il est permis de s'exprimer ainsi en parlant de ses lettres, elle brille par le naturel, l'entrain, la rondeur et presque toujours par un rare bonheur d'expression. N'est-ce pas elle qui a dit ce mot si profond dans son effrayant laconisme : « Les princes se méprisent parce qu'ils se connaissent. »

Quant à la langue proprement dite, à la langue selon la grammaire, à l'orthographe surtout, et à toute
la partie extérieure du style, Madame se permet des
licences si fortes qu'elle a plus d'une fois embarrassé
son traducteur. Pas de ponctuation, des majuscules
au milieu des phrases, des archaïsmes partout et des
mots défigurés comme ceux-ci, par exemple : en français, *cossement* pour *logement,* en allemand, *Auffer-
zucht* pour *Zögling,* etc. ; nous en passons et des
meilleurs. Mais il n'y faut pas regarder de si près
ni se montrer plus sévère que Leibnitz, qui lui faisait
dire par sa tante qu'elle écrivait très-bien l'allemand, compliment qui flattait son patriotisme, mais
qu'elle décline cependant avec une modestie assez
comique.

Sa correspondante préférée, la princesse Sophie, électrice de Hanovre, était fille de l'électeur palatin Frédéric V, qui, pour avoir accepté, en 1619, la couronne de
Bohême, perdit bientôt après et son royaume et son
électorat, et d'Élisabeth Stuart, dont le père était
Jacques Ier, roi d'Angleterre. Née en 1630, elle passa
ses premières années en exil à La Haye. Jeune encore,
elle fut envoyée, pour achever son éducation, auprès
de son frère Charles-Louis, père de Madame, que le
traité de Westphalie avait réintégré dans l'électorat
enlevé au malheureux Frédéric V. Elle épousa en 1658
le duc Ernest-Auguste de la maison de Brunswick-
Lunebourg-Hanovre, qui fut plus tard premier électeur
de Hanovre et dont le fils Georges-Louis devint, à la

mort de la reine Anne, sous le nom de Georges Ier, le premier roi d'Angleterre de la maison de Hanovre. Il tenait ses droits à la couronne de sa mère, la princesse Sophie, laquelle était, dit Saint-Simon, fille de la sœur de Charles Ier, *qui eut la tête coupée.* Outre la ligne royale des Stuarts, dit encore l'auteur des *Mémoires,* il y avait bien plusieurs héritiers plus proches, mais tous catholiques, et elle était la plus proche d'entre les protestants. C'était une princesse de grand mérite. Elle avait élevé Madame qui était fille de son frère; celle-ci lui conserva un extrême attachement, et toute sa vie lui écrivit deux fois la semaine des lettres longues d'ordinaire de vingt à vingt-cinq pages. C'est, en effet, à sa tante Sophie que la Princesse palatine adressait ces lettres si étranges que le roi vit et qui faillirent la perdre à la mort de Monsieur. La princesse Sophie mourut le 18 juin 1714 à l'âge de quatre-vingts ans, à la veille de s'asseoir sur le trône d'Angleterre, où son fils Georges-Louis prit sa place.

La dernière lettre du présent recueil fut écrite par Madame le 15 juin 1714, c'est-à-dire trois jours avant la mort de sa tante qui n'a pas dû la lire, car à cette époque une lettre n'allait certainement pas de Paris à Hanovre en trois jours. Nous n'avons point à entrer dans de plus longs détails sur la princesse Sophie. Ceux qui désireraient se renseigner plus amplement sur son compte peuvent consulter l'ouvrage intitulé : *La princesse électrice Sophie de Hanovre*[1].

1. *Churfürstin Sophie von Hanover, im Umrisz.* (Hanovre, 1810.)

Il est encore un dernier point sur lequel nous empruntons à *l'avertissement* de M. G. Brunet quelques éclaircissements indispensables pour l'intelligence des présentes lettres.

« Parmi les nombreuses personnes à qui la duchesse adressait de longues épîtres, il faut distinguer ses sœurs consanguines, les comtesses palatines. Le père d'Élisabeth-Charlotte, l'électeur palatin Charles-Louis, se sépara de sa femme, Charlotte de Hesse - Cassel, et il épousa Louise de Degenfeld dont il eut huit enfants, cinq fils et trois filles; ils prirent le titre de *rangraves* (+) palatins.

« Après la mort de l'électeur Charles-Louis, son frère Charles lui succéda; et, venant à décéder en 1685, il fut remplacé, malgré l'opposition de la France, par Philippe, de la branche collatérale de Neubourg; les enfants de Charles-Louis furent exclus de la succession. (++) Les fils prirent du service dans les armées; les sœurs séjournèrent d'abord à Francfort, puis en Hanovre, auprès de leur tante Sophie, ensuite en Angleterre, où l'aînée, Caroline, épousa le fils du célèbre maréchal de Schomberg; mais peu de temps après, elle mourut en 1696. Les deux autres sœurs, Amélie et Louise, revinrent en Allemagne, où Amélie mourut en 1709. La duchesse commença en 1676 à écrire à Charles-Louis, l'aîné des jeunes *rangraves*; il ne tarda pas à la rejoindre à Paris; elle adressa quelques lettres à son frère, Charles-Maurice; mais, avec ses deux sœurs Amélie et Louise, elle entretint une correspondance active, qui commence en 1695, devient de plus en plus considérable et intime à mesure que la duchesse perd ses autres parents, et n'arrive à son terme que quelques jours avant la mort de la princesse elle-même.

« Les cinq frères consanguins de Madame moururent tous sans postérité : la plupart trouvèrent la mort au champ d'honneur. L'aîné, Charles-Louis, était entré au service de la république de Venise; il mourut, en 1688, au siége de Négrepont; Charles-Édouard, devenu officier autrichien, expira en 1690, dans un combat livré aux Turcs; Charles-Auguste tomba, en 1691, sous le drapeau prussien, en combattant les Français; Charles-Casimir fut la même année tué en duel; enfin Charles-Maurice succomba en 1702, victime de son intempérance. »

Outre ces renseignements sommaires, mais suffisants, nous avons joint au texte, partout où cela nous a paru nécessaire, des notes explicatives qui en faciliteront la lecture. Nous espérons donc que le public accueillera favorablement ce travail qui, à défaut d'autres mérites, se recommande par le soin consciencieux que nous y avons apporté. Si le succès répond à notre attente, nous nous proposons de donner bientôt une édition *aussi complète que possible* des lettres de la Princesse palatine.

ABRAHAM-AUGUSTE ROLLAND.

# LETTRES NOUVELLES

## INÉDITES

### DE LA

# PRINCESSE PALATINE

---

## I.

Saint-Germain, le 5 février 1672.

Ma très-chère tante, vous ne recevrez pas encore de portrait par M$^{me}$ de Warttenberg : celui que j'ai fait faire pour papa n'était pas assez sec pour partir avec les autres; mais j'espère, en envoyant à papa le sien, pouvoir y joindre ceux qui vous sont destinés. Cependant j'aimerais mille fois mieux vous les porter moi-même, ou bien que vous vinssiez, vous et mon oncle, les chercher ici; mais je crains que ni l'une ni l'autre chose ne soient possibles. J'ai peine à croire que vous veniez ici avec mon oncle, et quant à *marcher* moi-même avec le roi [1], c'est tout aussi peu probable,

---

1. *Marschiren,* dit le texte. Il s'agit ici du voyage que Louis XIV fit, en 1672, dans la Flandre nouvellement conquise. Cette éclatante marche royale, où trente mille hommes précédaient ou suivaient la cour, rappelait celle de 1670 destinée à cacher le voyage de M$^{me}$ Henriette d'Angleterre, envoyée secrètement en plénipotentiaire par Louis XIV auprès de Charles II, roi d'Angleterre, afin de le détacher de la Hollande qu'on se disposait à attaquer.

1

vu que la reine est dans un état de grossesse très-
avancée, et qu'on attend ses couches d'un jour à
l'autre.

Ce n'est pas que je fasse ici des promenades plus
longues ni plus fréquentes que je n'avais coutume de
les faire chez nous; mais les gens de ce pays-ci ne
savent pas mieux marcher que les oies, et, sauf le
roi, M^me^ de Chevreuse et moi, il n'y a pas un être
capable de faire vingt pas sans suer et perdre haleine.
Je voudrais bien avoir galopé un peu hier après souper, je n'aurais pas été malade, comme vous le
verrez par la lettre de M^me^ de Harling [1]. Je ne vois
presque jamais le duc Mazarin, et je ne lui ai pas
encore parlé; mais la première fois que j'aurai l'occasion de le faire, je veux que Cantenac fasse des
excuses [2]. Quand M^me^ de Warttenberg a dit à Dondorff
que j'avais tellement crié que j'en avais le côté enflé,
elle a dit vrai; car, de Strasbourg à Châlons, je n'ai
fait que crier toute la nuit. Je ne pouvais pas me
résigner à quitter ceux qui venaient de me faire leurs
adieux, et je me suis montrée à Strasbourg plus dure

---

1. M^me^ de Harling, qui se nommait avant son mariage M^lle^ de
Offeln, avait été l'institutrice de la jeune princesse palatine qui
lui voua une affection à toute épreuve. Cette dame fut une des
nombreuses correspondantes de son ancienne élève après que
celle-ci eut épousé le frère de Louis XIV, Philippe d'Orléans.

2. Cantenac, poëte médiocre du xvii^e^ siècle, auteur d'un recueil de *poésies nouvelles et œuvres galantes*, imprimé à Paris,
en 1661 et 1665, ainsi que de *l'Occasion perdue et retrouvée*,
attribuée à tort à Pierre Corneille. Il s'était sans doute permis
quelque quatrain qui avait déplu à Madame.

que ne l'était mon cœur[1]. J'aurais bien voulu vous écrire plus longuement, mais je dois aller à l'instant chez la reine...

## II.

Saint-Cloud, le 5 août 1673.

... Quant à mon petit[2], il est si énormément grand et fort, qu'avec votre permission (*met verloff*[3]), il ressemble plutôt à un Allemand, et même à un Westphalien, qu'à un Français, comme vous pourrez en juger par son portrait... Tout le monde ici dit qu'il me ressemble; vous pouvez bien penser dès lors que ce n'est pas précisément un très-beau garçon; mais pourvu qu'il plaise à la princesse ma filleule[4], tout est bien,

1. Il s'agit ici des adieux de Madame à ses parents et amis d'Allemagne, lorsqu'elle vint en France en novembre 1671 épouser le duc d'Orléans.

2. Le duc de Valois, premier enfant de Madame; il mourut en 1676 : « Mon médecin, le vieux M. Esprit, dit Madame dans sa correspondance, l'a tué comme s'il lui avait tiré un coup de pistolet dans la tête; mais tout cela est de l'histoire ancienne. » ( Lettre du 28 novembre 1717. )

3. *Met verloff*. Cette expression hollandaise, qui signifie littéralement *avec permission*, revient assez souvent sous la plume de Madame, et nous la conservons là où elle se présente. C'est une manière d'éviter le *sauf votre respect* qui devait être déjà bien suranné à la brillante cour de Louis XIV. Du reste Madame et sa tante Sophie parlaient très-bien le hollandais, comme on le verra plus loin.

4. Cette filleule est la fille de la princesse Sophie, Sophie-Charlotte, qui épousa en 1684 Frédéric III, électeur de Brandebourg, et premier roi de Prusse.

car, ainsi que vous me l'écrivez, avec le temps ils feront un couple.

## III.

Saint-Cloud, le 10 octobre 1673.

J'espère, la semaine prochaine, suivre à cheval la chasse du roi; il m'a fait écrire par Monsieur qu'il *prétendait* que j'allasse chasser avec lui deux fois par semaine. Cela sera tout à fait dans mes goûts, comme disait toujours Gibson, car ma tante sait bien que sa Liselotte [1] a été de tout temps un petit démon [2].

... Cependant l'équitation me sera utile pour une chose que vous m'avez souvent recommandée : me tenir droite... Mon maître m'a déjà rendu ce témoignage que je ne me courbe plus autant qu'autrefois. Cependant, quand je travaille, cela ne va plus tout à fait aussi bien. Je vous l'avoue et vous le confesse, comme je confesse mes péchés au père Jordan, peut-être même avec un peu plus de franchise; la cause en est, je crois, que je suis plus habituée à me confesser à vous qu'à lui; pourtant nous nous entendons très-bien ensemble, car c'est un fort honnête homme... Je vous prie de me croire, etc.

1. *Liselotte*. Combinaison des deux noms de Madame, Charlotte et Élisabeth. C'était un petit nom d'amitié que lui donnait sa tante Sophie.

2. *Ein rausschenplatten Knechtgen.*

## IV.

Saint-Cloud, le 14 septembre 1675.

Que je vous témoigne d'abord ma joie de ce que
le Dieu tout-puissant a daigné préserver de tout accident, devant Trèves, mon oncle, mon parrain et notre
prince [1]. En apprenant cette nouvelle, je n'ai pas pu
sauter comme je l'avais fait en apprenant le gain de
la bataille [2], parce que c'est le roi lui-même qui m'a
annoncé la prise de Trèves. Il faisait des éloges inouïs
de mon oncle et de mon parrain, et disait que les prisonniers ne pouvaient assez se louer d'être tombés en
des mains si généreuses et si vaillantes. Je lui ai raconté à mon tour la noble conduite de notre prince [3]
dans la bataille ; je lui ai appris que non-seulement il
avait marché contre l'ennemi, mais encore qu'il avait
sauvé la vie à un grand nombre d'hommes ; et, lorsque
j'ai dit au roi et à Monsieur qu'il avait à peine quinze

1. Il s'agit du siége de Trèves où le maréchal de Créqui fut fait
prisonnier, le 6 septembre 1675, par le duc de Lorraine, après
avoir défendu cette place pendant un mois.

2. La bataille de Consarbrück (11 août 1675), où le maréchal
de Créqui, s'étant laissé surprendre par le duc de Lorraine, vit sa
petite armée défaite et taillée en pièces. C'est à la suite de ce désastre que le maréchal se jeta dans Trèves. L'oncle de Madame
contribua beaucoup au gain de cette bataille.

3. Georges-Louis, qui fut depuis roi d'Angleterre sous le nom
de Georges Ier. Né à Osnabrück, le 28 mai 1660, il avait quinze
ans révolus, et non *quinze ans à peine*, comme le dit plus loin
Madame, le 14 septembre 1675.

ans, ils n'en revenaient pas.... Je suis bien sûre que
cela ne vous eût pas fait de peine d'entendre comme
tout le monde l'admirait. Pendant trois jours, on n'a
pas parlé d'autre chose...

Je dois vous avouer que je me suis parfaitement
bien divertie à Fontainebleau ; mais ce plaisir s'est
changé pour moi en une bien grande amertume ; en revenant ici, j'ai trouvé l'aîné de mes enfants [1] presque
à la mort... J'ai dit à Monsieur que si j'étais le maître,
j'enverrais mes enfants en pension à Osnabrück, chez
M^me de Harling ; car je serais sûre qu'ils n'y mourraient pas, et qu'on ne les élèverait pas trop délicate-
ment, comme c'est l'usage dans ce pays, ce dont j'en-
rage dans ma peau.

## V.

Paris, le 2 octobre 1675.

Votre excellente lettre, que j'ai reçue hier, m'a réjoui
le cœur, car j'y ai vu d'abord que, grâce à Dieu, vous
aviez eu le bonheur de voir revenir sains et saufs mon
oncle, les princes et mon parrain, ensuite que vous
étiez tous assez bons pour être contents de moi... J'ai
éprouvé hier un véritable plaisir à entendre M. de
La Trousse [2] exprimer son admiration pour ces trois
messieurs, dont il fait le plus grand éloge...

Tous les courtisans m'amènent presque chaque jour

1. Le futur régent.
2. Un des chefs de corps à la bataille de Consarbrück.

des prisonniers de notre duc pour me faire *leur cour*, comme ils disent ; car maintenant ils savent tous avec quel plaisir j'entends leurs récits ; d'autres me rapportent ce qu'ont dit les prisonniers. Hier on m'amena MM. de Sourdis et de Rochebrune ; mais comme j'allais me rendre en ville, je n'ai pas eu le temps de leur parler, et je les ai renvoyés à un autre jour. A chaque instant, l'on vient dans ma chambre me dire : « Madame, voilà encore des louanges de messieurs vos oncles et de monsieur votre cousin [1]. » Cela dure toute la journée. Monsieur lui-même m'amène de ces visites, sachant que j'y prends plaisir. On pense maintenant que je dois être quelque chose d'extraordinaire parce que j'ai passé cinq ans auprès de vous ; et moi, pour ne pas vous faire honte, je réponds à cela que, sans aucun doute, si j'y étais restée plus longtemps,

---

1. *Messieurs vos oncles et monsieur votre cousin.* Les oncles étaient Ernest-Auguste, électeur de Hanovre, mari de la princesse Sophie, et son frère aîné George-Guillaume, duc de Brunswick-Zell, qui légua à Ernest-Auguste, lors de son mariage, toutes ses principautés, en s'engageant par un acte en bonne forme à rester toute sa vie dans le célibat. Il épousa cependant par la suite une Française, la célèbre Éléonore d'Olbreuse, fille d'Alexandre d'Esmiers, seigneur d'Olbreuse, petit gentilhomme poitevin. Le cousin était le fils d'Ernest-Auguste et de Sophie, Georges-Louis, qui devint roi d'Angleterre en 1714, à la mort de la reine Anne. Il avait épousé la fille d'Éléonore, Sophie-Dorothée, si connue par ses malheurs et sa longue captivité. Georges-Louis, avant de devenir roi d'Angleterre, succéda en 1698 à son père Ernest-Auguste, premier électeur de Hanovre, et en 1705 il hérita de son oncle le duché de Lünebourg-Zell, qu'il réunit à son électorat.

j'aurais été beaucoup mieux élevée que par M^{lle} Kolb [1], et que malheureusement je vous ai été enlevée trop tôt. Bref, toute la cour me témoigne une estime particulière, et j'entends, au passage, des gens dire : « Ces princes qu'on loue tant sont oncles et cousin germain de Madame. » De mon côté, j'en suis toute fière, et, lorsque je reçois une lettre de vous, je la lis trois et quatre fois, en ayant soin de choisir les endroits où il y a le plus de monde, car on me demande ordinairement de qui vient cette lettre, et moi je réponds en regardant par-dessus l'épaule : de ma tante M^{me} la duchesse d'Osnabrück [2]. Il faut voir alors comme tout le monde ouvre de grands yeux ; on dirait des vaches devant une porte neuve. Vous ne sauriez croire combien m'a fait honneur votre dernière lettre, si agréable pour moi ; comme elle était un peu longue, j'entendais, derrière moi, mes gens dire à des personnes qui voulaient me parler : « Ne parlez pas encore à Madame, elle lit une grande lettre de M^{me} sa tante d'Osnabrück. » Cela double aussitôt le respect qu'on a pour moi...

J'ai dit hier à Monsieur, au moment où il se rendait à Versailles, que le vieux duc de Lorraine [3] et ses

---

1. M^{lle} Kolb, institutrice de Madame.

2. L'oncle de Madame était depuis 1662 évêque et duc d'Osnabrück.

3. Charles IV de Lorraine, né en 1604, mort à l'âge de soixante-onze ans, le 18 septembre 1675, c'est-à-dire quinze jours avant que cette lettre ne fût écrite. Après avoir pris Trèves, grâce à la trahison de la garnison qui capitula malgré son chef, il envoya prisonnier à Coblentz le maréchal de Créqui, lequel avait refusé

hommes avaient laissé sortir la garnison de Trèves avec les honneurs de la guerre, et que mon oncle et mon parrain en avaient été très-mécontents. Il m'a promis de le dire au roi. Demain je vais à Versailles, mais je n'y coucherai pas à cause de l'aîné de mes enfants qui n'est pas encore tout à fait rétabli.

## VI.

Saint-Clôud, le 30 août 1676.

Je n'ai pas encore dit au roi çe que vous m'avez écrit pour lui, à savoir que mon oncle est de l'autre parti ; il ne s'est pas encore présenté d'occasion de le faire... Mais, au premier jour, je saisirai un moment opportun, et je lui demanderai s'il ne s'aperçoit de rien. Je crois pourtant qu'il commence à se mordre un peu les doigts d'avoir suivi les conseils de ce gros rustre[1] et de n'avoir pas mieux ménagé les seigneurs; mais j'espère que lorsqu'une fois il aura bien ouvert les yeux, il n'approuvera pas *cet apôtre*. Je désirerais que, pour raccommoder les affaires, ce gros pansu fît le mariage de ma filleule avec M. le dauphin.

... J'ai dit à Monsieur que vous aimeriez mieux voir le dauphin épouser notre Mademoiselle que la princesse

d'être compris dans cette capitulation qui mécontentait si fort l'oncle et le parrain de Madame, parce qu'on avait laissé sortir la garnison avec les honneurs de la guerre.

1. Ce gros rustre doit être Louvois dont M^me de Sévigné écrivait précisément en 1676 : « Il a tout pouvoir, et fait avancer et reculer les armées comme il le trouve à propos. »

électrice de Bavière[1] ; il en a été ravi, et l'on ne peut
lui faire de plus grand plaisir que de le lui dire. Aussi,
il ne me voit jamais une seule fois vous écrire sans
me recommander de vous faire de sa part mille compliments.

## VII.

Saint-Germain, le 14 décembre 1676.

Je vous supplie de vouloir bien me pardonner si je
suis restée une éternité sans vous écrire. D'abord je
suis allée à Versailles, où nous étions occupés toute
la journée. Depuis le matin jusqu'à trois heures de
l'après-midi, l'on chassait ; en revenant de la chasse,
on changeait de costume et l'on montait au jeu, où
l'on restait jusqu'à sept heures du soir ; puis on allait
à la comédie, qui ne finissait qu'à dix heures et demie
du soir ; après la comédie on soupait ; après le souper
venait le bal qui durait jusqu'à trois heures du matin,
et alors seulement on allait se coucher. Je vous laisse
à penser si j'avais le temps d'écrire. Depuis que je
suis de retour ici, je voulais chaque jour vous répondre ; mais j'en ai été constamment détournée, sur-

1. Marie-Anne-Christine-Victoire de Bavière, née le 28 novembre 1660 à Munich, morte le 20 avril 1690, fille de Ferdi-
nand, électeur de Bavière, et de Henriette-Adélaïde de Savoie ;
elle épousa Louis, dauphin de France, le 7 mars 1680, à Châ-
lons-sur-Marne. Selon M<sup>me</sup> de Caylus, « cette princesse était
non-seulement laide, mais choquante. »

tout par les ennuyeuses visites que m'a values ma
chute de cheval. Il faut que je vous conte cette histoire : Nous avions déjà pris un lièvre et fait envoler
une pie. Comme nous allions au tout petit pas, je
m'aperçois que ma robe n'est pas bien arrangée sous
moi ; j'arrête mon cheval et je me baisse pour la ra-
juster. Mais, tandis que je suis dans cette posture,
voilà qu'un lièvre part, et tout le monde se met à la
poursuite ; mon cheval, qui voit courir les autres, veut
les suivre et fait un saut de côté ; j'étais déjà à demi-
désarçonnée ; ce saut me fait quitter presque tout à
fait la selle, dont je saisis vivement le pommeau, sans
dégager mon pied de l'étrier, espérant me remettre
d'aplomb. Mais au moment où je saisis le pommeau de
la selle, les rênes m'échappent et je crie à un cavalier
qui était devant moi d'arrêter mon cheval ; ce cavalier
s'élance sur moi avec une telle impétuosité que ma
monture s'effraye, et, au lieu de s'arrêter, tourne d'un
autre côté et s'emporte. Je me tiens ferme tant que
j'aperçois d'autres chevaux auprès de moi ; mais dès
que je me vois seule, je me dégage tout doucement et
je me laisse tomber sur la verte pelouse avec un tel
bonheur que, Dieu soit loué, je ne me suis pas fait le
moindre mal. Vous qui admirez si fort notre roi pour
m'avoir si bien assistée lors de mes couches, vous
l'aimerez encore dans cette rencontre, car c'est lui
qui s'est trouvé le premier auprès de moi. Il était
pâle comme la mort, et j'eus beau lui assurer que je
ne m'étais fait aucun mal et que je n'étais pas tombée
sur la tête, il n'a pas eu de repos qu'il ne m'eût lui-

même visité la tête de tous côtés. Enfin, ayant trouvé
que j'avais dit vrai, il me conduisit dans ma chambre,
resta encore quelque temps auprès de moi pour voir
si je ne m'évanouirais pas ; enfin il ne retourna au
vieux château que lorsque je lui eus assuré derechef
que je ne ressentais pas le moindre mal.

... Je dois dire que le roi me témoigne chaque jour
plus de faveur ; il me parle partout où il me rencontre,
et il m'envoie chercher maintenant tous les samedis
pour faire la médianoche avec lui chez M^me de Montespan[1]. Cela fait que je suis actuellement très à la
mode, et que, quoi que je dise, quoi que je fasse, que
ce soit bien ou mal, les courtisans l'admirent. C'est à
tel point que m'étant avisée, par ce temps froid, de

1. Françoise-Athénaïs de Rochechouart, marquise de Montespan, maîtresse de Louis XIV. Elle jouissait de la faveur du roi
depuis sept ans lorsque cette lettre fut écrite. C'est à cette époque
qu'eut lieu, à propos du jubilé de 1676, la scène assez piquante
que raconte M^me de Caylus. Bossuet ayant représenté au roi et à
sa maîtresse qu'il fallait apaiser la colère de Dieu par un grand
acte de contrition, M^me de Montespan courut à Paris jeûner,
pleurer et prier dans un couvent. Quelques jours après, elle se
représentait à la cour où l'appelait sa charge de dame du palais.
Ce retour inattendu donna lieu à toute une négociation, au bout
de laquelle on arrêta entre les deux amants une entrevue en présence des dames les plus graves et les plus respectables. « Le
roi, dit M^me de Caylus, vint chez M^me de Montespan comme il
avait été décidé ; mais insensiblement il la tira dans une fenêtre ;
ils se parlèrent bas assez longtemps ; ils pleurèrent, et se dirent
ce qu'on a accoutumé de dire en pareil cas. Ils firent ensuite une
profonde révérence à ces vénérables matrones, passèrent dans
une autre chambre, et il en advint M^me la duchesse d'Orléans et
ensuite M. le comte de Toulouse. »

mettre ma vieille zibeline pour avoir plus chaud au
cou, chacun s'en est fait faire une sur ce patron, et
c'est maintenant la très-grande mode. Cela me fait
bien rire, car ces gens qui aujourd'hui admirent tant
cette mode, et la portent, sont précisément les mêmes
qui, il y a cinq ans, se moquèrent si fort de moi et
de ma zibeline que, depuis ce temps, je n'osai plus la
mettre [1]. Ainsi vont les choses dans cette cour; si les
courtisans s'imaginent que vous êtes en faveur, vous
pouvez faire tout ce que vous voudrez, vous êtes sûr
d'être approuvé; mais s'ils s'imaginent le contraire,
ils vous tiendront pour ridicule, quand même vous
descendriez du ciel. Dieu veuille que vous puissiez
venir passer ici quelques mois et voir ce genre de vie !
Je suis sûre que vous en ririez de bon cœur; mais
nous serions plus gaies encore, si cela pouvait arriver
de la manière que je l'ai si souvent désiré, et qui ne
serait pas mauvaise pour ma filleule [2]. A propos de
cette affaire, nous sommes ici inquiets à cause d'un
envoyé de Bavière; nous craignons (surtout Monsieur)
que ce ne soit mauvais signe pour notre Mademoiselle... J'aimerais mieux la garder ici; car, outre
qu'elle est la fille de Monsieur, et qu'à ce titre je lui
souhaite toute sorte de bien, nous sommes maintenant accoutumées l'une à l'autre, et si la princesse
électrice de Bavière devait devenir M^{me} la dauphine,
il me faudrait faire un tas de nouvelles connaissances...

1. C'est ce qu'on a appelé depuis une *palatine*, du nom de la
princesse qui en a introduit la mode.
2. C'est-à-dire si elle épousait le dauphin.

Le roi a fait peindre l'histoire de son règne en miniature, mais on ne l'a pas gravée sur cuivre...

Au reste, je ne crains plus qu'on me tourne en ridicule ; comme je vous l'ai dit, je suis maintenant trop à la mode pour cela. Quoi qu'il en soit, il n'est aucune personne de bon sens qui puisse trouver mauvais que je fasse tout mon possible pour empêcher des gens qui me touchent d'aussi près que la princesse de Tarente de faire des bassesses ridicules [1]... Mais je pense qu'il est temps de fermer cette lettre, car elle est assez longue.

## VIII.

Paris, le 14 novembre 1678.

..... Quant au vœu que vous formez de voir le diable emporter tous ceux de la cabale [2], je ne sais pas à la vérité ce qu'il en adviendra, mais ce que je sais bien, c'est qu'ils sont maintenant tout à fait endiablés. Je crois qu'au lieu de les entraîner avec lui dans son enfer, le diable a élu domicile en leurs personnes, et qu'ils sont tous possédés, je n'ose pas en dire davantage sur ce chapitre.....

Je suis toute fière que vous me trouviez plus jolie

---

1. Amélie de Hesse, fille du landgrave Guillaume V de Hesse-Cassel, avait épousé Henri-Charles de la Trémoille, prince de Tarente. Sa sœur, épouse de l'électeur palatin Charles-Louis, était la mère de Madame.

2. Ceux de la cabale étaient le chevalier de Lorraine, le marquis d'Effiat, Mᵐᵉ de Grancey, la Gourdon et autres.

que mon portrait que j'ai envoyé à M<sup>me</sup> de Harling ;
mais voilà déjà sept ans que vous ne m'avez vue, et si
vous me voyiez à présent, vous porteriez peut-être un
jugement tout contraire. Toutefois les chasses ne m'ont
pas rendue si vieille et si laide que les cabales, qui,
depuis sept ans, m'ont fait venir tant de rides que
j'en ai la figure toute pleine.

..... En ce moment, Monsieur arrive de Versailles
et m'apporte la nouvelle qu'au mois d'avril prochain
nous irons faire un voyage en Flandre, de Flandre en
Lorraine, et de Lorraine en Alsace. J'espère qu'alors
j'irai à Strasbourg voir S. G. le prince électeur [1] mon
frère, et sa femme. Vous devriez bien y faire aussi un
petit voyage ; ce serait un charmant rendez-vous, et je
crois que si je vous y trouvais, j'en mourrais de plaisir. Ce qui me plaît surtout dans ce projet, c'est que
ce n'est pas un château en Espagne, mais un projet
qui se réalisera. Pour l'amour de Dieu, venez donc
aussi à Strasbourg, afin de rendre ma joie complète.
Vous verrez alors que nous sommes toutes coiffées
comme M<sup>lles</sup> de Valence et Montargis. Personne, dans
toute la France, excepté celles qui portent toujours
des vieilleries, n'est plus coiffé autrement. Comme
vous ririez, si vous me voyiez avec des *touffettes à la
dinde!*

1. Charles, électeur palatin de Bavière, qui succéda à son père
Charles-Louis; il mourut en 1685.

## IX.

Paris, le 3 février 1679.

Je dois d'abord vous dire que nous partons le 15 avril de Saint-Germain pour nous rendre en Flandre ; de là nous irons en Lorraine, et de Lorraine en Alsace. Si c'était trop loin pour vous de venir nous rejoindre en Alsace et à Strasbourg, vous pourriez me donner rendez-vous en Flandre dans la ville qui vous conviendrait le mieux. Je ne sais pas vraiment pourquoi mon oncle veut faire tant de frais inutiles pour un pareil voyage, d'autant plus qu'il vous serait beaucoup plus commode de voyager *incognito,* et que vous seriez ainsi délivrée de tout cet apparat que je maudirais de tout mon cœur s'il devait me priver du plaisir de vous voir. Il me semble que si je pouvais vous revoir, vous et mon oncle, ne fût-ce qu'une seule fois, je mourrais sans regret (non pas toutefois sans avoir poussé jusqu'à Strasbourg et y avoir vu papa, mon frère et ma sœur)...

Je dois vous déclarer franchement qu'on est ici archipuant et orgueilleux ; on se prise si haut que c'est quelque chose d'inimaginable et au delà de tout ce qu'on peut dire. Aussi je prévois bien qu'il ne me sera pas possible de vous voir dans l'état qui vous convient, car Monsieur s'imagine qu'il n'y a pas de comparaison à établir entre lui et quelque prince palatin. J'ai aussi tâché de savoir par-dessous main si l'on ne vous donnerait pas un fauteuil dans le cas où je vous verrais ; mais on ne veut pas en entendre parler. Aussi vais-je vous dire ce que j'ai pensé et le moyen que j'ai trouvé pour vous voir. Vous devriez venir *incognito* dans une ville de Flandre et me faire savoir dans quelle maison vous logerez. Avant notre départ, je m'informerai de l'itinéraire que nous suivrons, des villes où nous séjournerons le plus longtemps, et vous l'écrirai aussitôt. Alors je ferais comme si j'allais seulement visiter la maison où vous seriez, et je m'enfermerais avec vous et mon oncle dans une chambre, où je désire n'être rien autre chose pour vous que votre Liselotte d'autrefois, dont vous pourrez faire tout ce qu'il vous plaira, car elle est et sera jusqu'à la mort votre très-humble servante. Nous serions de la sorte débarrassés de cette insipide étiquette. Quant à mes gens, je n'en suis pas en peine. Comme je mettrai Monsieur dans la confidence, je les enverrai où il me plaira, et, lorsque vous serez lasse de moi, ils reviendront me chercher. Voilà la vie que je voudrais mener tous les jours tant que nous séjournerons quelque part. Je vous prie de me mander le plus tôt possible si cette proposition vous agrée. Du reste, ne vous inquiétez pas de moi; je vous assure que je saurai très-bien m'arranger de manière à pouvoir rester seule avec vous toute la journée dans votre maison, sans que personne de mes gens y vienne. Pour l'amour de Dieu, ne me refusez pas une si grande joie; je crois que je m'en pâmerai s'il m'est donné de vous voir vous et mon oncle. J'espère employer le même moyen pour voir à Strasbourg le prince palatin, mon frère, et sa femme.

## X.

Saint-Germain, le 25 mars 1679.

Aux premières lignes de votre lettre, j'ai tremblé
pour mon projet; car, en voyant la longue consulta-
tion que vous me rapportez à ce propos, je craignais
de lire plus loin qu'il était impossible de nous voir
nulle part. Mais que Dieu vous bénisse pour votre
invention du couvent de Strasbourg! C'est une excellente idée. Là du moins nous ne serons pas troublées
par d'insipides cérémonies. Ce qui me chagrine, c'est
que notre voyage est différé, et que nous ne partirons
d'ici qu'au mois de mai. Dès que nous serons en
route, et que nous approcherons de l'Alsace, je me
hâterai de vous en informer. Dieu veuille que ce re-
tard ne nous porte pas malheur! Je voudrais déjà être
au jour où nous partirons de Saint-Germain; il me
semble que je n'aurai jamais la patience d'attendre
jusque-là, et, comme dit papa, *je prends patience en
enrageant.* Aussi, lorsque cet heureux jour sera venu,
que je vais être contente, mon Dieu! Oh! oui, si l'on
peut mourir de joie, je crois que mon enterrement
n'aura lieu nulle autre part qu'à Strasbourg, et dans
ce temps-là.

..... Le sort de notre Mademoiselle n'est pas encore fixé; mais je crois que, lorsque je vous verrai, je
pourrai vous donner à cet égard des nouvelles certaines. Si ma filleule avait seulement deux ans de
plus, je ne désespérerais pas de ce que vous savez, au

cas où Mademoiselle irait en Espagne. On dit ici que
la princesse électrice de Bavière est affreusement laide
et très-maladive; mais ce sont choses dont il vaut
mieux parler qu'écrire; aussi attendrai-je le plaisir
de vous voir pour vous en dire plus long sur ce chapitre. En attendant, parlons d'autre chose. J'ai écrit
il y a trois semaines à la duchesse de Mecklembourg
une grande lettre dans laquelle vous verrez à peu
près comment s'est passé notre carnaval. A la fin, je
lui ai dit franchement ma façon de penser sur le dessein qu'elle a de réconcilier mon oncle et mon parrain par une alliance aussi absurde, comme vous
pourrez le voir si vous voulez lui demander ma lettre.
J'aurais encore beaucoup de choses à vous dire, mais
voici Monsieur qui vient jouer l'hombre dans ma
chambre avec M^me la Comtesse et M^me de la Vieuville[1]. Je ferme donc, etc.

## XI.

Saint-Germain, le 28 octobre 1679.

..... Aujourd'hui le roi (je suis allée à cheval me

1. *M^me la Comtesse.* C'était ainsi que s'appelait la comtesse de
Soissons, abusivement selon Saint-Simon, qui en parle tout au
long dans la digression sur les noms singuliers qui se trouve au
chap. 31 de ses Mémoires. Tome IV, p. 355, édit. Chéruel.

*M^me de la Vieuville.* « Elle étoit belle, dit Saint-Simon, pauvre,
sans esprit, mais sage, élevée domestique de M^me de Nemours,
où on l'appeloit M^lle d'Arrez, et où M. de la Vieuville s'amou-
racha d'elle et l'épousa, ayant des enfants de sa première femme
qui avoit plu au roi, étant fille de la reine, et qui étoit sœur du
comte de la Mothe. »

promener avec lui) a parlé de vous toute la journée. Il
trouve qu'il y à une terrible différence entre vous et
la duchesse de Hanovre[1], qu'il a vue aujourd'hui. La
pauvre duchesse était si embarrassée qu'elle me faisait
vraiment peine; elle ne savait pas ce qu'elle disait et
appelait toujours le roi *Monsieur*[2]; le roi me regardait en riant, et lorsque nous fûmes sortis, il me dit :
« Il s'en faut bien que vostre cousine ait de l'esprit
comme vostre tante; il y a du plaisir à entretenir celle-
là, mais pour celle-ci, j'ai dit à mon frère: Allons-
nous-en, mon frère! J'advoue que j'aime les gens d'esprit[3]. » Et là-dessus, il s'est mis à faire encore votre
éloge. J'aurais voulu que vous pussiez entendre ce
qu'il disait. Je lui ai répété combien vous étiez contente de lui, ce qu'il écoute toujours avec plaisir. Je
crois que la duchesse de Hanovre n'en est pas aussi
contente que vous, car il lui a peu parlé. Vous avez
été prophète; celle-ci restera pour les princes du sang[4]
et vous pour la famille royale. D'ici à mercredi, les
boutons de diamant partiront; je n'ai pas voulu vous

1. Cette duchesse était une fille de la princesse Anne de Gonzague; elle avait épousé Jean-Frédéric de Hanovre, frère du mari
de l'électrice Sophie, tante de Madame.

2. La princesse palatine, dans sa correspondance (traduction
de M. Brunet), dit encore à ce sujet, lettre du 27 juin 1719 :
« Si le roi avait bien connu la duchesse de Hanovre, il n'eût pas
été fâché de ce qu'elle l'avait appelé Monsieur; mais comme elle
était une souveraine, il a pensé que c'était par orgueil qu'elle ne
voulait pas lui donner le titre de Sire, et cela l'a offensé. »

3. En français dans l'original.

4. La duchesse de Hanovre espérait faire épouser une de ses
filles par le duc du Maine.

les envoyer avant d'avoir une occasion sûre; mais Boncœur[1] m'assure que celle-ci est excellente et qu'il en répond, etc...

Je vais maintenant vous conter une masse de nouvelles. La duchesse de Viller est veuve; c'est un grand bonheur pour elle, car son mari était un affreux magot, bossu derrière et devant. On pourrait bien souhaiter le même bonheur à Mme de Ventadour[2]; son *monstre* s'est mis à faire le diable avec elle, à tel point qu'elle a dû se séparer de lui. Elle va dans un couvent d'où elle ne pourra sortir sans sa mère et sa sœur; on lui payera, pour son entretien, une pension annuelle de 12,000 francs, qui sera portée à 16,000 francs après la mort de son oncle; sa fille sera élevée chez sa grand'mère, la vieille duchesse de Ventadour. Mme de Fiennes[3], qui pensait vivre cent ans, a été, il y a trois semaines, emportée en huit jours par une fièvre tierce, et très-peu regrettée de toute la cour. Il y a six jours,

1. Valet de chambre de Madame.

2 Charlotte-Éléonore-Madeleine de la Motte-Houdancourt, duchesse de Ventadour. Saint-Simon dit de son mari : « Il mourut aux Incurables (1717), séparé de sa femme depuis un grand nombre d'années. C'étoit un homme fort laid et fort contrefait qui, avec beaucoup d'esprit et de valeur, avoit toujours mené la vie la plus obscure et la plus débauchée. » La princesse palatine, dans une lettre du 1er juin 1717, s'exprime ainsi au sujet de cette dame : « Madame de Ventadour est devenue ma dame d'honneur il y a au moins seize ans, et elle m'a quittée deux ans après la mort de Monsieur; c'étoit un tour que me jouoit la *vieille guenipe* (Mme de Maintenon) pour me faire enrager, parce qu'elle savoit que j'aimois cette dame. »

3. Mme de Fiennes, femme du lieutenant général de Fiennes.

M. le Grand[1] s'est pris de querelle avec le duc de
Grammont. Ce dernier ayant mis son poing sous le
nez de l'autre, M. le Grand lui appliqua un soufflet
si violent, qu'il lui enleva sa perruque. Par bonheur, ils n'avaient d'armes ni l'un ni l'autre, car
on avait fait une *course* à cheval, et, pour suivre
leurs chevaux, ils avaient déposé leurs épées. Leurs
amis se sont interposés et ont empêché l'affaire d'aller plus loin ; mais comme M. le dauphin se trou-

---

1. *M. le Grand :* le duc d'Armagnac, grand écuyer du roi et
frère du chevalier de Lorraine. Il mourut en 1718, ayant près de
soixante-dix-sept ans, au même âge et de la même maladie que
Louis XIV. « Il fut, dit Saint-Simon, un des exemples, également
longs et sensibles, du mauvais goût de ce prince en favoris, dont
il n'eut aucun qui ait joui d'une si constante et parfaite faveur
jointe à la considération et à la distinction la plus haute, la plus
marquée, la plus invariable. Une très-noble et très-belle figure,
toute la galanterie, la danse, les exercices, les modes de son
temps ; une assiduité infatigable ; la plus basse, la plus puante,
la plus continuelle flatterie ; toutes les manières et la plus splendide magnificence du plus grand seigneur, avec un air de grandeur naturel qu'il ne déposoit jamais avec personne, le roi seul
excepté, devant lequel il savoit ramper comme par accablement
de ses rayons, furent les grâces qui charmèrent ce monarque, et
qui acquirent, quarante ans durant, à ce favori toutes les distinctions et les privances, toutes les usurpations qu'il lui plut
de tenter, toutes les grâces pour soi et pour les siens qu'il prit
la peine de désirer, qui réduisirent tous les ministres, je dis les
plus audacieux, les Seignelay, les Louvois et tous leurs succes-
seurs, à se faire un mérite d'aller chez lui et au-devant de tout
ce qui lui pouvoit plaire, et qu'il recevoit avec les façons de su-
périorité polie comme ce qui lui étoit dû. »
Voir aussi ce que dit Saint-Simon de sa brutalité, de sa gour-
mandise et de son honneur.

vait dans le champ où elle avait eu lieu, le roi les a
envoyés à la *Pastille* [1] ( *sic*), où ils ne sont restés que
vingt-quatre heures. Le chevalier de Lorraine [2] a failli
être victime de cette querelle : il était venu se placer
entre son frère et le duc de Grammont ; l'écuyer de ce
dernier le prit par derrière pour M. le Grand et voulut
le percer de son épée ; mais, le chevalier s'étant retourné, il s'aperçut de sa méprise et s'enfuit à toutes
jambes ; le chevalier le poursuivit et lui fit une ba-
lafre à la figure ; c'est le seul sang qui ait coulé dans
cette bataille.

1. Bastille.

2. *Le chevalier de Lorraine.* Saint-Simon dit de lui : « Le chevalier de Lorraine et Châtillon y avoient fait (à la cour de Monsieur) une grande fortune par leur figure, dont Monsieur s'étoit
entêté plus que de pas une autre. Le dernier qui n'avoit ni
pain, ni sens, ni esprit, s'y releva et y acquit du bien. L'autre
prit la chose en guisard qui ne rougit de rien pourvu qu'il arrive,
et mena Monsieur le bâton haut toute sa vie, fut comblé d'argent et
de bénéfices, fit pour sa maison ce qu'il voulut, demeura toujours
publiquement le maître chez Monsieur, et comme il avoit avec la
hauteur des Guise leur art et leur esprit, il sut se mettre entre le
roi et Monsieur, et se faire ménager, pour ne pas dire craindre
de l'un et de l'autre, et jouir d'une considération, d'une distinction et d'un crédit presque aussi marqué de la part du roi que de
celle de Monsieur. »

Madame, dans sa correspondance (traduite par G. Brunet,
Paris 1857), dit qu'il mourut si pauvre qu'il fallut que ses amis
payassent les frais de son enterrement. « Il a fait, ajoute-t-elle,
une bien vilaine fin. Il était avec M^{me} de Maré, sœur de M^{me} de
Grancey ; il lui racontait qu'il avait passé toute la nuit en débauches, et lui disait les plus grandes horreurs du monde ; il fut
alors frappé d'apoplexie, perdit aussitôt la parole et ne recouvra
pas sa connaissance. »

J'ai commencé par les gentilshommes et les petites nouvelles, voici maintenant les grandes. On dit que, le conseil ayant fortement pressé le roi de marier bientôt M. le Dauphin, Sa Majesté a envoyé sur-le-champ en Bavière M. Colbert[1], ancien ambassadeur à Nimègue, proposer le mariage de la princesse électrice et de M. le dauphin, et, avant tout, celui du jeune prince électeur avec notre Mademoiselle. On ajoute que si le prince électeur refuse Mademoiselle, M. Colbert ne doit plus parler du mariage de la princesse avec M. le dauphin, mais se rendre tout de suite à la cour d'Autriche pour y demander la main de la princesse impériale. Je ne saurais garantir cette dernière partie de la nouvelle; mais la première est certaine, et personne ne doute qu'au printemps prochain nous n'ayons ici la princesse de Bavière, car le roi en parle souvent, et récemment encore il disait : Si elle a de l'esprit, je ne tarderai pas à la vexer sur sa laideur. D'ailleurs, comme il ne s'informe plus de ce mariage, on le tient pour assuré. Comme il demandait à M. le dauphin s'il pouvait se résoudre à prendre une femme laide, celui-ci lui a répondu qu'il ne s'en inquiétait pas le moins du monde, et que si sa femme avait de l'esprit et des vertus, il en serait content, quelque laide qu'elle pût être. C'est ce qui a décidé le roi pour la Bavière.

1. Colbert (Charles marquis de Croissy), frère du grand Colbert, né en 1625, mort le 28 juillet 1696. Il fut ambassadeur en Angleterre, et ministre secrétaire d'État des affaires étrangères (1679). Il fut aussi l'un des négociateurs de la paix de Nimègue et de celle d'Aix-la-Chapelle.

## XII.

Saint-Germain, le 1er novembre 1679.

... Je profite de cette bonne occasion pour vous envoyer aussi les boutons de diamant du roi. Monsieur
est bien fâché de ne pouvoir pas vous montrer lui-
même comment on doit les mettre sur la robe ou sur
les manches, et il s'est déjà consulté à ce sujet avec
M^me de Mecklembourg[1], qui doit vous envoyer un modèle en papier pour vous le faire comprendre. Mon
oncle, je l'espère, va encore demander ce que vous
voulez faire avec ces ordures (*mit dem Dreck*). Si
j'osais, j'en dirais bien souvent autant à Monsieur[2].
Il a aussi un grand regret de n'avoir pas vu vos belles
attaches, et bien que je lui en aie esquissé le patron,
comme vous savez, et que j'aie employé toute mon
éloquence à les lui décrire, cela ne l'a pas encore
satisfait. Il a lui-même passé l'examen avec ses yeux

1. *M^me de Mecklembourg*. Il faut sans doute lire M^me de
*Meckelbourg*. C'était la sœur du maréchal duc de Luxembourg.
« La duchesse de Meckelbourg, dit Saint-Simon, ne rougit pas
de proposer à son frère le chevalier de Soissons, vieux bâtard
obscur du dernier comte de Soissons, pour mari de sa fille, M^lle de
Luxembourg. Le mariage se fit à petit bruit à l'hôtel de Soissons. »

2. Elle aurait pu le lui dire avec plus de raison que son oncle
à la princesse Sophie, car le frère de Louis XIV « étoit toujours,
dit Saint-Simon, paré comme une femme, plein de bagues, de
bracelets, de pierreries, rubans, partout où il en pouvoit mettre;
plein de toutes sortes de parfums; on l'accusoit de mettre imper-
ceptiblement du rouge. »

2

de lynx, et maintenant qu'il s'est assuré que j'ai été exacte dans ma relation, il n'en a que plus de regret de ne pas avoir vu les attaches.

## XIII.

Saint-Germain, le 15 décembre 1679.

... Nous avons fait la semaine passée un voyage à Paris, où toutes nos journées ont été employées en visites. Il y a huit jours, nous sommes allés à Montmartre rendre visite à la grande-duchesse [1], puis à la princesse palatine [2]. Samedi j'ai rendu visite à toutes les nouvelles femmes, entre autres à la princesse de Guéménée et à la duchesse de la Rocheguyon, qui

1. Marguerite-Louise d'Orléans, fille de Gaston de France et de Marguerite de Lorraine. Elle épousa, le 19 avril 1661, Côme III de Médicis, sixième grand-duc de Toscane, être minutieux et défiant, d'humeur jalouse, d'une bigoterie outrée et poussant l'amour du faste jusqu'au ridicule. Marguerite-Louise, aussi jolie que spirituelle, mais légère, fantasque et emportée, n'avait obéi à l'ordre d'épouser Côme qu'avec des pleurs de rage; elle avait conçu un amour passionné pour le prince Charles de Lorraine; et dès qu'elle eut vu son mari dont la figure n'était pas plus agréable que le caractère, il lui devint odieux au delà de toute expression. Enfin, le 14 juin 1675, elle obtint la permission de revenir en France et de se retirer au couvent de Montmartre. Ses grâces et son esprit lui gagnèrent l'affection de la cour; elle s'y montra souvent avec avantage, car la clôture religieuse ne la privait d'aucun des priviléges attachés à son rang. (*Nouvelle Biographie générale.*)

2. Anne de Gonzague, née en 1616, morte à Paris en 1684. Elle était la seconde fille de Charles de Gonzague, duc de Nevers, puis de Mantoue, et de Catherine de Lorraine. C'est elle

est la fille de M. de Louvois [1]. Après quoi, je suis allée voir M^me de Ventadour : elle est confinée dans un couvent, et ne peut pas venir à la cour, ni auprès de la reine, ni auprès de moi. Dimanche j'ai dû aller chez la princesse palatine à qui j'avais à parler, car, entre nous soit dit, on s'est de nouveau un peu chamaillé, et la cabale m'a joué encore un de ses tours. Lundi, le roi m'a envoyé un ordre, et m'a donné rendez-vous à Versailles pour aller chasser avec lui, ce que j'ai fait. Mais il vaut mieux que je réponde au plus nécessaire, plutôt que de vous raconter ce que j'ai fait comme pour m'excuser d'être restée si longtemps sans vous écrire. Cependant, afin de vous prouver que, si je n'écris pas, je n'en pense pas moins à vous et que je cherche les moyens de vous servir, je dois vous conter ce que j'ai tenté, quoique sans succès, hélas! depuis ma dernière lettre. *Primò,* je me suis raccommodée à votre intention avec M. de Louvois, et voyant que le galant (*schatz*), comme vous dites, cherchait à m'amadouer, je lui ai donné à entendre que le plus grand plaisir qu'il pût me faire, et en faveur duquel

---

qui détermina le mariage de sa nièce Élisabeth-Charlotte avec Monsieur. Deux passions agitèrent sa vie : l'amour et la politique. En 1645, elle épousa secrètement le prince Édouard de Bavière, quatrième fils de l'électeur Frédéric V, comte palatin du Rhin. « Elle n'en continua pas moins d'être galante, lui était gueux et jaloux. » Ainsi s'exprime sur leur compte M^lle de Montpensier.

1. François-Michel Le Tellier, marquis de Louvois, homme d'État trop connu pour qu'il soit nécessaire d'entrer ici dans de grands détails sur son compte. Né en 1639, il mourut le 16 juillet 1691, empoisonné selon les uns, d'une attaque d'apoplexie selon l'opinion générale. (Voy. *Michelet.*)

j'oublierais tout, ce serait de pousser de toutes ses forces à la réalisation de ce que vous et moi souhaitons si vivement. J'ai ajouté que je le désirais d'autant plus que, dans ma conviction intime, ce serait aussi bon pour le roi que pour nous; vu que la maison est grande et puissante en Allemagne, et qu'étant plus rapprochée, elle sera peut-être à même de rendre plus de services que les autres; d'ailleurs on ne devait pas trop s'inquiéter des nombreux beaux-frères, attendu qu'on n'en serait jamais importuné, et qu'ils seraient tous assez grands seigneurs pour ne pas venir ici chercher leur pain. La princesse palatine s'est jointe à moi en cette circonstance, et nous en étions déjà arrivées à un tel point que M. de Louvois était décidé et me déclara que, si la première affaire avec la Bavière allait aussi mal qu'on le disait, il en parlerait au roi et qu'il me permettait de lui en parler moi-même dès que j'en trouverais l'occasion.

Je croyais donc l'affaire en très-bonne voie, et, me trouvant à côté du roi dans sa calèche, j'amenai tout doucement la conversation sur le mariage de son fils. Il me dit qu'on était tenace en Bavière, et que le duc Max ne voulait pas de notre *grande gueule*; à quoi je lui répondis : Je le sais bien, on me l'a déjà écrit d'Allemagne. Il me demanda qui? C'est, lui dis-je, ma tante d'Osnabrück. Pour suivre mon propos, j'ajoutai : On fait parfois, en fait de mariages, des propositions qui ne réussissent pas, comme celle de Bavière. A quoi le roi répliqua très-vivement : Si ce mariage ne paraît pas encore fait, je ne le tiens cependant pas pour

rompu; mon fils a maintenant une si grande envie de
se marier qu'il ne veut pas attendre plus longtemps,
et si je consens à céder sur certains points, je suis sûr
qu'ils me jetteront la princesse à la tête. Sur ce, je lui
dis : Ce sera un grand honneur pour le Bavarois si
Votre Majesté cède sur quelque chose. J'espérais que
cela le piquerait, mais il me répondit : C'est une
affaire faite, et cela réjouira bien mon fils, car il est
dans l'inquiétude; il craint que ce mariage n'abou-
tisse pas ; je vais lui dire d'écrire à la princesse.

Voyant cela, je me suis tue, et n'ai pas parlé de
l'autre affaire.

Hier la lettre en question a été écrite à la princesse
de Bavière. Si le fils du roi ne s'était pas si étrangement mis en tête de prendre femme, j'aurais tout à
fait bon espoir, mais cela seul a gâté toute notre
affaire.

Comme vous le voyez, le mariage bavarois est déjà
si avancé que rien ne pourra le rompre.

Je ne puis m'imaginer qui est-ce qui a pu mettre
en tête à Monseigneur le Dauphin ce si grand em-
pressement pour se marier. Il y a trois mois, lorsqu'on lui parlait de mariage, il devenait si triste que
cela se voyait tout de suite sur sa figure, tandis que
maintenant il compte les minutes en attendant l'arrivée de la princesse, et l'on ne peut lui faire de plus
grand plaisir que de lui dire qu'il sera marié le plus
tôt possible. Le roi lui-même est étonné de ce changement, et il dit que s'il hâte tant ce mariage, c'est
parce qu'il voit l'impatience de son fils. Ce qui étonne

2.

encore plus tout le monde, c'est que, bien qu'on lui dise (au fils du roi) tout crûment que sa fiancée est laide, il ne s'en inquiète pas du tout, et répond que si elle a de l'esprit et des vertus, c'est tout ce qu'il désire chez une femme.

J'avoue que tout cela me contrarie fort, mais vous voyez cependant bien que ce n'est pas de ma faute. Je m'estimerais aussi bien malheureuse si vous et mon oncle croyiez que j'ai failli par quelque négligence. Toutefois, je le redoute moins de votre part que de celle de mon oncle, car vous avez vu vous-même comment tout marche ici ; *on n'y compte pas sans son hoste*[1], et les hôtes y sont en grand nombre. Mais mon oncle, qui ne sait rien de cela, pourrait penser que c'est uniquement de ma faute ; aussi je vous prie de vouloir bien lui expliquer ce qu'il en est. D'ailleurs, si la chose eût été possible, j'aurais eu toutes les raisons du monde de ne pas la négliger, et si je ne l'eusse pas fait par reconnaissance pour tout ce que je vous dois, mon propre intérêt m'y aurait poussée. Qu'aurait-il pu en effet m'arriver de mieux que d'avoir ici une madame la dauphine qui eût été ma proche parente et donnée de ma main? Vous voyez donc bien que c'est un véritable malheur que je n'aie ni pu ni dû parler plus tôt, et qu'il y a dans tout ceci une vraie fatalité. Le roi, qui d'ordinaire n'entend pas raillerie et prend très-mal qu'on veuille parlementer avec lui, ne peut pas se fâcher contre le Bavarois, et

1. Les mots soulignés sont en français dans l'original.

il aime mieux céder lui-même sur ce qu'il a demandé.
J'ignore si M^me de Mecklembourg a parlé à quelqu'un
de cette affaire, mais elle ne m'en a rien dit, d'où je
conclus qu'elle a fait comme moi, c'est-à-dire que,
voyant l'autre affaire si avancée, elle n'a pas soufflé
mot de celle-ci. Mais en voilà assez sur ce triste chapitre.

Je vais maintenant en aborder un autre qui n'est
pas beaucoup plus gai et qui est passablement déplai-
sant, je veux parler de S. G. le prince électeur et de
la princesse électrice. J'ai expliqué à Monsieur comme
quoi le prince électeur voulait maintenant envoyer ma
dot[1]. Il en a ri, et m'a dit qu'en vérité il n'avait pas
cru qu'elle vînt jamais ; que cependant, puisque le
prince-électeur était maintenant d'humeur de l'envoyer, je devais le laisser faire. Au reste, j'ai écrit
franchement à Charles-Louis[2] ma façon de penser à
cet égard ; je lui ai parlé net, quoique avec tout le respect que je dois à papa, de sorte que vous serez débarrassée de cette fâcheuse négociation.

Puisque je suis en train de ne parler que de sujets
ennuyeux et déplaisants, je dois vous dire que Monsieur a congédié la maréchale[3] qui était auprès de nos

1. Madame n'avait pour dot que 32,000 florins d'Allemagne,
que la maison palatine ne put enfin payer que neuf ans révolus
après son mariage.

2. Électeur palatin, père de Madame.

3. La maréchale de Clérembault. On lit dans la correspondance de Madame (traduction de G. Brunet) : « Lorsqu'on vit
que la maréchale de Clérembault m'était attachée, on l'éloigna
de moi, et l'on mit ma fille dans les mains de la maréchale de

enfants, et a mis M^{me} d'Effiat à sa place. Mais, à propos des enfants de Monsieur, j'allais presque oublier de vous parler de la reine d'Espagne[1]. J'ai reçu aujourd'hui même des lettres d'elle; autant que je peux en juger par ces lettres et par tous les récits que m'ont faits ceux de ses gens qui sont revenus ici, l'Espagne est le plus affreux pays du monde; les manières y sont les plus insipides et les plus ennuyeuses qu'on puisse imaginer. La pauvre enfant! je la plains de tout mon cœur de passer sa vie dans un pays pareil. Elle n'aura pour toute consolation que ses petits chiens qu'elle a emmenés avec elle. On l'a mise déjà à un régime de *gravité* si sévère qu'on ne lui permet pas de parler à son *ex-escuyer*[2], elle ne peut que lui faire signe de la main et de la tête, et cela en passant. Les femmes de chambre françaises ne pouvaient pas, au commencement, s'accoutumer à être enfermées; elles voulaient toutes revenir en France, etc.

## XIV.

Fontainebleau, le 19 mai 1680.

Le commencement de cette lettre vous étonnera sans doute, car je vous l'écris par ordre du roi, qui, ce

Grancey qui était la créature du chevalier de Lorraine, le plus acharné de mes ennemis, et dont la fille cadette était la maîtresse déclarée de ce chevalier. » (T. 1^{er}, p. 397.)

1. Marie-Louise d'Orléans, fille de Monsieur et d'Henriette d'Angleterre.

2. Ce mot est en français dans l'original.

matin, lorsqu'il est venu dans la chambre de la reine, s'est avancé vers moi et m'a dit : « Madame, j'ay donné ordre à d'Arcy[1] d'aller trouver de ma part vostre oncle M. d'Osnabrück, vous me feres plaisir d'escrire à vostre tante, et de la prier de luy estre favorable dans les affaires qu'il proposera de ma part, et quand vous ores escrit, envoyes vostre lettre a Colbert du Croisy[2]. » Telles sont, mot pour mot, les propres paroles du roi. J'ai répondu qu'aussitôt après dîner je me conformerais à l'ordre de Sa Majesté ; que je ne doutais pas que, si la chose était possible, vous ne fussiez heureuse de trouver l'occasion de servir Sa Majesté, et qu'à votre départ d'ici je vous avais vue dans ces dispositions. De quoi s'agit-il ? Je l'ignore ; le roi ne me l'a pas dit. Dieu veuille que ce puisse être quelque chose de bon ! M. d'Arcy est d'ailleurs un honnête homme, et j'espère que vous vous entendrez bien avec lui. Comme le roi veut que j'envoie cette lettre à M. *du Croisy,* qui, sans doute, l'enverra audit d'Arcy, je crois que vous aurez trop à faire pour pouvoir lire de longues lettres ; en conséquence, je réserve pour la poste ordinaire toutes les *drôleries* que j'aurais à vous dire, et je termine cette lettre aussi sérieusement que je l'ai commencée, en vous priant de croire que je demeure de cœur et jusqu'à la mort votre humble, obéissante et toute dévouée nièce et servante.

1. Le marquis d'Arcy, qui fut gouverneur du duc de Chartres.
2. Les paroles du roi sont en français dans l'original. On a cru devoir conserver à tout texte français contenu dans ces lettres son orthographe originale.— Colbert du Croissy, frère du grand Colbert.

## XV.

Saint-Cloud, le 24 septembre 1680.

Bien qu'à force de pleurer, les yeux me fassent si mal que je n'y vois presque pas clair et que j'ai beaucoup de peine à écrire, je n'ai pourtant pas voulu laisser partir notre prince [1] sans lui donner une lettre pour vous. Si la perte affreuse que nous avons faite m'attriste et m'afflige au delà de toute expression, il me semble pourtant que cela me soulage un peu le cœur d'écrire à quelqu'un qui est aussi affligé que moi-même, et avec qui ce grand malheur m'est commun. Quant à vous dire ce que j'éprouve et dans quel état je passe mes jours et mes nuits, ce serait chose impossible; vous pouvez, hélas! en juger par ce que vous éprouvez vous-même. Maintenant que j'ai une occasion sûre, je puis parler librement. Je vous dirai donc que vous êtes encore plus heureuse que moi, car, bien que vous ayez tout autant perdu, vous n'êtes pourtant pas comme moi obligée, — et cela m'est dur à digérer, — de vivre auprès de ceux qui sont sans doute cause de la mort du feu prince électeur par le chagrin qu'ils lui ont donné. Vous me dites dans votre dernière et gracieuse lettre que vous vous réjouissez avec moi de ce que je suis auprès du roi, en compagnie

1. Charles-Louis, l'aîné des jeunes *rangraves,* qui était venu rejoindre Madame à Paris, d'où il partit pour entrer au service de la république de Venise.

de qui je me plais tant. Oui, je l'avoue, avant qu'il eût ainsi persécuté *papa,* je l'aimais beaucoup et j'avais plaisir à être auprès de lui ; mais, depuis lors, je peux bien vous assurer que cela m'est devenu assez pénible et qu'il en sera ainsi toute ma vie. Je n'aurais même pas pu me résoudre à le supporter davantage s'il ne m'eût lui-même promis, à Fontainebleau, d'améliorer et de changer la face des choses, dans le cas où je voudrais vivre en bons termes avec lui. C'est pour cela que pendant tout le voyage j'ai fait de mon mieux. Malheureusement, comme vous voyez, cela ne m'a pas réussi. Si le Dieu tout-puissant me faisait la grâce de me réunir à papa, il ne pourrait rien m'arriver de mieux, car désormais je ne puis mener qu'une vie misérable, vous le sentez bien vous-même. Plût au ciel que je pusse seulement partir avec le prince pour aller vous rejoindre, car j'aimerais mieux pleurer avec vous que de voir ici tous ces visages souriants qui ajouteraient encore à ma douleur si c'était chose possible. Je crois aussi que le prince n'a aucun regret de quitter ce pays, et il a bien raison. Pour moi, quoique je regrette d'être privée de sa personne, son départ ne me fait pourtant pas de peine, parce que je n'ai pas été assez heureuse pour le servir comme je l'aurais désiré. J'espère, toutefois, qu'il saura tenir compte de ma bonne volonté. J'ai aussi prié M. de Reck, que je trouve très-raisonnable, de vous assurer encore de tout cela de ma part ; et bien qu'aujourd'hui je sois dans le malheur et l'affliction autant que j'étais auparavant dans la joie, je suis et demeurerai jusqu'à la mort votre humble, obéissante et toute dévouée nièce et servante.

## XVI.

Saint-Germain, le 11 décembre 1680.

... Je dois vous avouer aussi que vous devinez très-juste quand vous dites que ce qui me fait surtout de la peine, c'est la crainte que *papa* ne soit mort de chagrin et le cœur brisé, c'est la pensée que si le *grand homme* [1] et ses ministres ne l'avaient pas tant chagriné, nous l'aurions conservé plus longtemps en ce monde, et qu'il m'aurait peut-être été donné de le voir encore une fois. Oui, quand j'y songe, je suis toute mélancolique; car, bien que les comtes palatins ne vivent pas mieux, le défunt prince-électeur était d'une constitution si bonne et si saine que, si on ne l'eût pas chagriné, on pouvait espérer de le voir vivre au moins autant que vous et que sa défunte mère la reine de Bohême [2]. Cependant je trouve encore une consolation dans l'assurance que vous me donnez que l'électeur, avant sa mort, n'a pas été indisposé contre moi. Ce qui m'étonne, c'est qu'il ne vous ait pas envoyé le dialogue que j'ai eu avec le *grand homme,* car je sais positivement qu'il

1. Louis XIV.
2. Élisabeth, fille de Jacques Ier, roi d'Angleterre, qui avait épousé en 1613 Frédéric V, électeur palatin, roi de Bohême, père de Charles-Louis et grand-père de Madame. C'est d'elle que Georges Ier tenait ses droits sur la couronne d'Angleterre. Sophie, la mère de Georges Ier, était le treizième enfant de Frédéric V et d'Élisabeth.

lui est parvenu au moins quinze jours avant le commencement de sa maladie. Comme il ne m'a pas répondu à ce sujet, et a seulement fait écrire à Eck qu'il avait reçu ma lettre, j'ai craint qu'il ne fût pas content de moi; mais puisqu'il ne vous a pas écrit alors, j'espère que je m'étais trompée. Il paraît, à la manière dont on traite maintenant mon frère, qu'on n'avait pas l'intention de se comporter mieux.

## XVII.

Saint-Germain, le 19 février 1682.

.... Je sais bien que s'abandonner à la tristesse, c'est ne faire de mal qu'à soi-même et donner un grand plaisir à ses ennemis; mais il y a pourtant certaines occasions où l'on ne peut s'en défendre; et j'ai beau chercher à m'armer de raison, je me trouve bien souvent *attrapée*, car je n'ai ni autant d'esprit, ni autant de vivacité que vous pour prendre tout de suite mon parti et m'accommoder au monde. Je vais mon droit chemin à la grâce de Dieu, et je pense que si je ne cherche à faire de mal à personne, on doit aussi me laisser la paix. Cependant, lorsque je me vois attaquée de tous côtés, cela m'afflige vivement, et comme je n'ai déjà pas beaucoup de patience, ces tracasseries me font perdre le peu qui m'en reste. Comme il me faut aussi chercher uniquement dans ma propre tête tous les moyens de me tirer de ce labyrinthe, et que je n'ai nulle part ni conseil, ni appui (car ici tout le monde

3

est si intéressé et si faux qu'on ne peut se fier véritablement à personne), cela me rend revêche et chica-
nière. Quand je suis dans cet état, ma rate se gonfle
et me fait monter à la tête des vapeurs qui me rendent triste, et, quand je suis triste, je deviens malade.
Voilà quelques-unes des causes de la maladie que j'ai
eue; mais en dire l'origine et ce qui m'a chagrinée,
c'est chose à ne pas confier au papier, attendu que je
sais parfaitement qu'on ouvre et qu'on lit mes lettres.
A la poste ils me font, ainsi qu'à vous, l'honneur de
les refermer très-subtilement; mais, pour la bonne
M^me la dauphine, on lui envoie souvent les siennes
dans un état incroyable et déchirées par en haut. Quand
je vois cela, je songe à ce passage de la sainte Écri-
ture : « S'il en est ainsi du bois vert, que sera-ce donc
du bois sec? »

Je vous assure que je ne m'ennuierais pas à Hanovre si je pouvais avoir le bonheur d'y être auprès de
vous et de mon oncle. Quelque aversion que j'aie pour
les couvents, vous savez pourtant bien que je ne
m'ennuyais pas à Maubisson [1] aussi longtemps que
vous y étiez; à plus forte raison pouvez-vous penser
que je ne m'ennuierais pas à Hanovre. Je puis bien
aussi vous avouer que tout ce qui reluit n'est pas or,
et que, malgré cette liberté française qu'on vante tant,
tous les divertissements en France sont guindés et
pleins de contrainte au delà de toute expression. En
outre, depuis que je suis ici, je suis accoutumée à voir

---

1. Maubuisson.

de si vilaines choses que si jamais je me trouvais en un lieu où la fausseté ne régnât pas, où le mensonge ne fût pas favorisé et approuvé comme dans cette cour, je croirais avoir trouvé un paradis. Je vous laisse donc à penser si (dans le cas où j'aurais le choix) je me trouverais mieux à Hanovre qu'ici. J'ai déjà entendu dire par d'autres que vous faisiez changer tout le château. La seule chose qui m'afflige, c'est que vous ayez changé ma chambre et mon appartement, car je me flattais que, s'ils étaient restés comme ils étaient de mon temps, vous vous seriez souvenue de votre Liselotte [1] et que vous n'auriez pu entrer dans ma chambre sans penser à moi. La princesse-électrice m'écrit encore journellement; elle témoigne une vraie tendresse pour les jeunes rangraves [2], et si l'on n'envoie rien à Charles-Louis [3], elle n'en peut mais, car elle a bien de la peine à venir à bout de ses propres affaires. Je ne sais à quoi songe mon frère de laisser ainsi se fortifier le comte de Castel; c'est une grande preuve que sa maladie de rate est encore plus forte que la mienne; car si j'étais prince-électeur, je voudrais être plus seigneur et maître que cela. Il paraît bien que mon crédit n'est pas grand actuellement auprès de mon frère, puisqu'il ne donne pas à Charles-Louis ce qui lui revient, bien que je l'en aie si vivement prié. Quant à sa colère contre moi parce que je suis devenue catho-

1. Petit nom d'amitié, diminutif d'Élisabeth-Charlotte.
2. Frères consanguins de Madame.
3. L'aîné des rangraves.

lique, je ne m'en inquiète pas; je suis sûre que si je pouvais le revoir une seule fois, nous serions bons amis, et je suis persuadée qu'il m'aime encore malgré lui.

## XVIII.

Versailles, le 12 septembre 1682.

... Pour répondre maintenant à votre lettre, je dois vous dire que la bande du chevalier [1] n'échoue malheureusement pas dans ses méchants complots ; tout ce qu'ils ourdissent contre moi de trames diaboliques leur réussit à souhait. Comme vous le voyez, mieux vaudrait mille fois pour moi habiter un lieu où régneraient des lutins et des revenants, car le seigneur Dieu ne laisserait à ceux-ci aucune prise sur moi, tandis que les maudits lutins du chevalier n'en ont que trop ; ils sont de chair et d'os. Le roi et Monsieur leur permettent toutes les méchancetés imaginables, ce dont je ne m'aperçois que trop tous les jours. Le chevalier a beau avoir débauché le fils du *grand homme* et tenu les propos les plus abominables sur le compte de sa fille ; il a beau me persécuter journellement, il ne lui en arrive rien de fâcheux ; il semble même être mieux vu que d'autres qui vont leur droit chemin. Plût à Dieu que votre souhait fût exaucé et que Lucifer l'emportât bientôt dans son royaume ! Mais comme il aurait peur, s'il y descendait seul, je lui souhaite pour compagnon de voyage le marquis d'Effiat [2]. Celui-ci

1. Le chevalier de Lorraine.
2. Antoine de Ruzé, marquis d'Effiat, né en 1638, mort le

doit bien connaître le chemin, car, en voyant ses vices
abominables et toutes ses méchancetés, je ne puis
m'empêcher de croire qu'il a déjà été sujet de Lucifer
avant de prendre la forme humaine, et de venir ici
pour me faire enrager. Etc...

    ... Dans cette dernière affaire, c'est à moi-même

3 juin 1719. Il fut premier écuyer de Monsieur, puis du Régent.
En 1670, il se trouva impliqué dans l'affaire mystérieuse de la
mort de Madame, duchesse d'Orléans. Saint-Simon, dans ses
*Mémoires*, raconte que le roi Louis XIV, qui avait conçu quelques soupçons, ayant fait arrêter Purnon, premier maître
d'hôtel de Madame, voulut l'interroger lui-même, et lui assura
un pardon complet dans le cas où il révélerait toute la vérité. Ce
Purnon avoua que « c'était le chevalier de Lorraine qui avait envoyé le poison à Beuvron et à d'Effiat, et il conta comment le
poison avait été administré. Le roi fit ensuite mettre cet homme
en liberté. » Saint-Simon affirme tenir ce récit de Joly de Fleury,
procureur - général au parlement, qui lui-même le tenait de
Purnon.
    La princesse palatine, dans sa correspondance ( lettre du
13 juillet 1716) dit : « Elle (Madame) voulut faire chasser le chevalier de Lorraine, et elle y réussit, mais il ne l'a pas manquée.
Il a envoyé d'Italie le poison par un gentilhomme provençal
qu'on appelait Morel, et, pour récompenser celui-ci, on l'a fait
premier maître d'hôtel.....
    « D'Effiat n'avait point empoisonné l'eau de chicorée, mais la
tasse de Madame, et c'était bien imaginé : car on a bu l'eau de
chicorée, mais personne ne boit dans notre tasse. »
    Le 4 juin 1719, Madame annonce en ces termes à la comtesse
Louise la mort de d'Effiat : « Hier est mort à Paris, à l'âge de
quatre-vingts ans, un homme qui, durant les trente années que
j'ai passées avec mon mari, m'a fait bien du mal; Dieu veuille le
lui pardonner ! C'est le marquis d'Effiat qui était grand-écuyer et
grand-veneur de Monsieur, et qui avait gardé ces fonctions auprès
de mon fils... C'était un homme extrêmement riche... »

qu'on s'en est pris; on a attenté à mon honneur et à
ma réputation. J'aime beaucoup M<sup>lle</sup> de Théobon [1], et
j'aurais regretté de tout mon cœur qu'on l'éloignât de
moi. Cependant, si l'on s'était borné à cela, je ne me
serais pas affligée à ce point et j'aurais pris la chose
exactement comme j'ai fait lorsqu'on m'enleva la maréchale de Clérembeau [2] et Beauvais, dont le seul
crime en réalité était de m'être trop dévoués et de se
plaire auprès de moi, ainsi que Théobon. Mais afin de
me rendre ce dernier coup plus sensible, mes ennemis
l'ont aggravé des circonstances suivantes. Trois mois à
l'avance ils ont répandu le bruit que j'avais une *galanterie,* et que Théobon portait mes lettres. Ensuite
ils ont fait si bien que Monsieur l'a chassée brusquement en lui enjoignant de n'avoir de sa vie aucun
commerce avec moi. Le chevalier de Beuvron [3] n'est

1. Plus tard comtesse de Beuvron. (Voir la note de la p. 104.)
2. La maréchale de Clérembault, morte en 1722. Elle était
très-attachée à Madame, et avait été gouvernante de Mademoiselle. Saint-Simon la représente comme étant riche, avare, aimant
les bijoux, ne se souciant de personne, et toutefois considérée.
Elle jouait, sans mot dire, le jour et une partie des nuits. Elle
avait une sœur qu'elle aimait passionnément, et qui tomba malade. Elle y envoyait à tous moments, puis quand elle sut qu'elle
était au plus mal, elle dit : « Ma pauvre sœur, qu'on ne m'en
parle plus! » Et elle n'en parla de sa vie.
3. Le chevalier de Beuvron, capitaine des gardes de Monsieur.
Madame, dans sa correspondance, raconte qu'un jour M<sup>me</sup> de
Gordon, sa dame d'honneur, qui était très-distraite, avait à
parler au chevalier de Beuvron. Comme il était d'une grande
taille, elle ne pouvait atteindre que les boutons de son haut-de-
chausse; elle se mit à les lui défaire. Il sauta en arrière tout ef-
frayé en s'écriant : « Madame, que me voulez-vous? » Cela fut
cause de grands éclats de rire dans le salon de Saint-Cloud.

chassé à son tour que dans la crainte que je ne puisse
lui parler et lui donner des commissions pour Théobon. Je vous laisse à imaginer ce que le monde doit
penser de cette aventure, et s'il n'est pas douloureux
pour moi de me savoir complétement innocente et
de subir cependant un tel affront sans qu'on veuille
même m'entendre, ni voir si je puis ou non me justifier, bien que je l'aie demandé avec prières et avec
larmes. J'aurais encore à vous conter sur ce sujet
beaucoup de choses que je ne peux pas confier à la
poste; mais je vous donnerai des détails complets
par Wendt, que je vous enverrai au premier jour, et
je suis sûre que vous me plaindrez, car je suis bien
malheureuse. Je le suis d'autant plus que mon malheur
est sans remède, et qu'il ne finira que lorsqu'il plaira
à Dieu de me rappeler à lui, ou bien d'ôter de ce
monde les deux drôles que je vous ai nommés en
commençant, à savoir le chevalier et le marquis. Jusqu'à ce que vous ayez lu la lettre que je confierai à
Wendt, cela va vous paraître incroyable; mais, dans
cette lettre, je vous montrerai le tout si clairement
que vous n'en douterez plus. Pour cette fois, je ne
vous en dirai pas davantage sur ce sujet.

Quant à la dauphine, je suis enchantée d'elle, car
elle est excellente et me fait toute sorte d'amitiés; la
bonne princesse a si cordialement pleuré avec moi que
je l'aime bien pour cela. Je suffoque presque de douleur, n'ayant personne à qui je puisse m'ouvrir franchement; en ce moment encore je dois me contenir,
vu que je ne peux pas confier à la poste tout ce que

j'ai à vous dire; mais, avec mon fidèle Wendt, je par-
lerai sans détour. Comme, pendant les six années
qu'il a été près de moi, il s'est toujours conduit de
manière à mériter le titre de *fidèle,* je lui ai ordonné
de vous dire tout ce qu'il a vu et entendu ici; sans cet
ordre exprès, il se serait laissé tuer plutôt que d'en
dire un seul mot; tant il est réservé et discret. Aussi
l'appelle-t-on *Wendt le sage*[1]. Je suis sûre que lorsqu'il
aura le bonheur d'être connu de mon oncle et de vous,
vous ne me reprocherez jamais de vous avoir fait là
un méchant présent. Certes, si tous ceux qui s'atta-
chent à moi n'étaient pas ainsi continuellement persé-
cutés par mes ennemis, j'aurais fait tout mon possible
pour garder cet homme; mais je veux l'arracher à ce
malheureux séjour, et je l'envoie là où j'ai passé le
meilleur temps de ma vie, là où règnent encore le
droit et la justice, où l'on n'a rien à craindre lorsqu'on
fait son devoir de son mieux. Telle est la récompense
que je lui donne, et je l'estime très-grande. Plût à
Dieu qu'il me fût permis de tout quitter et d'aller vous
servir toute ma vie; personne n'y serait jamais plus
assidu que moi, et je renoncerais volontiers à toutes
les grandeurs d'ici; ces grandeurs se payent trop cher.
Vous pouvez vous imaginer combien je dois être chan-
gée, et à quel point tous ces affronts me blessent.
J'étais résolue à aller finir ma vie à Maubisson[2], et

1. Dans sa correspondance (trad. G. Brunet, t. II, page 277),
Madame l'appelle M. de Wendt, et le désigne comme étant à son
service.
2. Maubuisson.

pendant trois jours je n'ai cessé de tourmenter le roi pour qu'il me le permît. A la fin il m'a dit qu'il s'y opposait absolument, et que je devais m'ôter ce projet de la tête, car de sa vie il n'y consentirait, quoi qu'il pût m'arriver. La semaine passée, je suis allée voir ma tante Louise[1], et Maubisson ne pouvait pas me sortir de l'esprit; ma tante m'a dit qu'elle vous en écrirait. Mais on vient me dire que la poste va partir; il faut donc que je ferme cette lettre plus tôt que je n'aurais voulu. Je vous prie de croire, qu'heureuse ou malheureuse, vivante ou morte, où que je puisse être, je resterai toujours, etc.

Avec votre permission, je vous prie de présenter mes respects à mon oncle, et de ne pas me condamner sur les méchancetés propagées par mes ennemis, avant d'avoir entendu ma justification; car ils répandent sur mon compte des bruits épouvantables; mais je me console en pensant que je vous suis connue à tous deux.

## XIX.

Saint-Cloud, le 19 septembre 1682.

... Vous n'avez sans doute pas oublié ce que je vous ai conté, lorsque vous étiez ici, des étranges démêlés

---

1. Louise Hollandine, fille de l'électeur palatin Frédéric V, roi de Bohême, née en 1622; elle se convertit au catholicisme en 1659, fut nommée abbesse de Maubuisson en 1664, et mourut en 1709 à l'âge de quatre-vingt-six ans et neuf mois. L'abbesse de Maubuisson, dit Madame, dans une lettre de 1716, avait eu tant de bâtards qu'elle ne jurait que « par ce ventre qui a porté quatorze enfants. »

3.

que j'avais eus déjà avec le chevalier de Lorraine, le marquis d'Effiat et toute leur cabale; je vous ai dit aussi que nous étions les uns avec les autres en termes passablement froids, bien qu'honnêtes ; mais afin que vous compreniez mieux l'histoire que je vais vous conter, je dois vous dire que, lorsque je suis à cheval la chasse du roi, je marche immédiatement derrière le capitaine des gardes, de sorte que je suis toujours entourée de tous les officiers, qui me rendent les petits services qu'ils peuvent sans que j'aie avec eux aucune autre relation.

Vous savez bien comment je suis; dès que je connais quelqu'un, je lui parle librement, ainsi que je l'ai fait toute ma vie. Or le malheur voulut qu'il m'arrivât ceci : Un soir de mardi gras, tout le monde était au bal masqué, excepté moi, qui ne pouvais ni ne voulais m'y trouver, parce que j'étais encore en deuil du feu prince-électeur. Le lendemain soir, j'étais assise au jeu de la reine, comme à l'ordinaire, et tous les courtisans se tenaient, comme tous les soirs, debout autour de la table, lorsqu'une contestation s'élève à propos du jeu ; derrière moi était un officier des gardes du corps qu'on nomme le chevalier Simsen[1] ; je me retourne, et, comme il est grand joueur, je lui demande comment il juge le coup. Au même instant M<sup>me</sup> de Grancey[2]

---

1. C'est le même qui est désigné quelques lignes plus loin par le nom de chevalier de *Sinsanet*. (N. D. T.)

2. Élisabeth de Grancey, fille du maréchal comte de Grancey, née en 1653, morte en 1711. Selon Saint-Simon, elle avait été fort galante, et avait longtemps gouverné le Palais-Royal sous le

vient à moi et me dit : « Connaissez-vous l'homme à
qui vous parlez? — Comment ne le connaîtrais-je pas?
répondis-je, je le vois tous les jours à la chasse à côté
de moi, ainsi que tous ses camarades, et il est, de
même que les autres, assez poli pour m'aller chercher mes chevaux. — Alors, dit-elle, il est de vos
amis? — Pourquoi me demandez-vous cela? — Parce
que je voulais savoir une chose... — Laquelle? — Cet
homme m'a fait hier un affront, au bal; il m'a trouvée
si vieille qu'il prétendait à toute force que je ne devais plus danser. Il doit avoir eu, en agissant ainsi, le
désir de plaire à quelqu'un. — Comme je n'étais pas
au bal, je ne peux pas savoir ce qui s'y est passé;
mais, si vous voulez, je vais le lui demander. — C'est
inutile. »

Je ne pensais plus à cette affaire, qui me semblait
n'en pas valoir la peine, lorsque, quelques mois après,
on me demanda : « Savez-vous le bruit qui court dans
Paris? — Non. — Eh bien, M^{me} de Grancey se plaint
que vous lui avez fait faire affront par le chevalier de

stérile personnage de maîtresse de Monsieur, qui avait d'autres
goûts, qu'il crut longtemps masquer par là ; mais elle gouvernait
en effet par le pouvoir entier qu'elle avait toujours eu sur le
chevalier de Lorraine. Monsieur, pour la faire appeler *Madame,*
l'avait faite dame d'atours de la reine d'Espagne, sa fille. Madame
dit d'elle dans sa correspondance : « Cette femme tirait profit de
toute ma maison, et personne n'achetait une charge chez nous
sans être obligé de payer un pot de vin à la Grancey. Elle n'avait
jamais rien fait que jouer avec ses amants jusqu'à cinq ou six
heures du matin, se régaler, fumer du tabac, et puis suivre ses
goûts habituels. »

*Sinsanet,* lequel chevalier l'a fait parce qu'il avait une grande envie de vous plaire. »

Cela me fit rire et je dis : « Je ne veux pas répondre à de pareilles sottises. » Quelques mois plus tard, on vient encore me rapporter que l'on parle toujours beaucoup de ce drôle et de moi. Je me dis que c'étaient des folies comme celles qu'on débitait sur le compte de l'archevêque[1], et je n'avais qu'à suivre mon train ordinaire. Je n'en avais plus entendu parler, lorsque l'an passé, à notre retour d'Allemagne, le roi me dit : « Je sais de source certaine que vos ennemis ont tramé contre vous un méchant complot; ils veulent faire croire à Monsieur que vous avez une galanterie. — Votre Majesté, répondis-je, sait bien que ce n'est pas vrai ; et si vous vouliez avoir pour moi cette bonté, vous feriez appeler devant vous ceux que vous savez avoir l'intention de me mystifier ainsi, et vous leur diriez sévèrement que vous voyez avec déplaisir qu'on me calomnie de la sorte, et que s'ils sont assez osés pour essayer de me brouiller avec Monsieur, vous prendrez ma défense. — Mais, répliqua le roi, si je fais ce que vous dites, je ne pourrai jamais vous servir auprès de mon frère, car ils ont résolu d'envoyer chez

1. François de Harlay-Chanvallon, cinquième archevêque de Paris. Sa conduite fut si peu édifiante, que dès 1657, lorsqu'il était archevêque de Rouen, âgé seulement de trente-deux ans, on voit le nom du jeune prélat figurer dans les historiettes de Tallemant des Réaux. M^me de Sévigné dit, qu'à sa mort, le clergé se trouva dans un grand embarras pour faire l'éloge du défunt : « Il n'y a que deux petites bagatelles qui rendent cet ouvrage difficile, c'est la vie et la mort. »

lui demain ou après-demain ; c'est la Gourdon[1] qui
doit porter la parole, et à cet effet ils l'ont déjà entièrement gagnée à leur cause ; de sorte que si je les
faisais appeler, comme vous le dites, ils ne manque-
raient pas d'en instruire mon frère, et ils ne tairaient
pas plus leur mensonge pour cela ; et puis mon frère
pourrait encore me reprocher de m'être entendu avec
vous contre lui. — Je dis alors au roi : Si la chose était
vraie, si j'avais en effet une galanterie, Monsieur pourrait se plaindre de Votre Majesté, comme vous le dites ;
mais puisque c'est un mensonge inventé à plaisir,
Votre Majesté ne fera que rendre justice à Monsieur
en le tirant de cet embarras. — Plus je réfléchis à
cette affaire, répondit le roi, moins je vois qu'il soit
nécessaire que j'en parle, car mon frère vous connaît
bien, et, depuis dix ans, tout le monde sait assez que
personne n'est moins coquet que vous ; en conséquence,
vos ennemis peuvent dire tout ce qu'ils voudront, cela
ne peut pas vous faire grand effet. »

Le roi se tut à ces mots ; mais cette affaire me pe-
sait sur le cœur, car je ne sais, hélas ! que trop quel
empire ont mes ennemis sur l'esprit de Monsieur. Je fus
pendant trois ou quatre jours très-mélancolique, et je

---

1. *La Gourdon.* — M^me Gordon, dame d'honneur de M^me Henriette. La princesse palatine dit d'elle dans sa correspondance :
« On voit ainsi que cette méchante Gordon n'a eu aucune part à
cette affaire (l'empoisonnement de la première femme de Monsieur) ; mais elle a calomnié Madame auprès de Monsieur ; elle
en a dit du mal à tout le monde, et lui a rendu tous les mauvais
services qu'elle a pu : voilà la vérité. »

ne savais comment faire ; cependant je pensai que le
mieux était de suivre mon train habituel, de ne plus
parler à cet homme, et, si Monsieur me tourmentait encore pour savoir ce qui me rendait si triste,
de lui dire franchement la chose, en taisant seulement
que je l'avais apprise du roi, car il m'avait absolument
ordonné de ne pas le nommer. Quelques jours plus
tard, Monsieur m'ayant demandé de nouveau pourquoi j'étais si mélancolique, je finis par lui tout dire.
Je lui appris que, selon un avertissement que j'avais
reçu, mes ennemis, qui étaient auprès de lui, voulaient lui envoyer la Gourdon pour dénoncer ma pré-
tendue galanterie. Monsieur se montra très-étonné de
cette révélation et me dit : « Il est impossible que
quelqu'un ait formé un pareil projet, et l'on ne
vous a donné cet avertissement que pour desservir
mes amis auprès de vous ; si ce n'est que cela qui vous
tourmente, vous pouvez être bien tranquille, car je ne
crois pas que vous ayez jamais été coquette ; ainsi
donc rassurez-vous et n'ayez plus aucune inquiétude.
Si jamais quelqu'un, la Gourdon ou tout autre, pouvait être assez impudent pour me donner des avis
pareils, je sais très-bien ce que je devrais lui répondre. »

Croyant que ce qu'il me disait partait du cœur, je
ne me tourmentai plus, et j'allai toute joyeuse en
faire part au roi qui me dit : « Je crois que vos ennemis ne m'ont fait savoir cela que dans l'intention de
faire un éclat, et je me sais très-bon gré de vous en
avoir parlé, afin que tout s'arrangeât bien. » Un mois

après cette affaire, une personne de mes amis me dit :
« Vos ennemis sont furieux, enragés de ce que leur
plan a manqué ; ils ont tenu un conseil, dans lequel
M. d'Effiat a résolu, puisque vous ne parliez plus au
chevalier de Sinsanet, de répandre le bruit que vous
aviez avec lui un commerce secret, et que Théobon
portait vos lettres (ils ne savaient pas en effet que
c'était le roi qui m'avait avertie, et pensaient que
c'était Théobon). De plus, afin que l'affaire marche
tout à fait bien, ils ont encore décidé que ni le chevalier de Lorraine, ni d'Effiat, ni M^{me} de Grancey ne
diraient rien de Madame à Monsieur, mais qu'ils feraient insinuer à ce dernier ce qu'il doit savoir, comme
des nouvelles venant de Paris de troisième ou quatrième main. » Cette confidence me mit dans un très-
grand embarras, car si j'en avais fait part à Monsieur,
qui ne peut pas se taire, mes ennemis l'auraient su
tout de suite, et, renonçant à leur projet, ils auraient dit
que c'était la haine et la méchanceté qui me faisaient
les en accuser. Monsieur, d'ailleurs, m'avait si bien
promis qu'il n'ajouterait aucune foi à tout ce qu'on
pourrait lui dire sur ce chapitre, attendu qu'il était
tout à fait sûr de moi, que, pour mon malheur, je résolus de me taire.

Quelques mois s'écoulèrent sans que Monsieur me
parlât de rien ; il était le même qu'à l'ordinaire, et
cela dura ainsi jusqu'à l'arrivée du roi à Saint-Cloud.
A partir de ce moment, il se montra très-froid ; je
crus, pendant un certain temps, que cela tenait à ce
qu'il était occupé à la maison avec les étrangers ; mais

enfin, quelqu'un vint encore me dire que mes ennemis répandaient de nouveau sur mon compte des
bruits si affreux que cela passait toute croyance; qu'ils
ne se contentaient pas de parler de l'ancienne affaire,
mais qu'ils ajoutaient que je courais après l'*amiral* [1].
Je le dis au roi, qui ne fit qu'en rire. — Mais, lui fis-je
observer, c'est peut-être là ce qui cause la froideur de
Monsieur? — Le roi ne me répondit rien sur le moment;
mais, quelques jours plus tard, il me dit à la chasse :
« Vous avez bien raison d'être inquiète; Monsieur est
très-irrité contre vous et contre Théobon; il m'a même
prié de vous faire un affront à la chasse, ce que j'ai
refusé tout net en lui déclarant qu'il avait tort, et que
je mettrais ma main au feu que vous n'aviez rien fait
qui puisse lui déplaire. » — Je vous laisse à penser si
ces paroles m'allèrent droit au cœur! J'étais si indi-
gnée que je craignais de m'emporter en parlant moi-
même à Monsieur. J'envoyai donc chercher Bois-Franc
et je lui dis : « Monsieur est tellement en froideur avec
moi que j'en suis tout inquiète, d'autant plus que je
sais très-bien quels bruits on fait courir sur mon
compte : on dit partout (et c'était vrai) que Monsieur
veut chasser Théobon parce que j'entretiens par elle
un commerce coupable. Priez-le donc de ma part de
considérer que la honte de cet éclat rejaillira sur lui
aussi bien que sur moi; dites-lui que s'il veut absolument avoir un éclat, je demande du moins à être con-
frontée avec mes accusateurs; que s'ils parviennent à

1. On ignore quelle personne est désignée ici. *[manuscript annotation, illegible]*

me convaincre des fautes qu'ils m'imputent, ce ne sera pas assez, pour me punir que de m'enlever Théobon, mais qu'il faudra me *casser* [1] et me jeter dans un couvent; que si, au contraire, mes ennemis ne prouvent pas leurs accusations, je leur prouverai, moi, que ce qu'ils me font a été résolu dans leur conseil il y a quatre mois; que je le savais et n'ai pas voulu en parler; à telles enseignes, que je suis sûre que ni le chevalier de Lorraine, ni d'Effiat, ni M^me de Grancey n'ont rien dit de moi à Monsieur avant que lui-même ne leur en eût parlé le premier; que tous ces bruits lui ont été apportés par d'autres comme des nouvelles, ce qui doit lui faire voir clairement qu'il ne les a pas appris par hasard; dites-lui aussi que, comme il pourrait encore conserver des doutes, je n'aurai de repos qu'après une confrontation, à condition toutefois que, si je me justifie, on donnera à mes accusateurs la récompense qu'ils méritent. »

Monsieur me fit répondre qu'il ignorait pourquoi on répandait le bruit qu'il voulait chasser Théobon, qu'il n'y songeait aucunement, qu'il ne savait ce que je voulais dire et ne demandait aucun éclaircissement. Je fis part de cette réponse au roi et le priai de me conseiller sur ce que je devais faire, ou tout au moins de me permettre de rapporter à Monsieur ce qu'il m'avait dit de l'affront, afin qu'il ne pût plus se défendre d'un éclaircissement. Le roi me répondit : « Je vous prie fort de ne pas parler de moi, attendu que

1. En français dans l'original.

j'ai bien promis à Monsieur de garder le secret à votre
égard ; mais si vous voulez suivre mon conseil, vous
vous tiendrez tranquille et n'aurez qu'un profond mépris pour vos ennemis et pour tous leurs bavardages.
Cela vous est d'autant plus facile que moi et tous les
honnêtes gens de France sommes très-assurés de votre
vertu, et que, loin d'ajouter foi à ces folies, nous ne
faisons qu'en rire. Au fond, Monsieur lui-même n'en
croit rién ; mais vous savez bien comment il est lorsque ces gens, qui sont vos ennemis, l'obsèdent. Vous
n'avez qu'une chose à faire, c'est de prendre patience. »

Ce discours me prouva que je n'avais à attendre de
nulle part un peu de secours, et je devins si mélancolique que je résolus d'aller finir mes jours auprès de
ma tante, à Maubuisson. Je lui en parlai à ma première visite, mais je ne pus lui persuader alors que
ce fût chez moi une volonté bien arrêtée ; elle pensa
que je n'étais que vexée. Il se passa encore quelque
temps ainsi. Pendant cet intervalle, M. de Verneuil vint
à mourir, et le roi donna le gouvernement du défunt[1]
à son bâtard le duc du Maine [2]. Aussitôt après arriva
l'éclat de l'histoire de M. de Vermandois[3] ; je dis alors

1. C'était le gouvernement du Languedoc.
2. Fils de Louis XIV et de M^me de Montespan.
3. Fils de Louis XIV et de M^me de la Vallière, mort à l'âge de
seize ans. Au sujet de l'éclat dont parle ici Madame, nous lisons
dans sa *Correspondance complète* (trad. G. Brunet, tome I^er,
page 302) : « Le comte de Vermandois était agréable, bien élevé,
mais il louchait un peu. Je sais bien que le bruit a couru que
M. le Dauphin l'avait débauché, mais je parierais bien ma tête

à Théobon : « Savez-vous ce qui va résulter de ce qui
arrive? C'est que vous et moi nous payerons pour le
gouvernement et pour tout ce qu'on fera aux gens
dont le roi est actuellement *malcontent*[1]. » Ma prophétie ne s'est malheureusement que trop bien réali-
sée. En effet, le roi ne voulant pas que le chevalier
vînt avec lui à la chasse, où il ne s'était présenté que
pour me braver, Monsieur alla trouver M^me de Maintenon et se lamenta, disant que le roi n'avait ni amitié
ni considération pour lui, puisqu'il maltraitait les gens
qu'il (Monsieur) aimait ; bref, il se répandit en toutes
sortes de doléances du même genre qui furent ensuite
rapportées au roi par Louvois, car ce dernier est mon
ennemi et l'ami du chevalier.

Peu après, je trouvai le roi tout à fait changé.
Quand je lui parlais de mes affaires, il me répondait
brièvement et se mettait tout de suite à parler d'autre

que ce n'est pas vrai, car M. le Dauphin n'était pas de la secte ;
il n'aimait que les femmes ; ceux qui ont débauché le pauvre
M. de Vermandois sont le chevalier de Lorraine et son frère, le
comte de Marsan. »

Tome II, page 17, Madame s'exprime ainsi : « Le comte de
Vermandois était un très-bon enfant; le pauvre jeune homme
m'a aimée comme si j'avais été sa mère. Lorsque tout fut découvert au sujet de ses débauches, je fus avec raison très-fâchée
contre lui, car je l'avais fait avertir sérieusement que, s'il se
comportait ainsi, je cesserais de l'aimer. » Madame dit ensuite,
dans la même lettre, qu'à l'occasion de la naissance du duc de
Bourgogne, elle implora Louis XIV en faveur du comte de Vermandois, mais que le roi répondit : « Il n'a pas encore été assez
puni de ses crimes. »

1. En français dans l'original.

chose. A cette époque survinrent les démêlés entre le prince de Conti[1] et le chevalier de Lorraine, démêlés dont vous avez sans doute entendu parler. Alors mes ennemis allèrent trouver Monsieur et lui dirent que Théobon et moi nous avions excité le prince contre le chevalier : et cependant je peux prendre à témoin Dieu et le prince lui-même que jamais de ma vie pareille idée ne me vint à l'esprit non plus qu'à Théobon. Mais Monsieur a voulu le croire. Quelques jours après, on fit courir le bruit que j'avais envoyé au chevalier de Sinsen[2], dans une lettre adressée à Théobon, mon portrait avec 500 pistoles. Vous pouvez bien penser que cela était aussi vrai que le reste. Je ne comprends pas, en vérité, comment on peut croire des choses pareilles, vu que je n'ai jamais une telle somme en ma possession, excepté le premier jour de l'an. Sur ce beau bruit, on chasse brusquement Beuvron et Théobon, en leur enjoignant de n'avoir de leur vie aucun rapport avec moi; de plus, on défend à tous mes domestiques de leur porter aucune de mes lettres.

Je vous laisse maintenant à penser si j'ai assez de raisons de m'affliger. Je priai le roi de me permettre d'aller finir mes jours à Maubuisson, en alléguant que puisque je ne trouvais nulle part le moindre secours

---

1. François-Louis de Bourbon, prince de Conti, né à Paris en 1664, mort en 1709. Ce prince, aussi brave que spirituel et insinuant, fut véritablement le héros de sa maison. Élu roi de Pologne en 1697, il trouva en arrivant un rival, l'électeur de Saxe qui l'avait supplanté en son absence.

2. *Alias* Sinsanet.

contre les vexations de mes ennemis, et que Monsieur
se laissait si facilement persuader de me faire un affront qui rejaillissait sur lui, je ne pouvais désormais
m'attendre qu'à toute sorte de maux, de hontes et de
déshonneurs; qu'en conséquence, pour débarrasser Sa
Majesté d'une importune créature, calmer la haine de
Monsieur, dérober aux regards du monde un triste
objet et me procurer à moi-même du repos, je ne
voyais rien de mieux que de me retirer à Maubuisson,
comme je le proposais à Sa Majesté. Et, afin que le
roi ne pût pas croire que ce n'était là qu'une boutade
inspirée par mon chagrin du moment, j'ajoutai : Votre
Majesté doit savoir qu'il y a déjà quatre mois que j'ai
pris cette résolution, et, si vous ne m'en croyez pas,
vous n'avez qu'à envoyer tout de suite à Maubuisson
et y faire demander à ma tante si je ne lui en ai pas
parlé. Je prie donc très-humblement Votre Majesté de
m'accorder la permission que je lui demande, et de
trouver bon que je fasse sur-le-champ la même proposition à Monsieur. Le roi me répondit[1] : « Mon frère
est dans des sentimens bien different, il m'a escrite
une lettre par ou il me prie de vous parler et pour
vous porter a vous raccommoder avec luy, et je vous
advoue que je le souhaitterois de tout mon cœur, par
l'amitié que j'ay pour vous tout deux, et je vous assure que je desirerois fort de pouvoir contribuer à
vous donner du respos. Car je suis faché de vous voir
si affligé et j'y prend part. — Je répondis : L'accom-

1. Toute cette partie, dont l'orthographe appartient à Madame,
est en français dans l'original.

modement que Monsieur demande me surprend auttand que sa colère, et je meritte presentement aussi peu ceste marque d'amitié que j'ai mérité sa haine auparavant. Car je fais asteur aussi peu pour le radoucir que j'ay fait pour le mettre en colere, mais pour vous monsieur, si Votre Majesté a encore quelque peu de bonté pour moi, et que vous souhaities mon respos, il ne tiend qu'à vous de me le donner. Laisses moi donc aller à Maubisson. — Le roi répond : — Mais, madame, songes vous bien ce que c'est pour vous que ceste vie la, que vous estes jeune encore, que vous pouves avoir bien des années à vivre, et ce parti est bien violent. — Je dis : Auttrefois, je vous l'advoue, je ne comprenois pas qu'on pust vivre dans un couvend ; mais pressentement je vois qu'il ne sert de rien de vivre inoçament et de son mieux, que les méchant n'ont qu'à inventer pour estre cru, quoy qu'on connoisse et leur noirceur et leur mauvaise vie, que malgré tout cela mon honneur n'est pas a couvert, que le promesse ne servent de rien. Car Monsieur m'avoit promis bien fortement qu'il n'adjoutterois point foy à mes enemis, et il avoit pour fondement dix années que j'ay vecu sans reproche aucune. De plus, monsieur, puis que je me vois sans secour, sans mesme qu'il me soit permis de me justifier, il est a ce qu'il me semble de ma prudence de prendre un parti de mon bon gré qu'un jour on me fera prendre de force. Car je voy que mes ennemis n'ossant me faire le mesme tour qu'a celle qui fust devant, parceque j'en ay malheureussement trop dit que j'en savois les

circonstance[1], il faut qu'il fassent leur possible pour
me perdre dans l'esprit de Monsieur et dans le vostre.
Ils sont déja venu a bout de l'un, et que say-je si bien
tost il ne vous persuaderont pas aussi. — Le roi m'interrompit et dit : Non, non, madame, je suis tres persuadé de vostre vertu, et je vous conois sur ce chapittre ; personne ne vous pourra nuire, soyes en repos
de ce coste la, et vous voyes bien que mon frere ne
les croit pas tant aussi. Car il veut se raccommoder
avec vous. — Je dis : Ce[2], monsieur, qu'il croit par la
contenter le public, mais l'esclat est fait, et moy qui
sait ce que ces sorte de choses font dans les pais
estranger, je sait ce que j'ay a craindre, et si on peust
persuader a Monsieur que cela ne luy fait pas tort a
sa gloire et a la miene, je ne taste point de cela, et
vous advou que j'ay de la peine a me remontrer au
monde. Ce[3] pourquoy, au nom de Dieu, permette moy
que je m'en aille où je vous ay ditte. Car aussi bien
ne puis je plus vivre entourée de mes plus cruels
enemis et les voir triompher avec tant de joye de mes
doulleurs et des peines qu'ils me caussent ; non, ne
craignez pas que je quitte le monde avec regret. J'ay
regret de n'avoir plus l'honneur de vous suivre, mais
hors cela je ne regrette rien en toutte la France, et au
moins quand je seres la, Monsieur vera que je ne le

1. Il est fait allusion ici à l'empoisonnement de Mme Henriette
d'Angleterre, dont la princesse palatine accusait d'Efliat et le
chevalier de Lorraine.
2. C'est.
3. C'est.

.quitte pas pour me divertir aillieur; ce quy lui doit encore bien persuader mon inocence. Ce pourquoy encore un coup je vous demande pour dernier grâce de me laisser aller, et de trouver bon que j'en aille parler de ce pas a Monsieur, et si. V. M. me veust faire quelque grace de plus, je vous suplie, n'abandonnes pas la peauvre Theobon qui est inocente aussi bien que moy et qui est malheureusse pour l'amour de moy. — Sur quoi le roi me dit : Tout ce que je pouray faire sans facher mon frere pour soulager vostre doulleur, je le feray. Ainsi je vous promets d'avoir soin de Theobon, mais pour ce qui est de vostre resolution, je n'y puis consentir et vous deffend d'en parler à mon frere, et si cette pensée ne vous passe, nous en reparlerons un auttre fois. »

Cela dit, le roi me congédia, mais quand je le revis dans sa calèche, il me demanda : « Hé bien, madame, dans quel sentiment este vous pressentement? Mon frere ma parles tout aujourduy, et je le vois tousjours souhaittant extrememeṇt de ce raccomoder avec vous et de faire d'orenavant ce qui vous poura plaire, et pour moy je vous advoue que je serois ravis de faire un bon et veritable accommodement entre vous deux. Je dis : — Monsieur, vous aves trop de bonté, mais à quoy sont bon tout ces façon de Monsieur? Il ne m'aime pas, il ne m'a jamais seu aimer, quand j'avois même la plus forte attache pour luy. Comment m'aimeroit-il pressentement que je sait que ces sentiment sont bien contraire a l'amitiée et qu'il me le vient de montrer par un si rude tesmoignage?

Ainsi, au nom de Dieu, monsieur, permettes moy de m'en aller. — Alors le roi dit : Hé bien, madame, puis que je vois que c'est veritablement vostre intention d'aller à Maubisson, je veux vous parler franchement, ostes cela de vostre teste. Car tant que je viveres, je n'y consentires point et m'y opposseres hauttement et de force. Vous estes Madame, et obliges de tenir ce poste, vous este ma belle sœur, et l'amitié que j'ay pour vous ne me permet pas de vous laisser aller me quitter pour jamais; vous estes la femme de mon frere, ainsi je ne souffriray pas que vous luy fassies un tel esclat qui tourneroit fort mal pour luy dans le monde. Ne songes pas non plus a combattre ces rai sons icy, Car, en un mot comme en mille, arrive ce qui poura, mois je ne vous laisseres point aller en un couvend. — Je dis : Vous estes mon roy et par conse-quence mon maistre, je ne puis n'y n'osse rien faire· que ce a quoy vous consentes, je ne replique donc point. Vous voules que je sois malheureuse toute ma vie et que je souffre, c'est à moy à m'y resoudre et à vous obeir. — Il dit : Je ne veux pas que vous soyes malheureusse. — Hé, le moyen, dis-je, que je ne la sois pas tant que ces gens mes ennemis seront avec luy! — Le roy dit : Mais, Madame, mon frère s'accom-modera avec vous et vous promettera qu'ils ne vous feront plus rien. — Je dis : Appres ce qui me vient d'ariver, puis-je me fier un seul moment à la parolle de Monsieur, et qui me garantira de tout ce qui me peust encore ariver? — Ce sera moy, dit le roy. — Je répondis : Le garand est bon pour veü qu'il s'en mesle

4

de bonne foy. — Le roy dit : Je ne veux point vous tromper, madame, en tout le desmeles que vous poures avoir avec mon frere, si c'est de luy a vous, je seres pour luy, mais aussi si c'est des auttres gens a vous, je seres pour vous, et si vous me voulles croire, je vous donneres advis comme un homme qui vous aime. — Je dis : Monsieur, quand vous parles, ce sont des ordres, et je feray et dois faire tout ce que vous me commandere; ainsi vous n'aves qu'a parler. — Le roi dit : Puis donc que je vous vois en train de mescoutter et de voulloir suivre mes advis, je vous diray premierement que vous n'aves qu'a me dire les gens qui vous déplaissent dans vostre maison, et je feray en sorte que mon frere vous les ostera, et je donneres le double de pension à Theobon qu'elle n'a pressentement; je crois meme faire en sorte que vous la poures revoir ·dans quelque mois d'icy; je me feray garand comme je vous ay deja dit de tout vos desmeles, et je vous raccommoderes. Vous me feres vos plaintes afin d'empêcher l'aigreur, et, si vous me voulles croire, nous acheverons c'est accommodement a ce soir mesme. Car mon frere en meurt d'envie. — Je dis : Commandes tout comme il vous plaira ; puisque je n'ose chercher un repos sur, je me remets de tout à Votre Majesté. »

Le même soir, le roi amena Monsieur dans ma chambre, et dit : « Madame, je vous ay deja tantost dit les sentiment de mon frere et comme il avoit envie de se raccommoder avec vous et tacher d'orenavant de bien vivre; je lui ay dit aussi comme je ne vous trouvois auttre desein contraire à cela que celuy d'aller a

Maubisson. A quoy n'y luy n'y moy consentirons jamais, et que vous voulles bien asteur vous ambrasser devant moy et me faire garand des querelles a venir, ou je vous promets que j'agiray de meilleur foy que je n'ay fait entre feu Madame et mon frere, mais j'avois mes raisons allors[1], ce n'est pas de mesme pressentement; sur tout, ce que je vous recommande, c'est de ne faire guere d'eclaircissement. Car cela ne sert que d'aigrir les esprit. Pour ce qui est des sottisse qu'on a ditte, tenes, mon frere, je suis assez mal pensant, mais j'ai veu cela de près; je metteres tout pressentement ma main au feu que Madame en est tout a fait nette et inocente. — Monsieur dit : Je le croy bien aussi. — Ambrassons nous donc tous trois, dit le roi. » — Ce que nous fimes, et ainsi fut fait cet accommodement.

Le lendemain, le chevalier de Lorraine, d'Effiat et Mᵐᵉ de Grancey envoyèrent chez moi et me firent dire qu'ils seraient au désespoir d'avoir encouru ma disgrâce, qu'ils me priaient humblement de recevoir

1. Nous lisons dans la *Correspondance complète de Madame* ( trad. G. Brunet, tome II, page 8) : « Madame (Henriette d'Angleterre) était la confidente du roi ; on avait toujours voulu animer le roi contre Monsieur ; on disait que Monsieur était tellement aimé à la cour et à Paris que la politique exigeait que Monsieur eût quelque chose qui le préoccupât, afin qu'il ne songeât pas aux affaires d'État ; c'est pourquoi le roi a soutenu Madame dans ses galanteries, afin de tracasser Monsieur ; je le tiens du roi lui-même : Madame était très-bien avec son frère le roi Charles II, que le roi voulait gagner au moyen de sa sœur ; il fallait donc qu'il fût de son parti, aussi a-t-elle été traitée beaucoup mieux que moi. »

leurs soumissions et qu'ils voulaient me promettre de vivre désormais si bien à mon gré que je ne me repentirais pas de leur avoir pardonné. Je répondis qu'ils avaient bien pu vivre pendant quatre mois, tandis que je me plaignais d'eux à grands cris chaque jour, que maintenant j'avais besoin aussi d'un peu de temps pour me remettre et pour reprendre haleine, et que je leur ferais connaître ma réponse le plus tôt possible. Ensuite j'allai chez M^{me} de Maintenon, et la priai de vouloir bien dire au roi de ma part que mes ennemis m'avaient fait faire cette proposition, que Monsieur ne m'en avait pas dit un mot, et que, comme Sa Majesté était garante de tout, il me semblait que je ne pouvais rien faire sans son conseil et sans son ordre ; qu'il était fort à craindre qu'on ne voulût encore me tromper, comme on l'avait fait il y a quatre ans, et qu'en outre je sentais que j'aurais bien de la peine à me raccommoder avec des gens qui avaient ainsi attaqué mon honneur ; que tout ce que je pouvais faire pour le respect que je dois à Monsieur, c'était de ne pas exiger de vengeance ni de satisfaction publique ; qu'en conséquence, je priais Sa Majesté de me dire ce que je devais leur répondre. Le soir, le roi nous fit appeler, Monsieur et moi, et il me donna ses ordres en ces termes :

« Premièrement, dit-il, mon frere, pour vous montrer que j'agiray sincerement, je veux donner la res-ponce à Mad^e devant vous de ce qu'elle m'a fait demander sur ce que ces messieur la recherchent, le chev. et marquis d'Effiat et Mad. Grançay. Je ne juge point à propo qu'elle entre en aucun esclaircissement ny accommodement avec eux. Qu'elle vive a S‍ᵗ Clou honnestement pour l'amour de vous, et, si avec le temps, ils font bien, ce sera auttre chose, on vera. Mais pour le pressent, ne vous raccommodes pas, Madame. — Je dis : Vous seres obei en cela et aultre chose que vous me commanderes. — Le lendemain, le roy me dit : Je vous ay dit de vivre honnestement avec vos enemis , et vous le pouves, car la dernière chose qu'ils vienent de faire contre vous leur fait tant de tort dans le monde et les decris si oriblement que vous ne pouries rien aprandre de nouveau au monde en vous plaignant d'eux. Ainsi mesprisses le et prenes pour votre consolation que tout le monde aussi bien que moy vous rend justice. »

Jugez donc vous-même si j'ai tort ou raison, et ne parlons plus de cette affaire. Cependant, encore un mot pour finir cette lettre ou plutôt ce livre, car on ne peut plus appeler cela une lettre ; mais j'ai voulu tout vous raconter en détail, puisque j'avais une occasion si sûre. Je vous dirai donc que, si vous voulez lui faire la grâce de l'entendre, Wendt vous contera comment mes ennemis corrompent mes domestiques, et par quelles menées et pratiques ils cherchent à me nuire ; vous verrez de plus en plus par ce récit quel est mon malheur, etc...

## XX.

Fontainebleau, le 29 août 1683.

... Vous espérez, dites-vous, que mon esprit est au-dessus de ces calomnies, et vous ajoutez que le plus grand déplaisir qu'on puisse faire à ses ennemis, c'est de les mépriser. Cette leçon serait facile à suivre si le chagrin venait de gens très-éloignés. Mais comme le mien me ·vient de Monsieur plus que de personne autre, comme ses amis (qui tous sont mes ennemis) se sont emparés de son esprit à tel point qu'il a pour moi plus de haine que tous les autres ensemble, il est impossible que je ne sois pas parfois chagrine. Quand d'autres ennemis vous haïssent et vous font du mal, on se console en pensant qu'on pourra le leur rendre un jour ou l'autre; mais de celui-ci il n'est pas permis de se venger, et cela fût-il permis, je ne le voudrais pas encore, attendu qu'il ne peut lui arriver rien de si fâcheux dont je ne doive aussi avoir ma part. En effet, est-il chagrin, je dois essuyer seule sa mauvaise humeur. A-t-il quelque malheur, il n'en est pas un qui ne m'atteigne du même coup. Tout ce qui lui arrive de mauvais, je dois le partager; quant à ce qui lui arrive de bon, je n'y ai aucune part. Ainsi, reçoit-il de l'argent, c'est pour ses amis. Est-il en faveur, il n'en profite que pour me tourmenter et pour leur plaire, comme j'en fais chaque jour l'expérience. Aussi j'ai beau me raisonner et chercher à m'ôter mon chagrin de la tête, il m'est bien difficile d'en venir à bout.

Si j'avais quelque occupation, cela me distrairait un peu de mes ennuis ; mais mes ennemis ont si bien pris leurs mesures à cet égard que je n'ose absolument rien dire. Si je demande seulement à mes gens, en présence de Monsieur, quelle heure il est : il craint que ce ne soit un ordre que je leur donne, et il veut savoir ce que c'est. Je vous laisse à penser de quel respect cette conduite me fait jouir parmi les domestiques. Si j'adresse deux mots à mes enfants, on leur fait subir un interrogatoire d'une demi-heure pour savoir ce que je leur ai dit ; enfin, il se passe chaque jour cent autres belles choses du même genre qui toutes deviennent fatigantes à la longue. Si seulement j'avais auprès de moi une âme à qui je pusse ouvrir mon cœur, avec qui je pusse pleurer ou rire de tout cela, je prendrais patience ; mais on y a mis bon ordre et l'on m'a ôté *la bonne fille noire*[1]. Je ne vous aurais pas ennuyée de ces longs détails (car vous savez que je n'aime pas trop à me plaindre) sans la crainte que vous ne vissiez dans ma tristesse qu'un pur caprice.

... Quant à notre roi, je ne sais pas au juste s'il se remariera ; cependant, à dire vrai, je le crois. Je ne suis malheureusement pas en aussi grande faveur qu'on vous l'a écrit ; car s'il en était ainsi, je mettrais bientôt ma filleule en évidence[2] et je la *prédestinerais*[3] à suivre son goût. Vous pouvez bien penser d'ailleurs que c'est à elle plutôt qu'à qui que ce soit

1. *Die gute schwarze Jungfrau.*
2. *Auf dem Salzfass.*
3. *Ich würde sie predestiniren.*

au monde que je souhaite cette fortune. La place est
d'un grand rang et de beaucoup d'éclat; mais, entre
nous soit dit, je ne sais pas si c'est là qu'on mène la
vie la plus heureuse, et si je voulais m'ouvrir à vous
sur ce chapitre, il me faudrait entrer dans de trop
longs détails qui ne sont pas précisément de nature à
être confiés à la poste. J'en reviens donc à ce que je
vous disais tout à l'heure : je ne suis ni vaine, ni glo-
rieuse, aussi j'avoue franchement que Monsieur est
plus en faveur que moi, comme il y paraît bien aux
bons traitements que le roi fait journellement au chevalier de Lorraine. C'est à cela, ainsi que je vous l'ai
dit, que Monsieur emploie toute sa faveur.

## XXI.

Fontainebleau, le 29 septembre 1683.

Depuis quinze jours, je n'ai entendu que des dictons qu'on a faits sur la mort de M. Colbert. Je vais
vous dire ceux dont je me souviens. Vous aurez vu, je
pense, un livre imprimé cette année sous ce titre : *le
Dialogue des morts*, et dans lequel on fait discourir
ensemble toute sorte de morts tant anciens que mo-
dernes. Ce livre a suggéré l'invention que voici : le
diable ayant fait arrêter la reine en chemin pour lui
demander des nouvelles de France, la reine lui répond : — « Hélas! je ne say point des nouvelles de
l'Estat, et je n'en ay jamais sceu[1]. » Sur ces entre-

---

1. En français dans l'original.

faites, un autre diable accourt tout essoufflé et crie :
Vous pouvez laisser aller la reine, car j'amène quelqu'un qui saura nous rendre compte de tout ; et en
même temps il introduit M. Colbert en enfer. J'ai voulu
savoir qu'elles étaient les belles nouvelles qu'on met
dans la bouche de M. Colbert, mais personne n'a pu
me le dire. Toute la populace était tellement déchaînée
contre lui, qu'elle voulait déchirer ce pauvre corps
mort, et que l'on a dû faire occuper par des gardes à
pied du roi le chemin qui conduit de la maison de
M. Colbert à l'église où on l'a enterré; encore n'a-t-on
pu empêcher qu'on n'affichât sur les murs de la chapelle où son corps est déposé une centaine de pasqui-
nades en vers et en prose.

... « Un porteur d'eau, à Paris, vint à une fontaine
avec un long crêpe noir à son chapeau. — « De qui
portes-tu ce grand deuille? lui demandèrent ses camarades. — Hélas, répondit-il, vous le devries touts
porter aussi bien que moy, car mons. Colbert est
mort. — Hé bien, lui dirent les autres, pourquoy etce
que nous porterions le deuille pour luy? — Parce que,
répondit-il, nous luy devons touts de la reconnaissance de n'avoir point mis des impos sur l'eau que
nous portons [1]. » D'autres ont parlé par figures et
rébus. Vous savez sans doute que les armes du défunt
étaient une couleuvre et que celles du chancelier [2] sont
trois lézards; vous savez aussi que l'homme qui rem-
place Colbert se nomme Pelletier. Cela fait dire :

1. En français dans l'original.
2. Louvois.

« Le lézard a avalé la coulleuvre et a envoyé sa peau à refaire au peletier [1], etc. »

..... Dans la dernière chasse que nous avons suivie à Fontainebleau, il aurait pu m'arriver un grand malheur si, me souvenant à propos de mes anciens sauts, je ne me fusse lestement élancée de mon cheval. Une biche, effrayée par la chasse et de plus par la rencontre d'un cavalier qui me précédait, s'élança droit sur moi avec une telle violence que, malgré tous mes efforts pour retenir mon cheval, je ne pus l'arrêter assez court pour éviter le choc de la bête, qui vint en bondissant frapper ma monture à la bouche, et brisa les branches, le mors et la bride. Mon cheval eut si peur qu'il ne savait plus ce qu'il faisait ; il soufflait comme un ours et se jeta de côté. Mais quand je vis qu'il ne tenait plus le mors, je lui tournai la bride dans la bouche, et, m'élançant à terre, je le tins ferme jusqu'à ce que mes gens accourussent à mon aide. Si je n'avais pas fait cela si lestement, mon cheval m'aurait infailliblement cassé le cou. Je vous assure que vous auriez perdu en moi une fidèle sĕrvante. Cette aventure a fait un tel bruit à la cour que, pendant deux jours, on n'a pas parlé d'autre chose. Ici l'on transforme la moindre bagatelle en une grosse affaire. Quant à moi, je ne vous aurais pas donné la peine de lire ce détail, si je ne craignais qu'on ne vous eût représenté la chose comme plus dangereuse qu'elle n'était en réalité ; je sais d'ailleurs tout l'intérêt que

---

1. En français dans l'original.

vous me portez, et je n'ai pas voulu vous tenir dans l'inquiétude. Pendant longtemps, le roi n'a pas voulu croire que je n'étais pas tombée, mais j'ai pu le lui prouver par six témoins qui avaient vu l'aventure et mon saut, etc.

## XXII.

Versailles, le 3 septembre 1684.

Nous devions avoir à Marly une grande fête dans laquelle le roi se proposait de faire des présents à toutes les dames; mais la chose s'est ébruitée trop tôt, et toutes les dames de qualité ont voulu être de cette fête. Aussi, vers l'époque où nous avons dû partir pour Marly, il est arrivé une masse si énorme, une telle foule de dames qu'on ne pouvait plus se retourner. Beaucoup d'entre elles sont allées chez les marchands à qui l'on avait pris les étoffes pour savoir combien on en avait acheté, et ce qu'elles coûtaient. Le roi, l'ayant appris, en fut très-contrarié. « On se figurerait, dit-il, mes présents d'une telle magnificence, que tout ce que je donnerais ne paraîtrait rien en comparaison. » La partie fut donc rompue. Le roi garda pour lui les pierreries, et quant aux brocards, aux rubans et aux éventails, il nous les fit jouer entre nous, etc.

## XXIII.

Saint-Cloud, le 1er juin 1685.

Malgré toute la douleur et l'affliction profonde que

me cause en ce moment la mort de mon pauvre frère,
je ne veux pas différer plus longtemps de vous annoncer cet affreux malheur; car je sais combien vous
avez toujours été bonne pour nous deux; je connais
toute l'affection que vous avez pour sa famille, et je
ne doute pas que vous ne preniez une grande part à
ce douloureux événement, etc.

..... J'ai un si horrible mal de tête à force de crier
et de veiller qu'il m'est impossible de vous écrire plus
longuement, etc.

## XXIV.

Fontainebleau, le 1ᵉʳ novembre 1685.

Je vous remercie très-humblement pour vos bons
soins. Quant à votre opinion et à celle de mes oncles
sur le testament de mon frère, entre nous soit dit, je
ne sais guère ici ce qui se passe en fait d'affaires;
mais j'ai appris par Breton que l'abbé de Morel[1] est
très-disposé à faire invalider le testament de mon
frère, et à s'en référer au testament du feu prince-
électeur mon père. On a traduit en français la copie

---

1. Saint-Simon dit de lui : « L'abbé Morel alla vers Aix-la-
Chapelle pour négocier dans l'empire. C'étoit une excellente
tête, pleine de sens et de jugement, produite par Saint-Pouange
dont il étoit ami de table et de plaisir, et que M. de Louvois, et
 roi ensuite qui s'en étoit bien trouvé, avoient employé en plusieurs voyages secrets. Il avoit un frère conseiller au parlement,
et chanoine de Notre-Dame, qui ne lui ressembloit que pour
aimer encore mieux le vin que lui, et ne le porter pas si bien,
et qu'il fit enfin aumônier du roi. » Il mourut fort vieux, dit
encore ailleurs Saint-Simon.

que m'a envoyée Charles-Louis, et on l'a transmise audit abbé qui demande et cherche les originaux, à ce que m'écrit Breton. Mais, pour autant que je vois clair en toute cette affaire, il me semble qu'elle traînera tellement en longueur, que je serai depuis longtemps en putréfaction avant qu'elle soit terminée. Je crois que le roi me tient encore pour huguenotte, car il a mis mes intérêts entre les mains du pape sans m'en dire un seul mot, et si Monsieur ne me l'avait raconté par hasard lorsque la chose était déjà faite, je n'en saurais rien encore. Cependant il faut se taire là-dessus, afin de ne pas aggraver le mal. Le roi change en tout d'une manière si effrayante que je ne le reconnais plus. Je vois bien d'où provient tout ce changement, mais je n'y puis rien faire; il me faut donc prendre patience, et, pour que mes ennemis ne se réjouissent pas trop en me voyant triste, je ne laisse rien paraître de mon chagrin, je me montre même très-gaie. Cela n'empêche pas qu'au fond je souffre de me voir traiter de la sorte. Tout ce que je vous dis là n'est que pour vous, ou pour mon oncle tout au plus, mais pour personne autre. Si pourtant l'on est assez curieux à la poste pour ouvrir cette lettre et la lire, ils y verront mon opinion, et cela m'épargnera la peine de la leur dire avec le temps; c'est pourquoi je vous l'écris nettement et sans périphrases, etc.

## XXV.

Paris, le 26 janvier 1686.

Quant à ce que vous me mandez relativement à nos

lettres qui sont encore à Heidelberg, je n'ai pas osé
vous répondre à ce sujet avant d'en avoir dit quelques
mots à Monsieur, car si je vous avais écrit là-dessus
un seul mot qui eût été mis à exécution, et qu'ensuite
on eût appris ici que cela venait de moi, je m'en serais
fort mal trouvée. J'en ai donc parlé à Monsieur. Il
m'a répondu que s'il n'y avait dans la *voûte*[1] rien
d'autre que nos lettres, il me permettrait sans diffi-
culté de vous écrire pour que vous puissiez les retirer;
mais que, l'abbé de Morel lui ayant dit qu'il s'y trouvait encore beaucoup d'autres choses, il voulait le consulter sur cette affaire avant de prendre une décision.
Il m'a chargée de vous en informer et de vous faire
bien des compliments de sa part. Quant aux préten-
tions que vous pouvez avoir sur les biens allodiaux, je
souhaiterais de tout mon cœur que ces biens en va-
lussent la peine, et je m'en réjouirais du fond de
l'âme. Nous avons en ce moment à la cour le prince-
électeur de Saxe; c'est un gentil seigneur et qui fait
bonne figure.

## XXVI.

Saint-Cloud, le 5 mai 1686.

Le sort des jeunes rangraves me fait vraiment peine,
et je voudrais de toute mon âme pouvoir leur venir en
aide; mais je ne sais comment m'y prendre, car je
n'entends absolument rien aux affaires. Si ce qui concerne l'héritage ne dépendait que de moi seule, oh !

1. Il y a au château de Heidelberg un endroit ainsi nommé.

alors je saurais bien m'en tirer, mais on me dit que je
n'y peux presque rien, que Monsieur, comme maître
de la communauté, est seul seigneur et maître, et
qu'il a le droit de faire à cet égard ce que bon lui
semble, ce qui, à mon sens, est quelque chose d'insipide. Quant aux titres, les jeunes rangraves ont beaucoup d'exemples pour eux ; s'ils peuvent seulement
faire représenter cela au prince-électeur actuel, il se
radoucira peut-être ; je le souhaite du moins de grand
cœur, car je veux tout le bien possible à ces braves
enfants. Je ne regrette qu'une chose, c'est de n'avoir
pas les moyens de leur prouver mon affection ; la bonne
volonté ne me manque pas assurément, mais on ne
s'engraisse pas avec de la bonne volonté, etc.

## XXVII.

Saint-Cloud , le 26 juin 1686.

..... Au reste, je souhaiterais du fond de l'âme que
toutes les dévotes d'ici (j'allais presque dire les bi-
gotes) suivissent votre sermon et cherchassent tout ce
qui pourrait amener l'union et la tranquillité ; mais
jusqu'à présent ce ne sont pas du tout leurs maximes.
On ne cherche au contraire qu'à exciter les gens les
uns contre les autres, le mari contre sa femme, le père
contre son fils, les domestiques contre leurs maîtres,
et tout ce qui s'ensuit, de sorte que l'on rend tout le
monde mécontent et malheureux. On pourrait bien
dire, à ce propos, comme le vieux Rabenhaupt :

« Bonjour, monser [1], vous faites une vie du diable! »
Il y a aussi un vieux proverbe allemand dont je comprends le sens à présent, et qui dit : « Là où le diable
ne peut pas atteindre, il envoie une vieille femme. »
Nous tous, les membres de la famille royale, nous
nous en apercevons bien. Mais assez là-dessus; il ne
serait pas bon d'en dire plus long. Ce que votre sermon m'apprend de consolant, c'est que j'ai plus de
religion que toutes les grandes dévotes, car je vis
aussi bien que je peux, je ne fais de mal à personne,
et si je ne dois figurer dans *le Mercure galant* [2] que
lorsque je tourmenterai mon prochain et mes frères
en Jésus-Christ, vous attendrez longtemps avant d'y
lire mon nom.

## XXVIII.

Versailles, le 11 août 1686.

Le prince Charles [3] m'a fait ses adieux hier soir, et

1. En français dans l'original.
2. *Le Mercure galant*, fondé en 1672 par Danneau de Vizé;
espèce de journal en miniature dans lequel on donnait nouvelles,
promotions, spectacles, histoires galantes, baptêmes, morts,
mariages, réceptions académiques, plaidoyers, sermons, énigmes
illustrées, chansons, musique, arrêts, petites poésies, etc. La
Bruyère, le désignant sous les initiales H. G. (*Hermès* pour Mercure), a dit : « Le H. G. est immédiatement au-dessous du rien. »
Plus tard, il devint *le Mercure de France*, dans lequel ont
écrit Chamfort, Marmontel, La Harpe, Fontane, Geoffroy, Cha-
teaubriand et autres célébrités littéraires.
3. Le *rangrave* Charles-Louis, frère consanguin de Madame.
Il en a déjà été question.

je dois avouer que je n'ai pu, sans pleurer, voir partir
ce bon prince, car je l'aime de tout cœur, et je me
flatte qu'il ne me hait pas non plus. Il vous racontera
une foule de 'nouvelles; je l'ai informé tout exprès de
beaucoup de choses pour qu'il vous les rapportât;
mais, afin que vous ne vous fatiguiez pas trop à n'entendre que des choses ennuyeuses, j'ai dit aussi au
prince mille *badineries et sottises*[1] qui se font ici;
j'espère que cela vous divertira un peu. Je vous envoie aussi par cette occasion quelques gravures en
taille-douce. Le prince Charles voulait les payer; mais
vous me permettrez bien, j'espère, de vous offrir ce
présent, que je peux vous faire sans me ruiner, et qui
ne sera pas compté dans la communauté, comme tout
ce qui provient de mon héritage; je puis vous envoyer ces gravures sans avoir besoin d'une procuration de Monsieur, bien qu'il soit le maître de la communauté. Je crois que bientôt je ne pourrai plus parler
d'autre langage, car depuis quelque temps on me
rompt tellement la tête de tout cela que je ne sais
plus rien que ces mots : *maître de la communauté,
allodiaux, procuration, signature,* etc.

Pour en revenir aux gravures, j'espère qu'elles me
rappelleront au souvenir de ma chère tante toutes les
fois qu'elle les feuilletera. Notre roi est un peu malade
en ce moment, et l'on dit qu'il pourrait bien s'en-
suivre une fièvre quarte. Dieu nous en garde! car cela
le rendrait encore cent fois plus morose qu'il ne l'est

1. *Badinerien und Sottissen.*

déjà. En vérité, quelqu'un qui n'aurait rien à démêler
avec cette cour rirait aux larmes en voyant comment
tout y va. Le roi s'imagine être dévot parce qu'il ne
couche plus avec aucune jeune femme; tòute sa crainte
de Dieu consiste à être vétilleux, à avoir partout des
espions qui accusent faussement les gens à tort et à
travers, à flatter les favoris de son frère, et à tourmenter tout le monde en général. La vieille, la Maintenon, se fait un plaisir de rendre odieux au roi tous
les membres de la famille royale et de les régenter,
excepté Monsieur, qu'elle flatte auprès du roi. Elle
s'arrange de manière que Sa Majesté vive bien avec
lui et fasse tout ce qu'il lui demande, ce qui est facile
à accorder, comme vous l'entendrez plus loin. Mais,
par derrière, cette vieille craint qu'on ne pense qu'elle
estime Monsieur; aussi dès que quelqu'un de la cour
parle avec elle, elle dit de lui pis que pendre, qu'il
n'est bon à rien, que c'est l'homme le plus débauché
du monde, sans *secret* [1], faux et indigne de toute
confiance.

La dauphine est malheureuse. Bien qu'elle fasse
tout son possible pour plaire au roi, elle est journellement très-maltraitée à l'instigation de la vieille, et il
lui faut passer sa vie entre l'ennui et la grossesse. Son
mari, M. le dauphin, ne s'inquiète de rien au monde,
il cherche son divertissement et son plaisir où il peut,
et il est affreusement débauché. Monsieur ne l'est pas
moins, et son unique application est de me rendre de

1. Ce mot est en français dans l'original.

mauvais offices auprès du roi, de me mépriser partout, de recommander ses favoris et d'obtenir pour
eux de Sa Majesté toute sorte de bons traitements et
de faveurs. Quant à ses enfants, il n'y songe pas.
Moi, pour ma part, je dois vivre comme sur la défen-
sive, car on me fait tous les jours de nouvelles chicanes, que je m'efforce cependant, par ma conduite,
d'éviter autant qu'il m'est possible. Le prince Charles
m'a vue à toute heure; il pourra vous dire comment
je passe mon temps, et s'il y a quelque chose à blâ-
mer dans ma conduite. Malgré cela, j'ai chaque jour
quelque chose de nouveau ; la vieille a déjà tenté plus
de dix fois de me brouiller avec la dauphine, en lui disant qu'elle devait absolument rompre avec moi si elle
voulait qu'elle la mît bien avec le roi ; mais lorsque
M^me la dauphine a voulu savoir ce qu'elle trouvait à
redire sur mon compte, elle n'a rien pu lui répondre.
En attendant, je n'en dois pas moins souffrir auprès
du roi de la haine imméritée de cette femme, et auprès
de Monsieur de la haine de mes anciens ennemis.
Voilà ma position. Si j'avais le temps de vous écrire
tous les détails, je suis sûre que vous les tiendriez
presque pour incroyables ; mais, dans ce que je dis
ici, voyez à peu près le plan général de la cour telle
qu'elle est maintenant.

Pour M^lle la grande-duchesse et M^me de Guise [1], on

1. M^lle d'Alençon, mariée en mai 1667 au duc de Guise à l'âge
de vingt ans, née en 1646, fille de Monsieur, frère de Louis XIII
et de la sœur de Charles IV, duc de Lorraine, que Monsieur avait
épousée clandestinement à Nancy, en 1632 : « Elle étoit, dit Saint-

n'en dit ni bien ni mal, on les regarde comme zéro,
ce qui me semble à moi un bonheur, et, à cette condition, je changerais volontiers avec elles. M. le duc [1]
est *ventre à terre* [2] devant tout ce qui s'appelle faveur,
et l'on se moque de sa platitude par-dessus le marché.
Mme de Maintenon se joue de la princesse de Conti [3] et

Simon, bossue et contrefaite à l'excès, et avoit mieux aimé
épouser le dernier duc de Guise que de ne se point marier.....
Elle étoit fort maltraitée par Mademoiselle, sa sœur, unique du
premier lit, puissamment riche, et qui n'avoit jamais pu digérer
le second mariage de Monsieur, son père, ni souffrir sa seconde
femme, ni ses filles. Dans cet état d'abandon, comptée pour rien
par le roi et Monsieur, ses seuls parents maternels, elle se laissa
gouverner par Mlle de Guise... » La princesse palatine, dans une
lettre du 26 mars 1696, annonce sa mort en ces termes : « La
bonne duchesse de Guise, cousine du roi et de Monsieur, est
morte ici (Versailles) il y a cinq jours. J'en ai été fort affligée ;
c'était une digne et pieuse femme ; nous dinions chaque jour
ensemble, il n'y avait qu'une antichambre entre ma chambre et
son cabinet. Elle a conservé toute sa tête jusqu'au dernier moment, et elle est morte tranquille et sans regret. »

1. Louis, duc de Bourbon-Condé, né en 1668, mort en 1710.
Saint-Simon dit dans le portrait qu'il trace de lui : « ... Le désespoir de la crainte du roi et de la préférence de M. le prince
de Conti sur lui,... la rage du rang de M. le duc d'Orléans et de
celui des bâtards, toutes ces furies le tourmentèrent sans re-
lâche, et le rendirent terrible comme ces animaux qui ne semblent nés que pour dévorer et faire la guerre au genre humain. »

2. En français dans l'original.

3. Mlle de Blois (Marie-Anne), fille légitimée de Louis XIV et
de Mme de la Vallière, mariée au prince de Conti. Mme la duchesse de Chartres et Mme la duchesse (filles naturelles de
Louis XIV et de Mme de Montespan) ajoutaient ainsi qu'elle à
leur nom, selon Saint-Simon, *légitimée de France*. Les deux
premières supprimèrent cette addition, et par là signèrent en

de M^me de Bourbon [1] comme si elle les tenait dans les plateaux d'une balance; tantôt elle élève celle-ci et abaisse celle-là, tantôt elle met l'une en faveur et congédie l'autre. En ce moment c'est M^me de Bourbon qui est en faveur et la princesse de Conti qui est en disgrâce; mais nous verrons sous peu un changement. La raison pour laquelle la princesse de Conti est actuellement en disgrâce, c'est que les espions ont dit au roi qu'elle s'était moquée de la Maintenon avec sa cousine la duchesse de *Choisseuil* [2] (*sic*). M^me la du-

plein comme les princesses du sang légitimes. Cet appât ne tenta point M^me la princesse de Conti. Elle ne perdait point d'occasion de faire sentir aux deux autres princesses qu'elle avait une mère connue et nommée, et qu'elles n'en avaient point; elle crut que cette addition la distinguait en cela d'autant plus que les deux autres la supprimaient, et elle voulut la conserver.

1. M^me de Bourbon (M^lle de Nantes, fille de Louis XIV et de M^me de Montespan, mariée au duc de Bourbon). Voy. la note précédente.

« Madame la Duchesse, dit Saint-Simon, dont le roi avoit payé les dettes il n'y a pas longtemps, qui se montoient fort haut, à des marchands et en toutes sortes de choses, n'avoit pas osé parler de celles du jeu qui alloient à de grosses sommes. Ses dettes augmentoient encore; elle se trouvoit tout à fait dans l'impuissance de les payer, et par là même dans le plus grand embarras du monde. Ce qu'elle craignoit le plus étoit que M. le Prince et surtout M. le Duc ne le sût. Dans cette extrémité elle prit le parti de s'adresser à son ancienne gouvernante, et de lui exposer son état au naturel dans une lettre avec une confiance qui attira sa toute-puissante protection. Elle n'y fut pas trompée. M^me de Maintenon eut pitié de sa situation, et obtint que le roi payât ses dettes, ne lui fît point de réprimandes et lui garda le secret.

2. La duchesse de Choiseul, sœur de la Vallière, était la cousine germaine et l'intime amie de la princesse de Conti. « Elle ne

5.

chesse n'est pas plus heureuse que nous autres, car son mari se conduit avec elle comme un vrai tyran.

J'écris à M^me de Harling que tout ce qui reluit n'est pas or; vous voyez par cette description que je n'ai que trop raison de le dire. Je n'aurais pas osé vous écrire tout cela par la poste, comme bien vous pensez; mais, cette occasion étant bonne et sûre, il m'était impossible de n'en pas profiter. Si vous voulez avoir encore d'autres détails sur la cour, je vous dirai que tous les ministres flattent cette femme [1] et cherchent par mille bassesses à se mettre bien avec elle. Quant au reste, tout ce qu'il y a de personnes d'un âge raisonnable et d'honnêtes gens est triste; ils n'ont pas d'argent, ils craignent les espions qui sont innombrables, ils sont mécontents, et cependant ils n'y peuvent rien faire. Tous les jeunes gens en général sont horriblement débauchés et adonnés à tous les vices, sans en excepter le mensonge et la tromperie; ils regarderaient comme une honte de se piquer d'être gens d'honneur. Ils ne font que boire, se vautrer dans

bougeoit d'avec elle, dit Saint-Simon. Elle avoit eu des galantéries en nombre, et qui avoient fait grand bruit. Le roi, qui craignoit cette liaison étroite avec sa fille, lui avoit fait parler, puis l'avoit mortifiée, ensuite éloignée, et lui avoit toujours pardonné. » Elle fut cause par ses désordres que le duc de Choiseul, son mari, ne fut pas compris dans la promotion de maréchaux en 1693; elle mourut phthisique en 1698. « Elle étoit, dit Saint-Simon, belle et faite en déesse, avec un esprit charmant et à la plus belle fleur de son âge, mais d'une conduite si déplorable qu'elle en étoit tombée jusque dans le mépris de ses amants. »

1. M^me de Maintenon.

la débauche et tenir des propos obscènes; le plus incapable occupe parmi eux le premier rang, c'est celui-
là qu'ils estiment le plus. Vous pouvez aisément juger
d'après cela quel grand plaisir il doit y avoir ici pour
les honnêtes gens; mais je crains qu'en poussant plus
loin mes détails sur la cour, je ne vous cause le même
ennui que j'éprouve souvent, et que cet ennui ne devienne à la fin une maladie contagieuse. Je vais donc
cesser d'en parler; d'ailleurs vous aimerez sans doute
mieux en entretenir le prince Charles. Je suis sûre
que vous lui trouverez la taille beaucoup plus belle
qu'elle n'était lorsque vous vîntes à Paris, et qu'il vous
paraîtra grandi. Il a eu ici beaucoup de succès, et bien
des gens se sont étonnés qu'étant encore si jeune, il
eût tant de bon sens et se comportât si bien en tout.
Il est certain que le prince ne ressemble pas du tout
aux jeunes gens d'ici, et qu'il a plus d'esprit dans son
petit doigt qu'une douzaine d'entre eux dans tout leur
corps, y compris l'âme. M^me la dauphine est bien désolée de n'avoir pas pu prendre congé de lui.

## XXIX.

Versailles, le 11 décembre 1686.

Ce que j'ai entendu de triste, c'est une lettre que
M. le prince[1] a écrite au roi hier matin peu de temps
avant sa mort, car il est décédé à huit heures. Le
pauvre prince est mort aussi bravement qu'il a vécu;

1. Le grand Condé, né en 1621, mort en 1686.

il a parlé jusqu'au dernier moment, et il est trépassé avec une fermeté dont on n'a pas d'idée; il a pris congé de tous les siens sans verser une seule larme, et lorsqu'il a vu leur poignante douleur, il leur a dit : « En voilà asses. pour la dernière fois, laisses moy songer à l'aultre monde [1]. » Il s'est ensuite entretenu avec son confesseur; mais comme le mal le tourmentait fort, il a fait appeler son docteur et lui a demandé si cela durerait encore longtemps. Le docteur lui ayant dit qu'il ne passerait pas dix heures du soir, M. le prince répondit résolûment : « Bon! voilà qui est bien, j'en seres au moins bien tost quitte [2]. » C'est avec cette fermeté, cette résolution qu'il est mort. La pauvre M^me la duchesse fait en ce seigneur une perte affreuse, car il était toute sa consolation; je la plains de tout mon cœur. Tout le monde ici est très-consterné de cette mort. Il faut qu'il y ait à Fontainebleau une terrible fatalité sur les princes du sang. L'an passé, la princesse de Condé prit la petite vérole, et cela coûta la vie à son mari; cette année-ci, M^me de Bourbon est atteinte de la même maladie, qui cause la mort de M. le prince; car, s'il n'eût pas tant veillé la femme de son petit-fils et subi tant de fatigues, dans l'état d'abattement et de faiblesse où il se trouvait déjà, peut-être serait-il encore en vie, etc.

1. En français dans l'original.
2. *Idem.*

## XXX.

Saint-Cloud, le 14 avril 1688.

La bonne dame de Harling et son mari m'ont priée de leur envoyer leur *nepheu* (*sic*), qui doit aller partager la succession paternelle avec ses frères. Je n'ai pas voulu manquer cette occasion bonne et sûre de vous ouvrir entièrement mon cœur et de vous dire tout ce qui me tourmente, et que je ne peux pas confier à la poste ordinaire. Je dois donc vous avouer, ma bien-aimée tante, que depuis quelque temps j'ai beaucoup d'ennuis, bien que j'évite autant que possible d'en rien laisser paraître. On m'a dit en confidence les vraies raisons pour lesquelles le roi traite si bien le chevalier de Lorraine et le marquis d'Effiat: c'est parce qu'ils lui ont promis d'amener Monsieur à le prier très-humblement de vouloir bien marier les enfants de la Montespan avec les miens, savoir ma fille avec ce boîteux de duc du Maine, et mon fils avec M$^{lle}$ de Blois [1]. La Maintenon, dans cette circonstance, est tout à fait pour la Montespan, car c'est elle qui a élevé les bâtards, et elle aime ce méchant boîteux comme si c'était son propre enfant. Elle m'a montré des lettres de lui qu'il lui écrivait d'une chambre à

---

1. M$^{lle}$ de Blois, fille naturelle de Louis XIV et de M$^{me}$ de Montespan, qui devint en effet, en dépit de l'opposition de Madame, la femme du duc de Chartres, plus tard régent de France.

l'autre, et dans lesquelles il l'assure qu'il l'aime mieux et la respecte beaucoup plus que M^me de Montespan [1], parce qu'elle ne le réprimande jamais sans raison, tandis que sa mère ne le fait que par caprice; aussi lui est-il plus dévoué qu'à M^me de Montespan. La Maintenon est donc très-favorable à ce mariage. Je l'ai appris par des femmes qui en ont entendu parler par la Montespan et la Maintenon elles-mêmes.

Imaginez-vous si je me fais du mauvais sang à cette pensée que ma fille serait seule si mal pourvue, tandis que ses sœurs sont si bien mariées. Lors même que le duc du Maine, au lieu d'être le fruit d'un double adultère, serait un prince légitime, je n'en voudrais pas pour mon gendre, non plus que de sa sœur pour ma bru; car il est affreusement laid, paralysé, et il joint encore à cela plusieurs autres mauvaises qualités; ainsi il est avare en diable et n'a pas un bon naturel. Sa sœur, elle, a bien un bon caractère, mais elle est excessivement maladive, et elle a toujours les yeux si faibles que je crois qu'elle finira par devenir aveugle. Par-dessus le marché, ils sont l'un et l'autre, comme

---

1. Le duc du Maine s'attacha tellement à sa gouvernante, que dans la suite il lui sacrifia les intérêts même de sa mère. Nous en citerons un exemple. M^me de Montespan, quoique en pleine disgrâce, s'obstina longtemps à se maintenir à la cour, disputant à sa rivale le cœur de l'amant qui s'était éloigné d'elle. A plusieurs reprises, le roi la fit avertir assez durement qu'elle eût à cesser ses importunités, sous peine d'être reléguée loin de Paris, et, parmi les personnes qu'il chargea de semblables messages, on n'est pas peu étonné de rencontrer le duc du Maine.

(*Nouvelle Biographie générale*, art. *du Maine*.)

je vous l'ai dit, bâtards d'un double adultère et enfants
de la femme la plus méchante et la plus perdue que
la terre puisse porter. Je vous laisse maintenant à
penser combien je dois désirer ce mariage.

Le pis est que je n'ose pas trop en parler à Monsieur, car il a la belle habitude, quand je lui dis un
seul mot, d'aller tout de suite le rapporter au roi en
l'amplifiant considérablement, et de m'attirer ainsi
mille querelles de la part de Sa Majesté. Je suis donc
fort en peine, et ne sais comment faire pour éviter ce
malheur. En attendant, je ne puis m'empêcher de me
tourmenter intérieurement, et, toutes les fois que je
vois ces bâtards, cela me fait tourner le sang. Pensez,
ma bien-aimée tante, si je dois souffrir de voir mon
fils unique et mon unique fille victimes de mes plus
cruels ennemis (qui me font et m'ont fait chaque jour
tout le mal possible, et qui ont même cherché à me
ravir l'honneur par leurs faux discours). On dit que
le d'Effiat a la promesse d'être fait duc, et le chevalier
de recevoir une forte somme d'argent. Entretemps on
les porte aux nues et on leur fait toute sorte de bons
traitements ; tandis que moi, l'on me maltraite, on
semble presque me faire une grâce en me laissant
vivre. Ces chagrins dont je vous fais part ne me
viennent ni des *humeurs*, ni de la rate, mais ils sont
très-*essentiels* [1] comme vous voyez ; car maintenant
que j'ai perdu tous les miens, hélas ! qu'est-ce qui
peut me toucher plus en ce monde que vous et mes

1. En français dans l'original.

pauvres enfants? Et les voir ces pauvres enfants sacri-
fiés à la grandeur de mes ennemis, c'est la chose la
plus douloureuse qu'on puisse éprouver en sa vie.
Peut-être même serai-je exilée à cette occasion, car
Monsieur m'en parle sérieusement ; mais cela ne
m'empêchera pas de lui dire ma façon de penser,
qu'il ira rapporter au roi, selon son habitude. Il ne
s'en taira pas non plus à ses favoris, qui sauront bien,
comme c'est facile à deviner, présenter la chose à Sa
Majesté sous le jour le plus défavorable pour moi.

Si, à ma grande surprise, le roi me parlait de cette
affaire, je lui avouerais franchement à lui-même
qu'elle ne me convient pas, et, sans aucun doute, de
quelque forme respectueuse que j'entoure ce refus,
il en sera très-mécontent. Je dois donc m'attendre à
ce qu'il m'arrive dorénavant des contrariétés de toute
espèce, et ce n'est pas là une situation agréable. Je
vous prie mille et mille fois de me pardonner si je
vous entretiens de ces ennuyeux et déplaisants *discours*[1] : mais, ma bien-aimée tante, comme vous êtes
si bonne pour moi et que je n'ai ici personne à qui je
puisse me fier suffisamment pour lui conter mes
peines, j'ai pensé que vous ne m'en voudriez pas si je
profitais de cette occasion sûre pour soulager mon
cœur, car Harling m'est très-dévoué, et certainement
il ne remettra pas cette lettre en d'autres mains que
les vôtres. Je vous en prie, ne dites rien de tout cela à
personne, si ce n'est à mon oncle et à la bonne

---

1. *Discoursen*, dit le texte.

Mᵐᵉ de Harling; ne me répondez pas non plus à ce sujet par la poste, mais seulement par mon Harling quand il reviendra.

Que vous dirai-je encore? Je ne sais trop. La cour devient maintenant si ennuyeuse avec ces continuelles hypocrisies, qu'on n'y peut presque plus tenir, et tandis qu'on énerve les gens et qu'on les épuise jusqu'à la moelle pour les porter (comme ils disent) à la vertu et à la crainte de Dieu, le roi choisit les êtres les plus vicieux du monde, tels que le chevalier et d'Effiat, pour en faire sa compagnie ordinaire. Je n'ai pas pu savoir si le roi a oui ou non épousé la Maintenon. Il y en a beaucoup qui assurent qu'elle est sa femme, et que l'archevêque de Paris les a unis en présence du confesseur du roi et du frère de la Maintenon; mais d'autres disent que ce n'est pas vrai, et il est impossible de savoir ce qu'il en est. En tout cas, ce qu'il y a de certain, c'est que le roi n'a jamais eu pour aucune maîtresse la passion qu'il a pour celle-ci; c'est quelque chose de curieux à voir quand ils sont ensemble. Si elle est quelque part, il ne peut pas y tenir un quart d'heure sans aller lui parler à l'oreille et l'entretenir en secret, bien qu'il ait été toute la journée auprès d'elle. Cette femme est un méchant diable que chacun recherche et craint fort, mais elle est peu aimée. Il n'est sorte de chicanes qu'elle ne cherche à la bonne Mᵐᵉ la dauphine, qui est bien la meilleure princesse du monde; pleine de franchise, caractère excellent, elle fait cependant tout son possible pour se concilier la Maintenon. Celle-ci, par

contre, a entièrement gagné le dauphin pour se faire
d'autant plus craindre et particulièrement de la dauphine. Voilà dans quel état la cour est à présent.

J'ai encore oublié de vous dire une chose. Pour qu'il
ne paraisse pas que les partisans du Lorrain sont mê-
lés à l'affaire du mariage de mes enfants, la Maintenon
et la Montespan ont fourré dans la tête de la grande
Mademoiselle[1] que puisque M. du Maine était son héritier, elle devait lui laisser tout le reste de sa fortune
à la condition qu'il épouserait ma fille, et que de la
sorte son bien reviendrait pour ainsi dire dans sa
propre maison par les enfants de Monsieur. Ils font
cela pour s'assurer tout ce que possède Mademoiselle,
qui (comme une autre folle, Dieu me pardonne!)
.tombe dans ce panneau. Et parce qu'elle a fait la sottise de donner son bien au bâtard pour tirer de prison

1. « La grande Mademoiselle qu'on appeloit ainsi, dit Saint-
Simon ; pour la distinguer de la fille de Monsieur, ou, pour l'appeler par son nom, M<sup>lle</sup> de Montpensier, fille aînée de Gaston,
et seule de son premier mariage, mourut en son palais du
Luxembourg, le dimanche 5 avril 1093, à soixante-trois ans, la
plus riche princesse particulière de l'Europe... Monsieur et Madame ne la quittèrent point pendant sa maladie. Outre la liaison
qui avoit toujours été entre elle et Monsieur, dans tous les
temps, il muguetoit sa riche succession , et fut en effet son légataire universel. Mais les plus gros morceaux avoient échappé. »
Les mémoires publics de cette princesse montrent à découvert
sa faiblesse pour M. de Lauzun, la folie de celui-ci de ne l'avoir
pas épousée dès qu'il en eut la permission du roi , pour le faire
avec plus de faste et d'éclat. Leur désespoir de la rétractation du
roi fut extrême, mais les donations du contrat de mariage étaient
faites et subsistèrent par d'autres actes.

son petit *crapaud* de Lauzun[1], elle voudrait qu'à notre tour nous fussions aussi fous qu'elle. Elle fait répandre ce bruit partout pour voir comment on l'accueillera, ou plutôt ce sont tous les autres qui le répandent. Ils la font agir, comme je vous l'ai déjà dit, pour ne pas avoir l'air de se mêler de rien, mais cependant j'ai tout appris. Mademoiselle n'ose rien m'en dire, car elle sait bien que je l'enverrais joliment promener. Le temps nous apprendra ce qu'il doit advenir de tout ceci. On m'appelle pour le dîner; j'achèverai cette lettre en sortant de table. Monsieur m'a dit qu'il voulait aussi vous écrire...

Je sors de table à l'instant même; Monsieur ne m'ayant pas donné sa lettre, je crois qu'il ne vous écrira pas, bien qu'il m'eût dit vouloir le faire. Je

1. Antonin-Nompar de Caumont, comte, puis duc de Lauzun, favori de Louis XIV, né en 1633, mort en 1723. La Bruyère a dit de lui : « Sa vie est un roman : non, il lui manque le vraisemblable. Il n'a point eu d'aventures, il a eu de beaux songes, il en a eu de mauvais ; que dis-je? on ne rêve point comme il a vécu. » Cadet de Gascogne sans aucun bien, il vint à la cour sous le nom de marquis de Puyguilhem. Il y fut accueilli par le comte de Guiche qui le présenta chez la comtesse de Soissons, nièce de Mazarin, de chez laquelle le roi ne bougeait pas. De là sa fortune.

Lauzun, qui s'était attiré l'inimitié de roi, fut arrêté et conduit au château de Pignerol, où il demeura dix ans. L'amour de Mademoiselle, dit Saint-Simon, ne se refroidit point par l'absence. On sut en profiter pour faire un grand établissement à M. du Maine à ses dépens, et à ceux de M. de Lauzun qui en acheta sa liberté. (Voir pour plus de détails Saint-Simon, t. Ier, page 27, édit. Chéruel.)

m'arrête donc là, car, dans un quart d'heure, je dois aller à l'église entendre les *Ténèbres*; c'est bien le chant le plus ennuyeux et le plus insipide du monde. Je ne vous dirai rien de plus pour cette fois, si ce n'est que, dans quelque position que je me trouve, heureuse ou malheureuse, vivante ou morte, je demeurerai jusqu'à la fin, etc.

## XXXI.

Saint-Cloud, le 26 septembre 1688.

... Vous ne me dites pas comment s'appelle le prince-électeur et quels noms on lui a donnés. Je voudrais bien qu'il pût réconcilier ses parrains, c'est-à-dire notre roi et l'empereur; cela me plairait plus que toutes ses belles demandes, et ce serait une cérémonie qui me réjouirait fort. En attendant, notre dauphin est devenu un guerrier, et, comme je vous l'ai déjà dit, il est parti hier pour l'armée avec l'intention d'assiéger et de prendre Philipsbourg. Il m'a dit qu'après Philipsbourg il voulait prendre Mannheim et Frankenthal et conduire la guerre pour mon intérêt. Mais je lui répondis : « Si vous en prenes mon advis, vous n'ires pas, car je vous advoue que je ne puis avoir que de la doulleur, et nulle joye de voir qu'on ce serve de mon nom pour ruiner ma pauvre patrie[1]. » C'est ainsi que nous nous sommes faits nos adieux, etc.

1. Cette réponse est en français dans l'original.

## XXXII.

Fontainebleau, le 10 novembre 1688.

... J'ai donc différé de vous écrire jusqu'à ce que j'eusse reçu votre bonne lettre du 18-28 octobre par laquelle je vois que vous ne sentez que trop bien notre perte. Quoique à présent je ne pleure plus aussi continuellement que les premiers jours, je ressens pourtant une mélancolie intérieure et une affliction qui m'indiquent que je ne me consolerai pas de sitôt d'avoir perdu le bon Charles-Louis. Ce qui augmente encore mon chagrin, c'est que je dois entendre dire tous les jours qu'on se prépare à brûler et à bombarder cette bonne ville de Mannheim que le défunt prince-électeur, mon père, avait fait bâtir avec tant de soin. Cela me fait saigner le cœur, et encore on trouve très-mauvais que je m'en afflige. Si vous voulez écrire à Monsieur pour les pauvres jeunes rangraves, vous pouvez bien le faire, il ne s'en offensera pas; mais cela ne servira à rien; car Monsieur ne prendra pas dans sa bourse à leur intention, et il ne reçoit pas un liard du Palatinat. Bien qu'il ait à la vérité prié le roi de faire prêter le serment de fidélité en son nom, le roi n'a pas voulu y consentir. Il n'en a donc rien été, et jusqu'ici personne autre que le roi n'est maître du Palatinat. Or je doute fort que Sa Majesté veuille rien donner aux jeunes rangraves, car ce n'est pas la pitié qui l'étouffe. Pendant les dix jours que j'ai été malade à Paris, le roi n'a pas fait demander de mes nou-

velles; je lui ai écrit, mais il ne m'a pas répondu.
A mon retour, je fus curieuse de savoir ce que cela
signifiait; je fis donc prendre des renseignements par-
dessous main, et j'appris que le roi était fâché contre
moi à cause d'un discours que j'avais tenu avec M. le
duc de Montausier. Je vais vous raconter la chose.

Dans la chambre de la dauphine, M. de Montausier [1]
vint à moi et me dit : « Madame, M. le dauphin est
vostre chevallier, il va vous conquerir vostre bien et
vos terres. » Comme je ne répondais rien, il reprit :
« Il me semble, madame, que vous receves bien froidement ce que je vous dis. — Monsieur, répondis-je
alors, il est vrai que je reçois froidement ce que vous
me dittes, parce que vous me parles de la chose du
monde de quoy j'aime le moins à entendre parler, car
je ne voy pas qu'il me reviene grand profit que mon
nom serve pour la perte de ma patrie, et, bien loin
d'en ressentir de la joye, j'en suis très-fâchée. Je n'ay
pas l'art de dissimuller, mais je sais me taire. Ainsi,
si on ne veust pas que je disse ce que je pense, il ne
faut pas me faire parler [2]. » Le vieux, à ce qu'on me
dit, trouva cela très-mauvais, et il le raconta à d'autres
qui l'ont dit au roi. Bref, le roi lui-même l'a fort mal

1. Charles de Sainte-Maure, duc de Montausier, gouverneur
du grand-dauphin, né le 6 octobre 1610, mort à Paris le 17 mai
1700. M^me de Rambouillet disait de lui « qu'il était fou à force
d'être sage, et que jamais il n'y en eut un qui eût plus besoin
de sacrifier aux grâces. »

2. Les paroles du duc de Montausier et celles de Madame sont
en français dans l'original.

pris; mais je n'y puis rien. Pourquoi aussi se con-
duit-on avec moi d'une si étrange façon? Si monsieur
son frère ne veut pas ouvrir les yeux pour voir comme
on nous prend ce qui nous appartient, je ne puis cependant pas empêcher les miens de voir la vérité et
de ne pas se laisser abuser, etc.

## XXXIII.

Versailles, le 20 mars 1689.

..... Dût-on m'ôter la vie, il m'est cependant impossible de ne pas regretter, de ne pas déplorer d'être
pour ainsi dire le prétexte de la perte de ma patrie.
Je ne puis voir de sang-froid détruire d'un seul coup
dans ce pauvre Mannheim tout ce qui a coûté tant de
soins et de peines au feu prince-électeur mon père.
Oui, quand je songe à tout ce qu'on y a fait sauter,
cela me remplit d'une telle horreur que chaque nuit,
aussitôt que je commence à m'endormir, il me semble
être à Heidelberg ou à Mannheim, et voir les ravages
qu'on y a commis. Je me réveille alors en sursaut, et
je suis plus de deux heures sans pouvoir me rendor-
mir. Je me représente comment tout était de mon
temps et dans quel état on l'a mis aujourd'hui; je
considère aussi dans quel état je suis moi-même, et je
ne puis m'empêcher de pleurer à chaudes larmes. Ce
qui me désole surtout, c'est que le roi a précisément
attendu pour tout dévaster que je l'eusse imploré en

faveur de Heidelberg et de Mannheim. Et l'on trouve
encore mauvais que je m'en afflige!

J'ai bien pensé que la mort de notre bonne reine
d'Espagne[1] vous affligerait; je ne peux pas encore la
digérer, et, bien qu'à l'exemple de tous les proches et
des parents les plus haut placés de Sa Majesté, j'assiste
de nouveau maintenant à tous les divertissements,
j'en reviens aussi triste que j'y suis allée; rien ne peut
me distraire de mon chagrin. J'entends d'ailleurs et
je vois tous les jours tant de vilaines choses que cela
me dégoûte de la vie. Vous avez bien raison de dire
que la bonne reine est maintenant plus heureuse que
nous, et si quelqu'un voulait me rendre comme à elle
et à sa mère le service de m'envoyer en vingt-quatre
heures de ce monde dans l'autre, je ne lui en saurais
certes pas mauvais gré, etc.

## XXXIV.

Versailles, le 14 avril 1689.

..... Bien que je ne veuille aucun mal à l'électeur
palatin, ce qui m'afflige, ce n'est pas qu'on ait tant
maltraité le pauvre Palatinat depuis qu'il est entre ses
mains, mais qu'on se soit servi de mon nom pour
tromper les pauvres habitants; que ces braves gens,

1. La fille du duc d'Orléans et d'Henriette d'Angleterre, Marie-
Louise d'Orléans, mariée en novembre 1679 à Charles II, roi
d'Espagne, et morte empoisonnée, dit-on, en 1689 par le comte
de Mansfeld et la comtesse de Soissons.

dans leur innocence et par affection pour l'électeur
notre défunt père, aient cru ne pouvoir mieux faire
que de se soumettre volontairement, pensant qu'ils
m'appartiendraient et vivraient plus heureux que sous
l'électeur actuel, car je suis encore du sang de leurs
maîtres légitimes. Ce qui m'afflige, c'est que non-
seulement ils ont été déçus dans cette espérance, et
que leur affection a été mal récompensée, mais encore
qu'ils sont tombés par là dans la misère et dans un
malheur éternel. Et ce qui met le comble à mes chagrins, c'est que ceux-là mêmes qui ont causé les dé-
sastres de ma pauvre patrie me persécutent person-
nellement, et il n'est pas de jour qui ne m'apporte
quelque nouvel ennui. Et dire qu'il faut passer sa vie
jusqu'à la fin avec ces gens-là! S'ils daignaient seulement dire ce qu'ils veulent, on pourrait se régler en
conséquence, mais ils ne vous disent rien, et tout ce
qu'on dit, tout ce qu'on fait, ils le trouvent mauvais.
Que ne me font-ils battre en cachette? J'aimerais
mieux en être quitte à ce prix que d'être harcelée
comme je le suis. Ces vexations continuelles me tuent
à petit feu et me rendent la vie insupportable. Je me
suis encore aperçue d'autre chose. Lorsque le roi
craint que Monsieur ne lui en veuille, comme par
exemple quand il donne de grands gouvernements à
ses bâtards et à lui rien; quand il a l'intention de
rejeter une demande que Monsieur lui a faite, ou qu'il
le laisse végéter ici, comme à présent, sans lui confier
une seule armée, aucun commandement, ni rien de
pareil, alors le roi flatte les Lorrains et tous les favoris

de Monsieur, tandis qu'il me traite mal et avec mépris. Comme Monsieur aime ces gens-là et qu'il me déteste, on le paye de cette manière.

## XXXV.

Versailles, le 24 juillet 1689.

..... Il y a un an, M<sup>me</sup> la dauphine m'appela dans son cabinet et me dit, les larmes aux yeux : « J'ai appris une chose qui fait grand bruit à la cour. On dit que votre cousin de la Trémouille [1] est amoureux de moi, et l'on me blâme de le souffrir. Veuillez donc, je vous prie, dire à votre cousin de ne plus venir aussi souvent dans ma chambre, et de n'avoir plus d'attentions pour moi. — Si cela vous fait plaisir, répondis-je, je le dirai bien à mon cousin ; mais il me semble que, lorsqu'on vous donne des avis de ce genre, vous feriez mieux de trouver mauvais qu'on puisse parler sérieusement d'une chose pareille et de vous contenter d'en rire ; car, de la sorte, si mon cousin était assez fou pour agir en amoureux, il ne ferait que se rendre ridicule, et cela ne pourrait vous nuire. — Mais, reprit la dauphine, on m'a parlé de cette affaire si sérieusement que je suis tout à fait décidée à lui défendre de se présenter devant moi. — Vous ferez bien, lui dis-je, de ne pas donner suite à un pareil dessein. Il faut, avant tout,

---

1. C'était le fils d'Henri-Charles de la Trémouille, prince de Tarente. Celui-ci avait épousé Amélie de Hesse, fille du landgrave Guillaume V de Hesse-Cassel, et la sœur d'Amélie, Charlotte de Hesse-Cassel, était la mère de la princesse palatine.

éviter l'éclat : c'est ce qui fait le plus de tort, et
comme voilà déjà deux ans que l'on dit que cet
homme est amoureux de vous, et que vous n'avez
contre lui aucun sujet de plainte, si ce n'est qu'il vous
regarde trop souvent, le mieux, à mon avis, serait de
ne rien faire et de rire seulement de ce qui se passe.
Cela finirait alors de soi-même, car rien ne corrige
mieux les gens que de s'apercevoir qu'ils deviennent
ridicules. — C'est égal, me répondit la dauphine, ne
manquez pas, je vous en prie, de communiquer à
votre cousin ce que je viens de vous dire. »

Je le fis, et je lui donnai encore, pour mon compte,
une bonne semonce pour s'être mis pareille affaire sur
les bras, et s'être attiré une commission de ce genre.
Mon cousin me répondit qu'il était malheureux, mais
non coupable ; qu'il n'avait jamais manqué de respect
à M<sup>me</sup> la dauphine ni en paroles ni en actions ; que ses
ennemis avaient dû lui rendre de mauvais offices auprès d'elle, mais que, pour lui prouver encore mieux
son respect, il voulait, dès que son temps de service
auprès du roi serait fini, demander un congé et aller
en Allemagne chez sa mère. « C'est un moyen, me
dit-il, d'éviter un éclat, et je ferai durer mon voyage
plus d'une année, de sorte que tous les bruits que j'ai
causés sans le savoir auront le temps de s'apaiser.
Priez seulement M<sup>me</sup> la dauphine de prendre patience
jusque-là. »

Je rapportai cette réponse à la dauphine. J'oubliais
encore de vous dire que mon cousin avait ajouté : « Si
M<sup>me</sup> la dauphine croit qu'il est nécessaire que je ne

paraisse plus devant elle, je vendrai ma charge et je
me retirerai dans mes terres. » Je rapportai également
ces paroles à M<sup>me</sup> la dauphine, qui me répondit : « Tout
ce que je demande, c'est qu'il ne vienne plus dans
ma chambre qu'avec le roi, qu'il se conduise tout autrement qu'il n'a fait jusqu'ici, qu'il fasse attention
à ses regards; en un mot, qu'il soit avec moi tout à
fait indifférent. » J'en fis part à mon cousin et je le
prêchai de mon mieux.

Depuis lors, je n'avais plus entendu parler de cette
affaire, lorsqu'il y a quinze jours, mon cousin entre
chez moi et me dit : « M<sup>me</sup> la duchesse d'Arpajon,
dame d'honneur de M<sup>me</sup> la dauphine, m'a fait appeler
et m'a ordonné, de la part de M<sup>me</sup> la dauphine, de ne
jamais me trouver là où elle serait. » Cet ordre fit,
comme vous pensez, du bruit à la cour. Le même soir,
M<sup>me</sup> la dauphine me dit : « Je crois que vous êtes
fâchée de ce que j'ai fait mander à votre cousin? —
J'en suis fâchée, répondis-je, non pour lui, mais pour
vous qui n'avez pas voulu suivre mon loyal conseil,
car cet éclat ne vous réussira pas. » En parlant ainsi,
je disais encore plus vrai que je ne pensais; vous ne
sauriez, en effet, vous imaginer combien tout le
monde a condamné M<sup>me</sup> la dauphine. Elle me fait
vraiment peine, car on lui a persuadé que c'était une
belle chose que de faire cet éclat, et elle a cru les
autres plus qu'elle-même. Voici maintenant que la
dame d'honneur cherche à me mêler à cette affaire,
en disant que c'est moi qui ai averti mon cousin pour
la première fois. Il faut donc bien que je fasse con-

naître la vraie vérité sur la manière dont tout s'est passé. Sans cela, jamais de ma vie je n'en aurais parlé. J'aurais encore beaucoup à vous dire à ce sujet, mais cela n'est pas de nature à être confié au papier...

## XXXVI.

Versailles, le 26 août 1689.

...... Pour en venir enfin au sujet de ma lettre, je dois vous 'dire que le parti de mes ennemis a mis en tête à Monsieur de faire de son grand-écuyer le gouverneur de mon fils. Or comme je sais, avec toute la France, que cet homme est un des drôles les plus méprisables et les plus débauchés du monde, j'ai prié Monsieur de donner à son fils un autre gouverneur, et voici les raisons que j'ai alléguées : « Il me semble que ce ne serait pas un honneur pour mon fils si l'on pouvait penser qu'il est la maîtresse de d'Effiat, car il est certain qu'il n'y a pas de plus grand sodomite que lui dans toute la France; ce serait, à mon avis, un mauvais début pour un jeune prince comme est mon fils, que de commencer sa vie par les plus affreuses débauches du monde. — A cela, Monsieur me répondit : Je dois avouer qu'en effet d'Effiat a été débauché et qu'il a aimé les jeunes gens, mais il y a déjà bien des années qu'il s'est corrigé de ce vice. — Pourtant, dis-je à Monsieur, il n'y a que peu d'années encore, qu'un jeune et joli Allemand, qui était ici, s'est excusé auprès de moi de ne pas venir me voir aussi souvent

6.

qu'il le désirait, parce que d'Effiat le tourmentait trop
lorsqu'il venait au Palais-Royal. D'Effiat n'est donc
pas corrigé depuis aussi longtemps que le prétendent
ses amis. Mais, en supposant qu'il soit resté quelques
années sans s'adonner à ce vice, comme son inclination l'y porte, je ne crois pas devoir lui confier mon
fils unique pour le mettre à l'épreuve, pour voir si
M. le grand-écuyer a renoncé oui ou non à ses pages.
Quant à ceux qui ignorent la conversion de d'Effiat,
ils doivent le regarder comme un homme corrompu et
perdu de vices, et cela lui ferait une mauvaise réputation. Enfin, il me semble étrange qu'on veuille donner pour gouverneur à mon fils un drôle qui, il y a environ deux ans, sans le moindre respect ni pour vous
ni pour moi, a fait un enfant à une de mes femmes de
chambre qu'il a fait accoucher ici, dans le palais même;
un homme qui a toujours sa chambre au Palais-Royal
pleine de putains et de jeunes garçons. Il donnerait,
ma foi, de beaux exemples à mon fils! Mais j'ai encore
d'autres raisons pour vous prier de ne pas le lui confier.
D'Effiat est le plus cruel ennemi que j'aie dans toute la
France: vous devez bien vous rappeler encore que je
vous ai fait voir clairement tous les mensonges qu'il
avait répandus sur mon compte, et qu'il est venu m'en
demander pardon à genoux, en votre présence. Rien
au monde ne saurait donc m'être plus pénible que de
voir mon fils unique devenir la récompense de tout le
mal que m'a fait cet infâme qui a cherché à me ravir
l'honneur et à m'attirer de votre part une éternelle
haine; et ce n'est que de la haine que je dois attendre

de mon fils, s'il a un pareil gouverneur. Vous êtes mon
seigneur et maître, et vous pouvez mettre mon fils
entre telles mains qu'il vous plaira, mais jamais de sa
vie d'Effiat n'aura ni mon approbation ni mon consentement. Si pourtant mon malheur veut qu'on donne
ce gouverneur à mon fils, on ne devra pas trouver
mauvais que je m'excuse aux yeux de tout le monde,
et que je fasse connaître que cela s'est fait contre
mon gré. »

Monsieur commença par me dire que M^me de Maintenon avait fort approuvé ce choix, et qu'elle y avait
fait consentir le roi. « Eh! bien, lui répondis-je, c'est
mauvais signe pour vous et pour mon fils; car si
Sa Majesté consent à ce qu'il tombe en de telles mains,
c'est qu'il ne s'inquiète plus de lui, attendu que le roi
connaît très-bien tous les vices de d'Effiat et qu'il m'en
a souvent parlé lui-même (ce qui est vrai). Quant à
l'approbation de M^me de Maintenon, vous devriez, en
cette circonstance, la tenir pour suspecte, car l'affection
qu'elle porte à M. du Maine, qu'elle a élevé et qu'elle
aime comme son propre enfant, est assez grande pour
lui faire désirer qu'il surpasse mon fils en vertus, et
par conséquent elle doit consentir volontiers à ce que
celui-ci ait d'Effiat pour gouverneur. Cela devrait vous
ouvrir les yeux et vous faire comprendre combien peu
un tel gouverneur convient à votre fils. »

Lorsque d'Effiat vit que je lui faisais une opposition
si violente, il commença par dire qu'il ne voulait pas
de ce poste; mais ensuite il s'en repentit et le recher-
cha plus que jamais. Monsieur m'avait déjà fait dire,

avec un certain dépit, que d'Effiat ne voulait plus être
gouverneur et que c'était pour cela qu'il ne le serait
pas, mais nullement à cause de moi. Je répondis en
riant que Monsieur m'épargnait, par ce compliment,
la peine de le remercier, mais que je serais si contente que mon fils ne tombât pas entre les mains d'un
aussi malhonnête homme que je croyais que je ne
pourrais pas m'empêcher de remercier, non-seulement Monsieur, mais d'Effiat lui-même.

Ce soir-là, j'étais de bonne humeur et je comptais
que tout irait bien, lorsqu'on me dépêcha le confesseur de Monsieur, et, au moment où je partais pour
Paris, la comtesse de Beuvron [1] me dit que Monsieur
lui avait aussi envoyé son chancelier pour me faire
faire des propositions. Comme c'étaient toujours les
mêmes, je vais vous dire ce que me faisait proposer

---

1. « La comtesse de Beuvron, dit Saint-Simon, étoit une autre
femme à qui, non plus qu'à la maréchale de Clérembault, il ne
falloit pas déplaire, et qui étoit extrêmement de mes amies. Elle
étoit fille de condition de Gascogne ; son père s'appeloit le marquis de Théobon, du nom de Rochefort. Elle étoit fille de la
reine lorsqu'elle épousa le comte de Beuvron... Le comte de
Beuvron étoit capitaine des gardes de Monsieur... Elle en étoit
veuve en 1688, sans enfants, et étoit pauvre. Des intrigues du
Palais-Royal la firent chasser par Monsieur, au grand déplaisir
de Madame qui fut plusieurs années sans avoir permission de
la voir, et qui ne la vit enfin que rarement et à la dérobée dans
des couvents à Paris. Elle lui écrivoit tous les jours de sa vie, et
en recevoit réponse par un page qu'elle envoyoit exprès... C'étoit
une femme qui avoit beaucoup d'esprit et de monde, et qui, à
travers de l'humeur et une passion extrême pour le jeu, étoit fort
aimable et très-bonne et sûre amie. »

le chancelier et quelle fut ma réponse. Il y eut toutefois cette différence entre les deux messages que la
commission du confesseur n'était pas aussi brutale
que celle que me transmit la comtesse de Beuvron.
Le bon jésuite avait-il adouci la chose à son gré? Je
ne sais, mais je suis portée à le croire, car, au fond,
sa demande était absolument la même que celle du
chancelier. Par ce dernier, Monsieur me faisait dire
qu'il avait définitivement résolu de nommer d'Effiat
gouverneur, que j'y consentisse ou non ; qu'en conséquence, je ferais bien de m'y résigner ; que, si je le
faisais de bon gré, il me donnerait une carte blanche
sur laquelle je pourrais écrire ce que je désirerais ;
qu'il reverrait aussi la comtesse de Beuvron, qu'il la
traiterait bien et ferait tout ce qu'il pourrait pour
m'être agréable ; que si, au contraire, je m'opiniâtrais
à dire que la chose avait lieu contre mon gré, elle ne
s'en ferait pas moins, avec cette différence qu'il me
rendrait la vie dure, qu'il défendrait à la comtesse
de Beuvron de jamais me revoir, me refuserait tout
ce que je pourrais lui demander, me donnerait tous
les dégoûts imaginables, ferait toute sorte d'éclats
pour me vexer, et montrerait bien par là qu'il était le
maître chez lui.

A cela, je répondis que je ne savais pas pourquoi
Monsieur voulait se servir d'offres et de menaces...
mais j'aime mieux vous le dire en français : ce sera
plus tôt fait que de germaniser.

« J'ay donc respondu que je ne s'avois pas pourquoy
Monsieur vouloit ce servir d'offre et de menace; qu'il

savoit bien que, quand il sagissoit de quelque chose
qui pouvoit luy plaire, j'allois au devant de tout sans
attandre ny demander aucune recompence ; qu'il devoit savoir de longue main que je n'étois n'y interes-
sée n'y timide ; que, quand je savois que quelque
chose pouvoit lui plaire, je m'y soumettois quoyque
ce ne fust pas de mon goust ; que, dans l'affaire pres-
sante (*présente*), et dont il est question, si je n'avois
qu'a reguarder les justes sujets de plaintes que j'ay
contre Mons. Desfiat., je sacrifierois de bon cœur tout
mon ressentiment a Monsieur, si Desfiat avoit d'ailleurs des qualités propres pour estre avec mon fils,
pour luy marquer à quel point je luy suis soumisse.
Mais, comme les raisons que j'avois (oultre mon res-
sentiments) estoits fondées sur ma consience et sur la
gloire de mon fils, je ne pouvoit sacrifier n'y l'un n'y
l'aultre. Ainsi il falloit que Monsieur trouva bon que
je ne donne jamais mon consentement à une chose
que je voyois estre la perte entiere de mon fils, et que
je ne voullois pas que mon fils me pust un jour reprocher que j'eusse sacrifier son bien pour des interest, et
voila ce que j'avois à respondre a l'esgard des belles
promesse qu'on me fessoit, et auqu'elles je puis avoir
d'auttant moins de regret qu'on m'a souvent, en me
recomodant avec mes ennemis, promis des merveilles
et jamais rien tenus. Pour ce qui regardoit touttes les
terribles menaces que Monsieur me faissoit faire,
que depuis 18 année il m'avoit tant accoustumée a
souffrir sans l'avoir méritée, et avoir des desgoust de
toutte manieres et des esclats de toutte sortes ; qu'il y

avoit longtemps que j'avois prépares mon espris à cela,
et que rien sur cela ne pouvoit me surprendre. Mais
qu'au milieu de mes peines je trouvois une très grande
consolation qui estoit que, comme toutte la terre veroit
bien que mes maux et malheurs ne vienent que de
Mons. Desfiat et ces amis, cela me serviroit de justification pour le passes, le pressent et l'advenir; que tout
les honnestes gens seroit pour moy et ploinderois mon
sort; qu'on ne m'a que trop apris à suporter les malheurs, mais qu'on ne m'aprendra jamais a estre lache
et sacrifier mon fils pour mes plaisir ; que si, comme
on me le mande, on empeche encore M^{me} de Beuveron
a me voir, que cela marquera a tout le monde que le
caprice seul et la mechancette de Desfiat l'avoit chasses la premiere fois comme celle-cy, et ainsi il montre-
ront eux-mesme que tout les supossition qu'ils avoit
fait en ce temps-la contre moy et elle estoit fausses,
et ainsi au lieu d'un mal on me fera un bien.

« Pour ce qui est que Monsieur fait sonner si haut
qu'il veust estre le maistre ches luy, il peust se souvenir que ce n'est pas moy qui l'en empeche, et cela est
si veritable qu'on sait bien qu'il fait passer touttes
les graces de sa maison par les mains de M. le chevalier de Loraine, M^{me} de Grançay et M. Desfiat; qu'il
sont plus craint et plus honnores et plus respectes que
moy ; que tout les domestiques qui entourent Monsieur sont leur creature ; que leur tiranie va jusques a
mes domestiques ; qu'on n'en fait pas entrer un seul
ches moy sans qu'il soit obliges de donner de 2 à
3 mille pistolles a ces messieurs-la ; qu'ainsi on voyoit

bien que je n'avois n'y crédit, n'y autorité, par conséquent fort eloignée d'estre maistresse, et que je ne
croirois jamais que c'estoit faire la maittresse que de
remontrer à Monsieur, avec le respect que je luy dois,
les veritables interest de mon fils, et tacher d'empecher qu'il ne deviene malhonnest homme. Mais qu'il
paroissoit bien plus que ceux que j'avois nomes estoit
ces maitres, en ce qu'il font que Monsieur promette
de vivre bien ou mal avec sa famme selon qu'il leur
plait et leur est uttille, qu'il veullent se rendre
maistres encore de l'esprit de son fils, par quelle
voye que ce peust estre, et qu'ainsi c'est d'eux qu'il
devoit ce guarder et non pas de moy, qui en tout ay
tousjours eue une complaisance aveugle pour Monsieur, et que je le marquois bien en ne m'estant pas
encore plainte de ce qu'il preferoit l'interest d'un de
ces domestique, tres malhonnest homme, a mon repos
et a mon contentement; que je supliois Monsieur de
s'espargner la peine de me faire faire tant de message puisque je ne pouvois que repetter ce que j'avois
deja dit.

« Le lendemain il m'envoya le chancelier, non pas
de sa part, mais seulement pour voir si l'on pouvoit
me persuader. M. le chancelier Terast [1] vint avec sa
douceur naturelle et me dit : — Madame, permettes-

1. Térat, chancelier et surintendant des affaires et finances de
M. le duc d'Orléans, mort en 1719 : « Il étoit, dit Saint-Simon,
fort vieux et fort riche, fort homme d'honneur et fort désinté-
ressé. Il étoit chancelier de Monsieur, quand à la mort de Bécha-
meil, qui étoit surintendant, il eut sa charge dont il refusa

vous qu'on vous parle d'une chose qui fait grand bruit,
et, comme on ne peust estre vostre veritable serviteur
et ne pas souhaiter vostre repos, trouveries-vous bon
qu'on vous parla? — Je lui dis : Tant qu'il vous plaira,
mais si vous ne me donnes des meilleures raisons que
ceux qu'on m'a donnes, j'ores de quoy vous respondre.
— Il me fit encore un long préambule, puis il finit par
me dire que je devrois cependant consentir à ce que
d'Esfiat devînt gouverneur, parce que Monsieur l'a
fort en teste. — Je répondis : En vérité, M. Terast,
après les protestation que vous venes de me faire, je
ne comprend pas que vous voullies me conseiller de
mettre mon fils dans les mains du plus vicieux de tout
les homme. Voules-vous le rendre liberal en donnant
pour gouverneur le plus avaricieux et interesses de
tout les hommes, à ce que Monsieur m'a dit auttre
fois luy-mesme, et qu'il ne sauroit me nier? Voulles
vous que mon fils soit attaches à ces devoir, en ayant
par Defliat l'exemple ches luy du plus debauches de
tout les humains? Voules-vous le rendre veritable en
luy donnant un menteur et un menteur mechant, qui,
par ces supposition, m'a voulu prendre moy-mesme,
et voulles-vous que, pour recompence de tout les
maux que j'en souffre, mon fils en soit la victime?
Cela n'est point juste. — Il dit : Ah! Madame, quand
vous parleres ainsi, on ne sait que respondre ; mais je

absolument les appointements. Il vivoit fort honorablement et
n'étoit déplacé en rien. Il étoit généralement aimé et estimé. Je
n'ai point su qui il étoit; je crois que c'étoit peu de chose; aussi
étoit-il fort éloigné de s'en faire accroire. »

vous prie de considerer que quoy qu'on n'ait pas
touttes les vertus, quand on a de l'esprit comme
M. Deffiat en a, on la peust enseigner à un jeune
prince, et ne voyes-vous pas souvent les mere les plus
debauchée ellever a merveille leur filles? Ils savent
mieux esvitter le mal l'ayant pratiqué.—Je répondis :
Voila un exemple que vous me donnes la qui est aisses
a confondre. Une vielle mere desbauchée qui veust
ensuite faire la prude, ne sauroit rien faire de la fille;
mais un meschant et desbauches gouverneur saura
tousjours faire quelque chose de son pupil, et je ne
desire pas que mon fils mette la vertu si vantée de
M. d'Esfiat à l'espreuve, et si Monsieur m'en voulloit
croire, il laisseroit ce soins a d'auttres. »

Voilà comment je me suis débarrassée aussi de
celui-là. Depuis lors, le roi a choisi pour M. le duc
de Bourgogne un gouverneur qui est bien l'homme le
plus vertueux du monde[1]. A cette occasion, j'ai écrit
à Sa Majesté de vouloir bien aussi faire un choix pour
mon fils, mais je n'en ai reçu aucune réponse ni ver-
bale ni écrite. Monsieur boude un peu; mais je fais
absolument comme à l'ordinaire, comme s'il ne s'était
rien passé, et je suis aussi polie qu'il m'est possible.
On m'envoie encore tous les jours des gens pour me
persuader. Je m'étonne que Monsieur ne vous ait pas
écrit pour vous demander votre appui; je crois pourtant qu'il n'ose pas. Vous aurez sans doute appris
qu'on accuse aussi ce d'Effiat d'avoir donné à feue

1. Le duc de Beauvilliers.

Madame du poison que le chevalier de Lorraine avait
envoyé de Rome par Morel [1], à ce qu'on dit. Cette
accusation, qu'elle soit vraie ou fausse, est encore un
beau titre d'honneur pour lui confier mon fils. Mais
je vous ai si longuement parlé de cette affaire, que
vous devez, je crois, en être tout à fait lasse. Je le
suis moi-même horriblement ; aussi répondrai-je une
autre fois à votre bonne lettre. Pour le moment, je
termine cette longue épître en vous assurant que,
quelque malheureuse que mes ennemis puissent me
rendre, selon leurs promesses, je demeurerai jusqu'à
la mort votre humble, obéissante et toute dévouée
nièce et servante. Je dois pourtant vous dire encore
une chose bien étrange, c'est qu'ils avouent tous que
cet homme est très-vicieux, et que, néanmoins, ils
veulent lui confier mon fils. J'espère que vous aurez
un peu pitié de moi, etc.

## XXXVII.

Saint-Cloud, le 21 septembre 1689.

...... Il faut que je vous conte la suite de cette histoire. J'ai parlé au roi. Sa Majesté m'a dit : — Si l'on

1. Voici ce que Madame dit de ce Morel dans sa correspon-
dance (trad. Brunet, t. I<sup>er</sup>, page 251 ) : « Ce Morel avait de l'esprit comme un diable, mais c'était un homme sans foi ni loi. Il
m'a avoué à moi-même qu'il ne croyait à rien. Quand il a été au
moment de mourir, il n'a pas voulu entendre parler de Dieu, et
il a dit en parlant de lui-même : laissez ce cadavre, il n'est plus
bon à rien. Il volait, mentait, il jurait, il était athée et sodomite ;
il en tenait école, et il vendait de jeunes garçons comme des chevaux ; il allait au parterre de l'Opéra pour y faire ses marchés. »

prétend que je veux avoir d'Esfiat pour gouverneur
de mon neveu, ce sont de purs mensonges; j'en ai au
contraire détourné Monsieur pendant toute une année.
A quoi je répondis que je priais humblement Sa Majesté de vouloir bien encore avoir cette bonté pour
mon fils de lui choisir un honnête homme et de le
proposer à Monsieur : ce que le roi m'a promis. Depuis lors on a encore voulu me menacer, mais j'ai dit
que je n'avais pas peur. J'étais sur le point de leur
citer le proverbe : « Celui que les menaces font mourir, on doit *met verloff, met verloff,* l'enterrer avec des
pets. » Je me suis cependant contentée de leur donner
à entendre que je savais bien qu'ils avaient menti.
En ce moment, on se tient bien tranquille, et j'ai
appris par-dessous main que le roi reste fidèle à sa
promesse et qu'il est à espérer que mon fils aura un
autre gouverneur. Dieu fasse qu'on nous donne un
honnête homme ! Le roi a besoin de Béthune[1] et ce
ne peut pas être lui, ce qui me fait grand'peine, car
je suis persuadée qu'avec lui je n'aurais pas à craindre
qu'il me fît haïr par mon fils, comme j'aurais bien
lieu de l'appréhender si d'Esfiat devait être son gouverneur, etc.

## XXXVIII.

Saint-Cloud, le 30 octobre 1689.

...... On m'a raconté hier une chose qui m'a tout à
fait attendrie et que je n'ai pas pu entendre sans pleu-

---

1. Le duc de Béthune, mort en 1717. « C'étoit, dit Saint-
Simon, un bon et vertueux homme. »

rer. Les pauvres gens de Mannheim, m'a-t-on dit, se
sont retirés tous dans leurs caves et ils y vivent comme
dans des maisons; ils tiennent même le marché tous
les jours, comme si la ville était encore dans son ancien état. Lorsqu'un Français vient à Heidelberg, les
pauvres gens en masse l'entourent et lui demandent
de mes nouvelles; puis ils se mettent à parler de
l'Électeur mon père et de mon défunt frère, et ils
pleurent amèrement; mais ils n'aiment pas l'Électeur
actuel. La pauvre reine d'Espagne [1] est bien heureuse
d'avoir encore la consolation de passer quelque temps
auprès des siens, car c'est assurément le meilleur
temps qu'elle aura de sa vie. Vous m'attristez fort en
me donnant si peu d'espoir pour la paix. Qui sait?
peut-être finira-t-on aussi par se lasser de la guerre? etc.

### XXXIX.

Versailles, le 19 décembre 1689.

...... Tout ce que je puis vous dire sur ma position,
c'est que d'Esfiat exerce contre moi sa méchanceté
ordinaire, et cherche à me faire tout le tort possible, etc.

### XL.

Versailles, le 12 juin 1690.

...... Il m'a été impossible, à Saint-Cloud, de répondre à votre seconde lettre. J'ai si horriblement

---

1. Anne, sœur de l'empereur Léopold, et veuve de l'électeur
palatin, seconde femme de Charles II d'Espagne.

pleuré, pendant six heures entières, à l'enterrement de
la pauvre M^me la dauphine [1] que, deux jours après, je
n'y voyais pas encore clair. La perte de M^me la dauphine
m'avait déjà profondément affligée, car je l'aimais
beaucoup; mais, de plus, comme nos armes étaient
partout, sur le cercueil et sur la tenture de drap noir
de l'église, cela m'a rappelé si vivement la mort du
Prince-Électeur mon père, de ma mère et de mon
frère, que j'ai cru éclater à force de pleurer. Oui, tout
ce qui m'était cher et que j'ai perdu m'est revenu à
la mémoire en cette circonstance. Et feu le bon prince
Charles qui a ri si souvent, mon Dieu! avec M^me la dauphine et avec moi, je ne l'ai pas oublié non plus. En
outre, l'évêque qui a prononcé l'oraison funèbre ayant
cité aussi la pauvre reine d'Espagne, cela m'a rafraîchi
le sentiment de cette perte. Je crois que si ce spectacle avait duré plus longtemps, je n'aurais pas pu y
tenir. Je ne l'ai pas encore digéré, et j'en ai encore le
cœur gros. Mercredi, après cette affreuse cérémonie,

1. Marie-Anne-Christine de Bavière, qui avait épousé le grand-
dauphin ou *Monseigneur*, comme on l'appelait, en 1679. M^me de
Maintenon fut une de ses dames d'atour.

« Elle passait sa vie, dit M^me de Caylus, renfermée dans de
petits cabinets derrière son appartement, sans vue et sans air ;
ce qui, joint à son humeur naturellement mélancolique, lui
donna des vapeurs. Ces vapeurs prises pour des maladies effec-
tives lui firent faire des remèdes violents, et enfin ces remèdes,
beaucoup plus que ses maux, lui causèrent la mort, après qu'elle
nous eut donné trois princes (le duc de Bourgogne, le duc d'Anjou, et le duc de Berry). Quand on lui contestait ses souffrances,
elle disait tristement : « Il faudra que je meure pour me justifier. »

nous avons été à Marly où nous sommes restés jusqu'à samedi. Le chagrin aurait bien dû m'y passer, car voilà la vie ordinaire qu'on y menait : toutes les chambres pleines de joueurs ; l'après-midi, chasse ; le soir, musique ; mais, à vous dire vrai, cela n'a fait que me rendre beaucoup plus triste, car, d'une part, je n'ai trouvé à Marly personne qui s'occupât de moi, et, d'autre part, voyant comme on oublie vite les morts ici, je me suis mise à déplorer de nouveau la perte de M$^{me}$ la dauphine, et je l'ai regrettée de tout mon cœur, etc.

## XLI.

Versailles, le 10 septembre 1690.

...... Pour me conformer à vos ordres, je vais vous dire très-franchement ce que je pense de la susdite M$^{me}$ la comtesse de Soissons[1]. Pour autant que je la

---

1. La comtesse de Soissons, Olympe Mancini, nièce de Mazarin et mère du prince Eugène, morte à Bruxelles dans le plus grand délaissement après avoir vécu d'abord dans la splendeur, et dans la plus grande intimité avec Louis XIV : « Elle se trouva, dit Saint-Simon, si mêlée dans l'affaire de la Voisin, brûlée en Grève pour ses poisons et ses maléfices, qu'elle s'enfuit en Flandre. Son mari étoit mort fort brusquement à l'armée, il y avoit longtemps, et dès lors on en avoit mal parlé, mais fort bas, dans la faveur où elle était. » De Flandre, elle passa en Espagne où Saint-Simon raconte que, par l'entremise du comte de Mansfeld avec lequel elle avoit lié un commerce très-intime en arrivant à Madrid, elle fut présentée à la reine, malgré la violente répugnance du roi. Enfin elle empoisonna, dit-on, la reine, avec du lait, et s'enfuit en Flandre où elle mourut. Cependant il n'est rien moins que démontré que la comtesse de Soissons ait empoi-

connais, je la regarde comme parfaitement innocente de la mort de son mari. Je ne crois pas qu'elle l'ait empoisonné, et je pense qu'ici on ne le croit pas non plus; mais on a fait semblant de le croire, afin de lui faire peur de la prison et de la pousser à prendre le parti qu'elle a pris en effet, c'est-à-dire de s'en aller. La raison en est qu'on la redoute parce qu'elle a beaucoup d'esprit et qu'on la tient pour une très-habile intrigante. Elle attirait aussi à elle une masse de monde, ce qui lui a valu d'être profondément détestée par tout ce que la cour contient de plus hauts personnages. C'est à tel point que l'an passé, comme elle m'avait écrit après la mort de notre chère et bonne reine d'Espagne, le roi me fit défendre par Monsieur de lui répondre. Je crois qu'elle ne vous déplaira pas, car elle a beaucoup d'esprit et de savoir-vivre, et je ne pense pas qu'elle l'ait désappris en Espagne. A vous dire vrai, je la plains parce qu'elle est très-malheureuse et certainement innocente de la mort de son mari. Il y en a ici beaucoup d'autres qui ne sont pas moins intrigantes qu'elle, et que pourtant on n'exile pas. Sa sœur, M^{me} de Bouillon [1], est rentrée en grâce et a la permission de revenir. Les quatre sœurs [2] ont mené une

sonné la reine d'Espagne, non plus que son mari; il y a même, selon M. Amédée Rénée qui a fait à ce sujet un intéressant travail, de fortes raisons d'en douter.

1. Marie-Anne Mancini, née à Rome, en 1646, de Michel-Laurent Mancini et d'une sœur du cardinal Mazarin, mariée en 1662 au duc de Bouillon, morte en 1714.

2. C'est *cinq* et non pas quatre que Madame devait dire. Il y eut en effet : 1° Laure-Victoire, mariée au duc de Mercœur, fils

vie bien étrange : il n'y a pas de roman plus extraordinaire, etc.

## XLII.

Versailles, le 7 janvier 1691.

..... Après les vêpres, le roi m'a fait la grâce de
m'envoyer deux mille pistoles. Bien que ce soit du
pain mangé d'avance et que je ne puisse pas en profiter, puisque je ne m'en suis servie que pour payer
une partie de mes dettes, je n'en ai pas moins été
très-contente; d'abord parce que cela me prouve que
je ne suis pas autant en disgrâce cette année que
l'année dernière; ensuite parce que ceux qui me
prêtent de l'argent voient que je paye mes dettes, et
que je soutiens ainsi mon crédit... Vous trouvez peut-
être votre Liselotte bien insipide de vous parler de
choses aussi ennuyeuses que ses dettes, et vous avez
raison; mais, ma chère tante, vous savez bien que je
dis toujours tout ce qui me passe par la tête, et il m'a
fallu vous dire cela aussi, etc.

aîné du duc de Vendôme, bâtard de Henri IV ; 2° Olympe, mariée à Eugène-Maurice de Savoie, comte de Soissons; 3° Marie,
l'objet des premières amours du roi, qui la voulait épouser, et
qui fut mariée à Rome au connétable Colonna ; 4° Hortense, qui
épousa le duc de Mazarin, fils unique du maréchal de La Meil-
leraye ; 5° enfin Marie-Anne, duchesse de Bouillon.

7.

## XLIII.

Paris, le 29 mars 1691.

...... Je ne connais que trop bien l'ennui d'être dans un lit où la tristesse vous empêche de dormir. Ce qui est pire encore, c'est, après un moment de sommeil, de se réveiller en sursaut et de se représenter son malheur; c'est quelque chose d'affreux. Mais je crains, en insistant sur ce point, de renouveler votre douleur : parlons donc d'autre chose. Oui, je suis entièrement de votre avis (j'allais presque dire de votre religion); il n'est pas chrétien de tourmenter son prochain. Pourtant, c'est précisément par là que commence en ce pays-ci toute crainte de Dieu, et j'ai grand'peine à m'y accoutumer. Witman est un original, et je ne crois pas qu'il ait jamais eu son pareil en fait d'insensibilité; si on ne le voyait de ses yeux, on ne pourrait le croire... Ma fille trouvera-t-elle encore un parti? Dieu le sait; mais il me semble qu'on n'a pas l'intention d'aider le veuf à prendre une autre femme. Aussi je vois avec peine que le roi des Romains[1] va épouser sa tante. Cependant j'aimerais mieux que ma fille restât *mademoiselle* toute sa vie, si on devait lui faire faire un mariage équivoque. Elle grandit

---

1. On donnait le titre de *roi des Romains* au prince désigné par les électeurs pour succéder au trône impérial. Ce prince était alors Joseph, fils aîné de l'empereur Léopold Ier, né en 1676; il devint roi des Romains en 1690, empereur en 1705, et mourut en 1711.

énormément ; elle est presque plus grande que moi ;
sa taille n'est pas mal ; elle danse et a presque la
même tournure que feu la bonne reine d'Espagne, si
vous vous en souvenez. Seulement elle ne lui ressemble pas du tout de visage. Elle a une jolie peau,
mais tous ses traits sont laids : un vilain nez, une
grande bouche, les yeux tirés et une figure plate,
comme vous pouvez le voir sur son portrait...

## XLIV.

Versailles, le 22 juillet 1691.

Mal en a pris à M. de Louvoy [1] de boire son eau,
comme vous l'aurez appris sans doute ; mais on ne
sait pas encore si c'est l'eau minérale ou l'eau douce
qui lui a fait mal. Tous les docteurs et les barbiers qui
l'ont ouvert disent, — et ils l'ont signé, — qu'il est
mort d'un affreux poison. En un petit quart d'heure,
il est passé de santé à trépas. Je l'avais rencontré une
demi-heure avant sa mort, et je lui avais parlé. Il
semblait bien portant et avait si bonne mine que je
lui dis : Il paraît que l'eau de Sorge vous fait du bien.
Il voulait par civilité m'accompagner dans ma chambre,
mais je lui dis que le roi l'attendait, et je ne voulus
par conséquent pas le permettre. Si je l'avais laissé
venir, il me serait mort dans ma chambre, ce qui
aurait été un horrible spectacle. On a déjà arrêté un
de ses domestiques qu'on soupçonne d'avoir empoi-

1. Louvois.

sonné un pot d'argent dans lequel M. de Louvoy a bu
l'après-midi. On saura bientôt si c'est vrai où non.
Puisqu'il avait à mourir, j'aurais souhaité que cela fût
arrivé il y a trois ans, le pauvre Palatinat s'en serait
bien trouvé, etc.

## XLV.

Fontainebleau, le 18 septembre 1691.

..... M. de Louvoy[1] est maintenant si bien oublié
qu'on ne s'inquiète plus de savoir s'il a été empoisonné ou non. Je crois que son fils, M. de Barbezieu[2],
se mariera bientôt avec une dame que son frère aîné,
M. de Courteneau, a dû épouser. La dame, qui est une
demoiselle d'Hussay, a préféré le cadet, en quoi elle
a eu grandement raison. L'aîné est sot et très-laid,
tandis que Barbessieusse (sic) est très-joli garçon, et
de plus spirituel. Ils sont aussi riches l'un que l'autre.
Bien qu'au commencement l'aîné parût amoureux, il
s'est tout de suite rendu à la volonté de son frère;
mais comme il a empoisonné à Rome son gouverneur,
je crois que son frère fera bien de ne pas manger souvent avec lui. Notre *grand homme* (Louis XIV) est
incapable de faire une chose pareille. Je sais et je
connais des gens qui lui ont offert d'assassiner le

1. Louvois.
2. Troisième fils de Louvois; il fut ministre comme son père,
mais il le fit regretter par son incapacité. Né en 1668, il mourut
en 1701.

prince d'Orange[1], mais il n'a jamais voulu y consentir; cependant je crois très-bien qu'il s'en trouve encore beaucoup qui ont ce zèle indiscret. Le prince d'Orange doit avoir une véritable grandeur d'âme pour si peu craindre la mort; quant à du mérite, c'est ce qu'on ne peut certainement pas lui ôter. Mon fils est honteux qu'on ait fait de pareilles sottises dans l'armée où il est, etc.

## XLVI.

Fontainebleau, le 14 octobre 1691.

..... Je suis bien aise que vous approuviez ma manière de voir quand je dis que nous sommes les marionnettes de Dieu. Aimer Dieu de tout notre cœur sans le voir, et aimer notre prochain qui nous fait beaucoup de mal, ce sont deux points qui ne sont pas faciles. Il serait plus aisé d'admirer Dieu et de le craindre, et il vaudrait mieux aimer qui nous fait du bien. Mais, tant qu'on est en ce monde, on doit, je crois, faire aussi bien qu'on peut, et s'en remettre pour le reste à la miséricorde de Dieu, etc.

1. Guillaume III, roi d'Angleterre, successeur de Jacques II, né le 14 novembre 1650 de Guillaume II de Nassau, prince d'Orange et stathouder des Provinces-Unies, et de Henriette-Marie Stuart, fille de Charles Ier, roi d'Angleterre. Il fut élu stathouder en Hollande en 1672, proclamé roi d'Angleterre en 1689, et mourut le 19 mars 1702.

Le prince d'Orange avait épousé Marie Stuart, fille de Jacques II, en 1677.

## XLVII.

Versailles, le 21 février 1692.

..... Quant à ma belle-fille [1], je n'aurai pas de peine à m'accoutumer à elle, car nous ne serons pas si souvent ensemble que nous puissions nous devenir à charge l'une à l'autre. Ordinairement elle est du particulier du roi, ce qui est un *sanctum sanctorum* où ne sont pas admis les simples mortels comme moi. Se dire le matin bonjour et le soir bonsoir, c'est bientôt fait.

Pour ce qui est de l'*advantage* de mon fils, je souhaite qu'il soit aussi brillant qu'on vous l'a dit ; mais comme presque tout est en promesses et en espérances, je ne me laisse pas encore trop aveugler en cette affaire. Je dois avouer aussi que je n'ai jamais pu concevoir comment Monsieur, qui vit si parfaitement bien et en toute soumission et obéissance avec le roi, n'ait pas dû espérer que Sa Majesté donnerait assez à son fils unique pour vivre selon son rang, sans le contraindre à se mésallier. Ces raisons m'ont tellement trompée que je n'ai jamais pu comprendre ni redouter la pauvreté pour mon fils, et que maintenant je ne peux pas non plus me réjouir de le sentir hors de misère, etc.

1. M^lle de Blois, fille de Louis XIV et de M^me de Montespan.

## XLVIII..

Paris, le 5 mars 1692.

..... Dieu soit loué! le mariage de M. du Maine est accompli, et ce m'est un poids de moins sur le cœur[1]. Je crois que l'on doit avoir rapporté à la *vieille ordure* (*zot*) du roi ce que disait la populace de Paris, et que cela lui aura fait peur. Les gens du peuple disaient très-haut que ce serait une honte si le roi donnait sa bâtarde à un prince légitime de la famille; que cependant, comme mon fils donnerait le rang à sa femme, ils laisseraient faire ce mariage, quoique à regret, mais que si la vieille voulait s'ingérer de donner ma fille à M. du Maine, ils étrangleraient celui-ci avant la noce, et que la vieille, comme ils appellent encore sa gouvernante, ne serait pas en sûreté. Dès que ce bruit se fut répandu, on apprit l'autre mariage avec la fille de M. le Prince[2], ce qui causa dans Paris une grande joie. J'aime bien les bons Parisiens pour cela, et je leur sais gré de s'être ainsi intéressés à moi, etc.

..... Je vais vous conter ce que j'ai appris de nou-

1. Au sujet de ce mariage, Saint-Simon s'exprime ainsi : « Madame en fut encore bien plus aise. Elle avoit horriblement appréhendé que le roi, lui ayant enlevé son fils, ne portât encore les yeux sur sa fille, et le mariage de celle de M. le Prince lui parut une délivrance. »

2. Anne-Louis-Bénédicte de Bourbon, qu'une de ses belles-sœurs appelait une *poupée du sang*. La duchesse du Maine est assez connue dans l'histoire pour que nous n'ayons pas à en parler plus longuement ici.

veau sur les dictons de M^me de Cornuel [1]. Je ne sais si
vous avez entendu parler de cette dame. Elle a plus
de quatre-vingts ans, mais elle est encore aussi vive
que si elle n'en avait que vingt-cinq. C'est la même
qui disait de notre roi d'Angleterre, après l'avoir vu :
« Nostre roy a beau faire et bien traitter le roy d'Angleterre, il n'en fera jamais que la sauce au peauvre
home [2]. » — Étant venue dernièrement à la cour, et
y ayant vu M^me de Maintenon et M. de Barbessieux (sic),
elle dit : « J'ay veue la plus estonnante chose du monde
à la cour, l'amour près du tombeau et le ministère
dans le berceau [3]. » Ici à Paris, on a beaucoup admiré
cela ; je vous en laisse juge, etc.

1. M^me Cornuel, à qui la princesse palatine donne ici un *de*
auquel elle n'a pas droit, était une simple bourgeoise. Son nom
de demoiselle était Anne Bigot, et son père, M. Bigot, était intendant du duc de Guise. Elle avait épousé Cornuel, trésorier
de l'extraordinaire des guerres. Morte en 1694, à plus de quatre-
vingts ans, elle a charmé par ses bons mots et son ingénieuse
conversation les meilleurs cercles du xvii^e siècle. C'est elle qui
dit des huit maréchaux par lesquels on remplaça Turenne :
« C'est la monnaie de M. de Turenne. » Elle disait de M. Jeannin
de Castille qu'il était « né mort » ; de M^me de Lionne qui avait
été fort coquette, et qui sur le retour soutenait les débris de ses
charmes par beaucoup de pierreries, que c'était « du lard dans
une souricière » ; de la comtesse de Fiesque, qu'elle « s'entre-
tenait dans l'extravagance comme les cerises dans l'eau-de-
vie ; » etc.
2. En français dans l'original.
3. En français dans l'original.

## XLIX.

c.

Paris, le 8 juin 1692.

..... Il y a déjà longtemps que la vieille *ripopée*[1] a
cet effrayant pouvoir; elle n'est pas si folle que de se
faire déclarer reine, elle connaît trop bien l'humeur
de son homme. Si elle s'en avisait, elle tomberait
bientôt en disgrâce et se perdrait. Plût à Dieu qu'elle
eût été déclarée il y a cinq ou six ans! je ne serais
pas alors dans la situation misérable où je vis. Mais
j'aime mieux parler d'autre chose. L'ambassadeur de
Venise a dit à l'armée du roi que mon oncle avait
donné un million à l'empereur pour devenir prince-
électeur. Il me semble que mon oncle aurait pu avoir
ce rang à meilleur marché, ou, pour dire toute la
vérité, je n'en ai rien cru. J'ai vu hier la duchesse
douairière de Hanovre[2], qui est venue d'Asnières me

1. *Romponpel* (M^me de Maintenon).
2. Bénédicte, fille d'Anne de Gonzague, qui avait épousé Jean-
Frédéric, duc de Brunswick et de Hanovre. Saint-Simon dans
ses Mémoires raconte ce qui suit : « Le mariage de M. du Maine
causa une rupture entre M^me la Princesse et la duchesse d'Hanovre, sa sœur, qui avoit fort désiré M. du Maine pour une de
ses filles, et qui prétendit que M. le Prince lui avoit coupé l'herbe
sous le pied. Elle vivoit depuis longtemps en France avec ses
deux filles déjà fort grandes. Elles n'avoient aucun rang, n'alloient point à la cour, voyoient peu de monde, et jamais M^me la
Princesse qu'en particulier. Elles ne laissoient pas d'avoir usurpé
peu à peu de marcher avec deux carrosses, force livrée, et un
faste qui ne leur convenoit point, à Paris. Avec ce cortége, elle
rencontra M^me de Bouillon dans les rues, à qui les gens de
l'Allemande firent quitter son chemin, et la firent ranger avec

rendre visite. Elle m'a assuré qu'elle avait l'intention
d'aller à Hanovre et qu'elle ne l'avait pas abandonnée. J'en ai fait mon compliment aux princesses, et
je m'estimerais bien heureuse si je pouvais avoir le
même bonheur qu'elles, c'est-à-dire vivre auprès de
vous, quitter ce pays et ne plus dépendre de ceux qui
y gouvernent. Les princesses sont encore en état de
prendre des maris, mais c'est ce que je ne leur souhaite pas, car je crois que le meilleur mariage ne
vaut pas le diable.

une grande hauteur. Ce fut quelque temps après le mariage de
M. du Maine. M^me de Bouillon, fort offensée, n'entendit point
parler de M^me d'Hanovre. Sa famille étoit nombreuse, et lors en
grande splendeur; elle-même tenoit un grand état chez elle; les
Bouillon, piqués à l'excès, résolurent de se venger et l'exécutè-
rent. Un jour qu'ils surent que M^me d'Hanovre devoit aller à la
comédie, ils y allèrent tous avec M^me de Bouillon, et une nombreuse livrée. Elle avoit ordre de prendre querelle avec celle de
M^me d'Hanovre, et l'exécution fut complète; les gens de la dernière battus à outrance, les harnais de ses chevaux coupés, son
carrosse fort maltraité. L'Allemande fit les hauts cris, se plai-
gnit au roi, s'adressa à M. le Prince, qui, mécontent de sa bou-
derie, n'en remua pas; et le roi qui aimoit mieux les trois frères
Bouillon qu'elle, qui avoit le premier tort et qui s'étoit attiré
cette insulte, ne voulut point s'en mêler, en sorte qu'elle en fut
pour ses plaintes et qu'elle apprit à se conduire plus modeste-
ment. Elle en demeura si outrée, que dès lors elle résolut de se
retirer avec ses filles en Allemagne, et quelques mois après elle
l'exécuta. Ce fut leur fortune : elle maria son aînée au duc de
Modène, qui venoit de quitter le chapeau de cardinal pour succéder à son frère; et quelque temps après, le prince de Salm,
veuf de sa sœur, gouverneur, puis grand-maître de la maison
du fils aîné de l'empereur Léopold, roi de Bohême, puis des
Romains, fit le mariage de ce prince avec Amélie, son autre fille. »

Le roi Guillaume et les nôtres sont maintenant très-rapprochés; Dieu veuille que cela finisse sans bataille! Le *grand homme*[1] est au lit; il a la goutte. Je crois que la bataille navale sera un mauvais emplâtre pour son mal. Je regrette ce pauvre brave homme[2], qui m'a si souvent fait rire ainsi que le feu prince Charles. Il a eu la mort la plus cruelle qu'il soit possible. Il a reçu trois coups de feu aux genoux et aux cuisses au moment même où le vice-amiral Tourville sortait du vaisseau; et alors que le feu commença de s'y mettre, on vit le pauvre diable baignant dans l'eau de mer teinte de son sang. Il a donc été fracassé par ses blessures, mais il n'en est pas mort; il a été noyé et enfin brûlé; c'est quelque chose d'épouvantable.

On n'a plus comme auparavant par toutes les postes des *lardons*[3] de Hollande, mais on en reçoit de temps en temps quelques-uns sous main; je n'ai pu voir encore celui qu'on a fait sur l'épée du roi. Dieu veuille que la bataille sur terre ait un résultat moins fatal que celle sur mer; car mon fils ne reviendrait pas sain et sauf à la maison. On dit que notre pauvre roi d'Angleterre[4] retourne aujourd'hui ou demain à Saint-Germain. Je le plains de tout mon cœur; etc.

1. C'est Louis XIV que Madame désigne souvent ironiquement par ces mots.

2. On ignore à quel personnage il est fait allusion ici.

3. Nom qui fut donné à une gazette de Hollande (ou plutôt à un petit feuillet de nouvelles particulières que l'on donnait outre la *Gazette*) imprimée sur un morceau de papier long et étroit, comme un lardon, et écrit avec une liberté souvent maligne.

4. Jacques II, réfugié à Saint-Germain.

## L.

Paris, le 28 juin 1692.

..... Tant que le roi Guillaume restera de l'autre côté de la Sambre, je serai bien tranquille. Je ne doute pas que ce roi et le prince-électeur de Bavière ne se battent contre M. de Luxembourg; mais le premier pourrait bien maintenant se tenir tranquille, car, depuis la bataille navale, ses royaumes sont bien assurés. Je ne souhaite aucun mal à notre *grand homme,* mais s'il pouvait s'effrayer un peu et conclure une bonne paix, j'avoue que cela me ferait grand plaisir et que je le souhaite vivement. Bien que ni le pauvre Palatinat ni le château de Heidelberg ne puissent s'en relever, les habitants seront toujours plus malheureux tant que la guerre durera. On dit ici que la *vieille ripopée* [1] est de très-mauvaise humeur dans la ville où son bien-aimé l'a laissée, ce qui me donne quelque espoir. Cela doit faire tort à sa santé, et c'est une triste chose pour elle que de ne l'avoir pas vu depuis un mois; aussi je crois que la joie sera grande de part et d'autre quand la citadelle de Namur se rendra et qu'ils pourront se revoir. Le *grand homme* loge bien en route dans la même maison que cette *ordure,* mais ils ne couchent pas dans la même chambre et tout se passe avec grand mystère. Vous voyez par là qu'il ne l'a pas encore déclarée sa femme; mais cela n'em-

---

1. *Romponpel.*

pêche pas qu'il ne s'enferme tous les jours avec elle quand ils sont ensemble, et que toute la cour, hommes et femmes, doit attendre à la porte.

Puisque le duc Rodolphe-Auguste a voulu faire un si étrange mariage, pourquoi n'agit-il pas comme le feu margrave de Baden-Dourlach, qui en avait contracté un pareil? On ne voyait jamais sa femme; il l'avait enfermée dans un château à la campagne; il y allait souvent chasser, mais elle ne venait ni à la cour ni à Dourlach, et c'était beaucoup plus raisonnable que ce que font notre *grand homme* et le duc Rodolphe-Auguste.

Il est bien vrai que le roi Jacques a fait communiquer verbalement à notre roi, par milord Melfort [1], le contenu de la lettre qu'on a publiée sous son nom, mais il n'a pas écrit un seul mot de cette lettre.

## LI.

Paris, le 30 octobre 1692.

..... Le mari de M<sup>me</sup> du Maine est maintenant de retour auprès d'elle. Cela la consolera de sa rougeole, car ils s'aiment beaucoup. Je crois que si la chose ne

1. Milord Melfort, chevalier de la Jarretière, réfugié à Saint-Germain avec le roi Jacques II. La lettre dont il s'agit ici est celle qu'adressa ce roi à Louis XIV après la fatale bataille navale de la Hogue (1692). « Ma mauvaise étoile, disait-il, a fait sentir son influence sur les armes de Votre Majesté, toujours victorieuses jusqu'à ce qu'elles aient combattu pour moi; je vous supplie donc de ne plus prendre aucun intérêt à un prince aussi malheureux, mais de me permettre de me retirer avec ma fa-

dépendait que de M^{me} la princesse [1], elle serait bonne
pour sa sœur; mais elle a une peur si affreuse de la
figure de singe de son mari, qu'elle fait aveuglément
tout ce qu'il veut. Hier j'ai rendu visite à notre duchesse
douairière [2]. A ce qu'elle m'a dit, tout s'arrangera, et
les sœurs pourront bientôt se revoir. Elle m'a expliqué ce qu'il en est de la confiscation; son beau-frère
lui avait seulement proposé de provoquer la confiscation pour tout lui rendre et lui faciliter son voyage
à Hanovre, mais je ne sais pas trop s'il faudrait
s'y fier. Voilà les Allemands qui perdent tout à fait
courage; cela prouve bien la vérité de ce que j'ai dit
d'avance, à savoir que tout est destin; car si la destinée
de notre roi ne portait pas qu'il doit triompher, il
serait impossible qu'une nation qui a été de tout temps
aussi brave que nos Allemands perdît courage à ce
point et prît la fuite en masse. Cela fait aussi que les
généraux ne peuvent pas s'entendre entre eux, car la
bonne étoile de notre roi fait tout tourner à son avantage, etc.

mille dans quelque coin du monde où je ne puisse être un obstacle
au cours ordinaire des prospérités et des conquêtes de Votre
Majesté. »

1. M^{lle} de Blois, fille de Louis XIV et de M^{me} de la Vallière,
mariée en 1680 à Louis-Armand de Bourbon, prince de Conti.
Madame dit dans sa *Correspondance complète* (trad. G. Brunet,
t. I^{er}, p. 400) : « M^{me} la Princesse (de Conti) a eu beaucoup à
souffrir de son mari; elle le regrette cependant tous les jours.
Il avait l'air d'un petit singe. » (Voir page 343, même volume, les
tourments que le prince de Conti faisait endurer à sa femme.)

2. La duchesse douairière de Hanovre, dont il a déjà été parlé
plus haut.

## LII.

Versailles, le 7 décembre 1692.

..... Il est certain que le nouvel appartement de Monsieur est très-beau. Dans le dernier cabinet, Monsieur a placé trois tableaux qui ne vous sont pas inconnus ; ils proviennent tous les trois de la galerie de Heidelberg. Ce sont : *la Mort de la sainte Vierge,* entourée de tous les apôtres, *Samson tuant les Philistins,* et *Prométhée,* avec son vautour qui lui ronge le foie. Les bordures sont dorées, et tout autour de ces tableaux il y a des glaces, ainsi qu'entre les fenêtres. Cet or, ces glaces et ces peintures font un bel ensemble. Cinq grands lustres de cristal pendent du plafond, et lorsqu'on les allume, c'est superbe, éblouissant. C'est dans ce cabinet que Monsieur joue le soir. Plût à Dieu que vous pussiez le voir ! je ne serais pas alors si pressée de rentrer dans mon appartement, et je resterais de grand cœur dans celui de Monsieur.

C. A. Haxthaussen a bien fait de ne pas se marier. Il est dit dans *Alceste :* « Voulles vous aimer sans cesse, amants n'espousses jamais, l'himen détruit la tendresse, il rend l'amour sans attraits, voulles vous aimer sans cesse, amants n'espousses jamais [1]. » Vous avez bien raison de dire que C. A. est un excellent homme. Il est aussi franc qu'on puisse l'être, et je

---

1. Madame écrit ces vers comme de la prose, nous n'y changeons rien.

l'aime autant que si c'était un de nos rangraves. Je ne
sais pas ce qui peut lui être arrivé en route, car il
vous a paru affecté comme lorsqu'il revint de France
il y a quatre ou cinq ans, mais ici il ne l'était pas du
tout, et je suis bien étonnée que vous m'ayez écrit
cela. C. A. Haxthaussen ira sans doute en Saxe pour
les noces de son prince. Si ce mariage de l'électeur ne
doit pas être plus heureux que celui de son frère, on
pourrait bien se dispenser de faire tant de préparatifs
pour le célébrer. La bonne duchesse douairière de
Hanovre est bien la meilleure princesse du monde.
Pour le moindre plaisir qu'on lui fait, elle vous est
aussi reconnaissante que si on lui rendait un véritable service. M^me la princesse est aussi très-bonne,
mais c'est une tout autre nature. Vous avez bien
raison de croire que la figure de singe est intéressé,
il l'est plus qu'on ne saurait l'imaginer. Si j'étais à la
place de la duchesse de Hanovre, j'aimerais mieux
vendre tous les biens que j'ai en France, sauf à y
perdre quelque chose, plutôt que de rester auprès
d'un tel beau-frère, etc.


## LIII.

Marly, le 9 avril 1693.

..... Notre bonne *grande Mademoiselle* [1] est enfin
arrivée au terme de ses maux, dimanche dernier, à six

1. M^lle de Montpensier, dont il a déjà été parlé dans une note
précédente.

heures du soir, et le lendemain, lundi, le premier président a ouvert son testament. Monsieur est légataire universel, et elle donne à M. le dauphin sa belle maison de Choisy. Elle fonde beaucoup d'hôpitaux et récompense tous ses domestiques, voilà toute la teneur de son testament. Hier nous lui avons rendu les derniers honneurs, c'est-à-dire que nous sommes allés en mantèaux longs et mantes lui donner l'eau bénite. Je n'ai pu retenir mes larmes en voyant dans son cercueil cette bonne princesse qui, il y a huit jours, me témoignait encore tant d'amitié et de confiance. Elle n'est morte de rien autre chose que de l'ignorance des docteurs, car ils n'ont pas connu sa maladie, et ils l'ont tellement échauffée avec l'émétique, qu'il s'en est suivi une inflammation d'intestins qui l'a tuée. Mais je crois que lorsque l'heure de la mort a sonné pour quelqu'un, tous ceux qui l'entourent sont frappés d'aveuglement et le mènent à sa perte.

Il faut que je vous conte une chose plaisante qu'a faite Lauzun dans cette triste circonstance. Pour faire croire qu'il avait été marié avec Mademoiselle, aussitôt après sa mort, il fit demander en mariage une dame qu'il savait être promise à une autre, et dont le roi lui-même avait déjà signé le contrat. Lorsqu'on ouvrit le testament de Mademoiselle, ainsi que le lendemain mardi, Lauzun se présenta devant le roi et toute la famille royale avec un manteau long. Après être resté trois quarts d'heure chez Monsieur, il sortit de la chambre; un instant après, il rentra apportant un grand paquet sur lequel étaient six sceaux de Mademoiselle, et il dit à Monsieur : « A propo j'ay oublies de vous mettre ce papier entre les mains que Mademoisselle a donne il y a 6 an a guarder à M^{me} de Nogent [1]. » (Cette dame est la sœur de Lauzun.) Monsieur lui dit qu'il ne pouvait pas l'ouvrir, qu'il fallait l'envoyer au premier président. Ce paquet a beaucoup inquiété le dauphin et Monsieur, car si c'eût été un autre testament fait depuis six ans, ils n'auraient rien de l'héritage, attendu que celui qu'on a ouvert immédiatement après la mort de Mademoiselle avait été écrit depuis huit ans, l'an 1685. Mais, à minuit, Monsieur reçut la nouvelle que ce testament avait été ouvert et qu'il était daté de l'an 1670. Lauzun, qui le savait sans doute, aura seulement voulu se divertir un peu ; c'est un animal si méchant et si ingrat ! Voilà tout ce que je vous dirai sur le compte de Mademoiselle, etc.

## LIV.

Fontainebleau, le 10 octobre 1693.

Comme la duchesse de Hanovre désire que je lui donne une lettre pour vous, et qu'elle part après-demain, je vais vous écrire dès à présent. Mon Dieu, ma chère tante, combien je voudrais de grand cœur pouvoir aller auprès de vous avec cette duchesse ! Dussé-je faire ce voyage, en qualité de Babet, avec sa

1. En français dans l'original.

femme de chambre, cela me serait égal. Oh! que de choses j'aurais à vous raconter qu'il est impossible d'écrire! La duchesse pourra vous dire quel faux et méchant diable c'est que la *vieille ordure,* et comme quoi ce n'est pas ma faute si elle m'a voué une si terrible haine, attendu que je m'applique autant que possible à être bien avec elle. Elle rend le roi cruel, quoique par lui-même il ne le soit pas; et lui qui, auparavant, paraissait tout triste quand ses troupes faisaient du désordre, il avoue maintenant que c'est lui-même qui ordonne de tout mettre à feu et à sang. Elle le rend si dur et si tyrannique qu'il n'a plus pitié de rien. Vous ne sauriez croire ni vous figurer combien cette vieille est méchante, et cela sous des apparences de dévotion et d'humilité. Quant au roi lui-même, il ne me hait pas; mais dès que sa vieille prend ses quintes, il me fait subir toute sorte de mauvais traitements et de dures paroles.

Pour ce qui est de Monsieur, j'ai beau faire de mon mieux afin de le persuader que je ne songe pas à le troubler dans ses divertissements et son amour pour les hommes, il croit toujours que je veux l'empêcher de donner tout son bien à ses galants, et lorsqu'il a l'intention de faire à quelqu'un d'eux un gros présent de cent mille francs ou de vingt mille écus, il me cherche lui-même mille querelles auprès du roi, et il me témoigne une grande haine, afin de me faire mépriser et de m'ôter les moyens de lui résister. Quand il n'a rien de pareil en tête, il me laisse tranquille, mais les occasions reviennent plus de trois ou quatre fois par an.

Ma belle-fille est une désagréable et méchante créature ; elle ne s'inquiète pas de mon fils et méprise Monsieur comme si elle était quelque chose de bon ; elle ne me fait rien, mais elle vit à mon égard dans une affreuse indifférence. Elle ne veut rien dire devant moi de ce qu'elle fait, et reste quelquefois quinze jours sans venir me voir. Je la laisse courir et ne fais pas semblant de m'en apercevoir ; mais son arrogance et sa mauvaise humeur sont insupportables, et sa figure est parfaitement déplaisante. Elle ressemble, *met verloff, met verloff,* à un cul comme deux gouttes d'eau : elle est toute bistournée ; avec cela une affreuse prononciation comme si elle avait toujours la bouche pleine de bouillie, et une tête qui branle sans cesse. Voilà le beau cadeau que la *vieille ordure* nous a fait. Vous pouvez vous figurer si l'on doit mener avec elle une vie agréable. Mais la naissance tient lieu de tout et supplée aux qualités qui manquent. Elle tourmente son mari tant et plus, et le pauvre garçon se repent amèrement d'avoir fait cette folie et de n'avoir pas voulu me croire. Elle veut aussi le prendre de haut avec ma fille ; elle prétendrait volontiers se faire servir par elle comme par une domestique ; mais ma fille ne se laisse pas imposer par ses grands airs et se moque tout simplement d'elle, ce qui donne souvent lieu à des bouderies. Voilà tout ce que j'ai de plus particulier à vous dire d'ici.

## LV.

Paris, le 23 décembre 1694.

...... Nous avons failli n'avoir plus de comédie. La Sorbonne, pour plaire au roi, a voulu la faire défendre; mais l'archevêque de Paris [1] et le père de La Chaise [2] doivent avoir dit au roi que ce serait trop dangereux (de banir les divertissements honneste [3]) parce que cela pousserait la jeunesse à plusieurs vices abominables. Ainsi, Dieu soit loué! la comédie nous reste : cela contrarie extrêmement, à ce qu'on assure, la *vieille ratatinée (Hutzel)* du *grand homme,* attendu que c'était elle qui poussait à la suppression de la comédie. Elle doit même avoir fait à ce sujet de grandes menaces à l'archevêque de Paris et au confesseur. Quant à moi, tant qu'on ne supprimera pas entièrement la comédie, on aura beau faire déblatérer contre elle les prédicateurs en chaire, je continuerai d'y aller. Il y a quinze jours, comme on prêchait contre la comédie, *qui anime les passions,* disait le prédicateur, le roi se tourna vers moi et me dit : « Il ne preche pas contre moy qui ne va plus a la comédie, mais contre vous auttres qui l'aimes et y alles. — Je lui dis : Quoy que j'aime la comédie et que j'y

1. Du Harlay, archevêque de Paris, mort en 1695.
2. Jésuite, confesseur du roi.
3. En français dans l'original.

8.

aille, Monsieur d'Agien (*d'Agen*[1]) ne preche pas contre moy, car il ne parle que contre ceux qui ce laissent excitter des passion aux comedies et ce n'est pas moy. Elle ne fait auttre effect que de me divertir, et a cela il n'y a nul mal[2]. » — Le roi ne répliqua pas un mot, etc.

## LVI.

Versailles, le 16 janvier 1695.

...... Dès que je suis seulement deux heures à Paris, j'ai mal à la tête, et il me prend à la gorge un picotement qui me fait constamment tousser. Je ne peux pas non plus y faire grand'chose, attendu que les cuisines sont au-dessous de ma chambre; enfin je n'y peux ni chasser ni voir la comédie avec plaisir; car d'abord il faut se faire conduire au théâtre en voiture, et, quand on y est, on ne peut pas voir à son aise comme ici, le théâtre étant toujours si plein de spectateurs qu'ils sont pêle-mêle avec les acteurs, ce qui est très-désagréable. Et puis il n'y a rien de plus ennuyeux que les soirées à Paris : Monsieur joue le lansquenet à une grande table dont il ne m'est pas permis d'approcher; je ne peux pas même me montrer au jeu , car Monsieur a la su-

---

1. Mascaron, évêque d'Agen, né en 1634, mort à Agen , le 20 novembre 1703. Il ne sortit qu'une seule fois de sa ville épiscopale, en 1694, pour se rendre à la cour où il prêcha son dernier sermon devant Louis XIV qui lui adressa ce compliment flatteur : « Tout vieillit ici, monsieur, il n'y a que votre éloquence qui ne vieillit point. »

2. En français dans l'original.

perstition de croire que je lui porte malheur quand il me voit; cependant il veut que je me tienne dans la même chambre que lui. Toutes les vieilles femmes qui ne jouent pas me tombent alors sur le dos et je dois les entretenir. Cela dure depuis sept heures jusqu'à dix, et me fait horriblement bâiller. Tous les deux jours, je dois aller passer l'après-midi à Port-Royal[1] pour ne rien changer à mes anciennes habitudes, mais je ne trouve plus à y aller le même plaisir qu'autrefois, et cela est devenu pour moi une servitude. Vous voyez bien, d'après tout cela, qu'il m'est impossible de vivre gaiement à Paris. Ici, au contraire, je suis très-tranquille. Si le temps le permet, je vais à la chasse; quand il y a comédie, je n'ai que quelques marches à descendre et je suis dans la salle. Il n'y a personne sur le théâtre, de sorte que je vois la comédie dans tout son lustre, et, de plus, elle ne me coûte rien. Y a-t-il *appartement*, j'entends la musique, et, après la musique, je ne suis pas obligée d'entretenir de vieilles femmes comme à Paris : j'ai donc moins de raisons de m'ennuyer. Les jours *de rien*[2], je reste tranquillement seule dans mon cabinet où le temps ne me dure jamais. Tandis qu'à Paris il y a toujours quelque contre-temps; on n'y peut jamais faire comme on veut, car les heures ne sont pas réglées comme ici : en somme, il n'y a rien à Paris qui ne me déplaise...

1. La communauté de Port-Royal avait une maison au faubourg Saint-Jacques.
2. Ces deux mots sont en français dans l'original.

## LVII.

Versailles, le 3 mars 1695.

...... Je ne puis pas me plaindre comme vous que mon fils soit un Caton et trop sérieux pour son âge. Bien qu'en réalité son humeur soit sérieuse et qu'il n'ait pas bonne grâce à la débauche, il s'y livre uniquement pour singer les autres, et c'est cela surtout qui me chagrine. Si le plaisir était dans sa nature, je n'aurais pas tant à dire là contre; mais qu'il se fasse violence pour s'adonner au vice et dire des fadaises, en même temps qu'il cache avec soin tout ce qu'il y a de bon en lui, voilà ce que j'endure avec peine. A ce que je vois, vos jeunes gens, à Hanovre, font comme les nôtres : ils ne veulent plus danser, mais ils apprennent tous la musique. C'est maintenant la grande mode ici, et tous les jeunes gens de qualité, garçons et demoiselles, la suivent. Si Monsieur ne faisait que perdre son argent au jeu, cela irait encore; mais il donne parfois cent mille francs d'un coup, et toutes les économies portent sur moi et sur ses enfants, ce qui n'a rien de gracieux, et de plus nous met dans une position telle que, Dieu m'en est témoin, si Monsieur venait à mourir, nous devrions vivre uniquement des grâces du roi : condition bien misérable! Il en résulte que nous n'avons jamais un liard et que nous manquons souvent du nécessaire, ce qui n'est pas agréable. Vous verrez, par une de mes lettres, pourquoi l'on avait inventé l'histoire du spectre de M^me de Blain. Il n'est, hélas ! que trop vrai que les morts ne reviennent pas. Le prince de Conti m'avait formellement promis, trois semaines avant sa mort, que, si c'était possible, il reviendrait m'apporter des nouvelles de l'autre monde, mais il n'est pas revenu, etc.

...... Je sors à l'instant de la table où nous avons eu beaucoup de dames en visite, entre autres la comtesse de Fürstenberg qui m'a raconté une belle histoire que je vais vous dire avant de répondre à votre bonne lettre. Nous parlions de la solitude; la comtesse me disait qu'elle ne pouvait pas la supporter; comme je lui demandai pourquoi, elle me répondit : parce que j'ai peur des revenants. Là-dessus je me mis à rire. Moi aussi, me dit-elle alors, je regarderais cela comme une folie si je n'avais par moi-même vu quelque chose. Je la priai de me dire ce qu'elle avait vu, et voici ce qu'elle me raconta : « Un comte de Ruberta était amoureux de moi, et l'on voulait lui faire épouser par force une demoiselle de Fürstenberg. Pour se soustraire à ce mariage, il résolut de partir pour la guerre, mais auparavant il se fit tirer son horoscope : on lui prédit que, s'il allait à la guerre, le premier coup de feu qui serait tiré sur le champ de bataille serait pour lui et le tuerait. Il vint me trouver, me raconta la chose et me promit, s'il était tué, de revenir me faire ses adieux. Il me demanda aussi si je n'aurais pas peur. — J'aimerais mieux, lui répondis-je, vous voir vivant qu'à l'état de fantôme. — Allons, fit-il, donnez-moi votre main et dites-moi que vous n'aurez pas peur. Croyant qu'il ne voulait que me tourmenter, je lui donnai la main. Quelque temps après, il entre en campagne. C'était pendant l'été; ne pouvant pas bien dormir, je me lève, et la tête entre mes mains je tombe dans une profonde rêverie. Tout à coup j'entends dans le corridor un bruit de pas comme si quelqu'un marchait avec des bottes éperonnées. Qui peut venir de si bonne heure? me dis-je. Je tourne la tête et je vois un personnage vêtu de brun qui disparaît aussitôt. Il me fut impossible de bien distinguer la figure, mais la tournure était tout à fait celle de Ruberta. A cette apparition, je jette de grands cris, mais au même instant une main invisible m'applique un vigoureux soufflet. Alors, éveillée par le bruit, une gouvernante qui couchait dans ma chambre me cria : N'ayez pas peur, madame, ce n'est qu'un esprit; moi-même, en rêvant, je l'ai senti qui me tirait par le pied. »

Cette histoire m'a paru si belle que je n'ai pas voulu vous en priver. J'oubliais de vous dire que la première nouvelle que reçut la comtesse fut celle de la mort du comte Ruberta, et que, comme elle demandait quel costume il portait alors, on lui dit qu'il était habillé de brun ainsi qu'elle l'avait vu. Il se trouva aussi qu'il avait reçu le coup mortel à l'heure même où l'esprit était apparu à la comtesse, etc.

## LVIII.

Saint-Cloud, le 7 juillet 1605.

...... Je crois que Monsieur est dévot et comparable
à Henri III sous tous les rapports. Si c'est là le chemin
du ciel, je n'y entrerai certainement pas, vu qu'il m'est
impossible d'entendre une grand'messe. J'en ai sitôt
fait avec mes dévotions, car j'ai un chapelain qui
expédie la messe en un quart d'heure, ce qui fait bien
mon affaire. Vous ne me dites pas de quoi l'on accuse
le jésuite qu'on a chassé de Zell [1] ; mais je trouve qu'on
se presse beaucoup trop à cette cour : on commence
par chasser les gens et l'on examine ensuite s'ils l'ont
mérité ou non. En fait de dévotion, je vois qu'ici chacun
suit son humeur : ceux qui aiment à bavarder veulent
beaucoup prier ; ceux qui ont l'âme libérale veulent
toujours faire des aumônes ; ceux qui se fâchent aisément et sont colères s'emportent sans cesse et veulent
tout tuer ; ceux, au contraire, qui sont gais pensent
très-bien servir Dieu en se réjouissant de tout et ne
se fâchant de rien. En somme, la dévotion est, pour
ceux qui s'y adonnent, une pierre de touche qui fait
connaître leur humeur. Pour moi, les pires dévots
sont ceux qui ont l'ambition en tête, qui simulent
la dévotion pour tout gouverner et prétendent qu'ils

1. *Zell* ou *Celle,* ville du Hanovre située au confluent de la
Fuse et de l'Aller. Elle fait partie du gouvernement de Lunebourg.

rendent un grand service à Dieu en soumettant tout à leur pouvoir; les plus supportables, au contraire, sont ceux qui, ayant été très-amoureux, lorsqu'une fois ils prennent Dieu pour *objet,* ne pensent plus à rien autre qu'à lui parler tendrement et laissent tout le monde en paix, etc.

## LIX.

Saint-Cloud, le 17 juillet 1695.

...... Il est certain que les jardins d'ici sont beaux, mais M^{me} de Bouillon est d'avis que les jardins d'Italie leur sont encore préférables; elle dit qu'ils sont ornés d'un grand nombre de belles statues antiques. Quoique Meudon soit vraiment beau, je dois cependant avouer que Choisy me plaît beaucoup plus. Ce n'est pas *si à la grande* qu'à Meudon; mais, à mon avis, c'est bien plus gai : la Seine y coule comme un canal à dix pas seulement de la maison, ce que je trouve très-agréable; de plus, le terrain y est tout uni, l'on n'a pas à monter comme à Meudon, et cela me va mieux.

J'étais, pour le duc de Simmern, comme Cliton dans *le Menteur, de son cœur l'unique secrétaire et de tous ses secrets le grand dépositaire.* Le bon duc s'imaginait être le seul qui connût l'inclination de sa femme pour M. Colb., et il pensait la gagner par la douceur; d'un autre côté, il aimait beaucoup Colb et ne pouvait se passer de lui; il croyait aussi que Colb était cruel pour sa femme. Celui-ci l'avait tout à fait persuadé à son maître, et, voyant cela, je ne voulais pas le désabuser...

Un joli petit chien peut bien être un amusement, mais jamais une consolation. Je n'aime pas les Bollonais, je les trouve trop délicats ; je leur préfère de beaucoup les épagneuls français ; j'en ai constamment quatre à mes trousses, et la nuit ils couchent auprès de moi. C'est, je crois, une vraie providence du Dieu tout-puissant qu'il y ait tant d'inclinations différentes, car, si nous avions tous la même, le monde serait plein de discordes sans fin.

C'est une mode toute française qu'a suivie l'Électeur de Saxe en donnant la serviette au roi des Romains, car Monsieur la donne à M. le dauphin. Si M. le dauphin avait un frère, ce serait ce frère qui la lui donnerait. Le roi a fait commencer cet usage chez le feu duc d'*Angac* (*sic*) ; ainsi Monsieur n'a rien pu dire là contre. Je crois comme vous que défunt papa n'aurait pas donné la serviette au roi des Romains...

## LX.

Versailles, le 21 août 1695.

...... J'attacherais certes beaucoup de prix à la grandeur, si l'on avait aussi tout ce qui doit l'accompagner, c'est-à-dire de l'or en abondance pour être magnifique, et le pouvoir de faire du bien aux bons et de punir les méchants ; mais n'avoir de la grandeur que le nom sans l'argent, être réduit au plus strict nécessaire, vivre dans une perpétuelle contrainte, sans

9

qu'il vous soit possible d'avoir aucune société, cela me semble, à vrai dire, parfaitement insipide, et je n'y tiens pas du tout. J'estime davantage une condition dans laquelle on peut s'amuser avec de bons amis sans embarras de grandeur, et faire de son bien l'usage qu'il vous plaît. Si j'étais auprès de vous, notre duchesse n'oserait pas, devant moi, se plaindre du sort de sa sœur, car il me serait aisé de la confondre.

Vous avez grandement raison de croire qu'on est injuste envers le maréchal de Villeroi [1] en se déchaînant contre lui; mais on le fait pour plaire au *boiteux* [2]. Il paraît qu'on a perdu beaucoup de monde devant Namur; une bonne paix serait bien désirable des deux parts. Je crains fort que nous n'entendions parler bientôt d'une bataille; je ne m'en inquiéterais pas si mon fils ne s'y trouvait de ce côté-ci et le duc Christian de l'autre, etc.

## LXI.

Fontainebleau, le 27 septembre 1695.

...... Il est vrai qu'on est injuste envers le pauvre duc de Villeroi, mon fils me l'a dit aussi; mais,

1. Le maréchal de Villeroy commandait l'armée des Pays-Bas, dans laquelle figurait le duc du Maine. Celui-ci, ayant reçu cinq ou six fois l'ordre d'attaquer, n'en fit rien, et donna le temps à Vaudemont, le général ennemi, d'échapper à un désastre presque certain. Le roi et toute la cour furent diversement surpris en apprenant cette nouvelle au lieu de celle de la victoire qu'on attendait. Villeroy, pour faire sa cour, laissa peser sur lui la responsabilité qu'avait encourue le duc du Maine.

2. Le duc du Maine.

quand les Français se mettent à haïr quelqu'un, il
n'y a plus chez eux ni rime ni raison, il faut qu'ils
chantent tout ce qui leur passe par·la tête. On prétend que tous ceux qui étaient dans Namur se sont
très-bien conduits, aussi leur donne-t-on des·récom-
penses. S'ils avaient eu des vivres, ils auraient tenu
plus longtemps. Dieu soit loué! mon fils est enfin dé-
barrassé de sa fièvre sans avoir eu besoin de prendre
aucun remède; il ne fait que jouer au mail matin et
soir. Je vous remercie très-humblement de la bonté
que vous avez de vous intéresser à lui. Il est votre
tout dévoué serviteur; sans cela il ne serait pas mon
ami. Il serait fort à souhaiter qu'on pût enfin arriver
à s'entendre; la guerre fait beaucoup de mal et la
paix serait la bienvenue...

## LXII.

Fontainebleau, le 12 octobre 1695, 3 heures moins un quart.

...... Il est certain que rien ne rend plus vite malade que la tristesse. Je souhaite que l'Électeur de
Brandebourg [1] fasse un long séjour à Lau (*Loo*) auprès
du roi Guillaume, ou bien que les belles choses qu'il
doit voir à Amsterdam le retiennent beaucoup, afin
que vous puissiez garder d'autant plus longtemps sa
femme auprès de·vous. On dit qu'il veut marier sa
princesse-électrice avec le roi Guillaume. Faites-moi,
je vous prie, le plaisir de me *recommander* à ma

1. Frédéric III, qui devint Frédéric I<sup>er</sup>, roi de Prusse.

filleule, afin qu'elle ne m'oublie pas. Je l'estime et je
l'aime de tout mon cœur. On parle maintenant du
roi Guillaume sur un tout autre ton qu'auparavant.
On entend dire partout : « C'est un maistre homme,
c'est un grand roy et digne de l'estre[1], » et autres propos semblables. Vous avez bien raison de dire qu'on
loue ceux qui sont heureux. Moi qui ne suis pas le
moins du monde ambitieuse, je ne conçois pas comment on peut rechercher une chose qui coûte autant
de peines[2] ; car je suis sûre que, pendant le siége de
Namur, le roi Guillaume n'a eu de repos ni jour ni
nuit. Il ne faut pas vous étonner qu'on le loue si fort :
tout est affaire de mode ici, et, depuis un an, on ne
parle que trop librement de tout le monde ; la no-
blesse des personnages elle-même n'arrête pas les
langues, car c'est surtout des têtes couronnées que
l'on parle, c'est elles qu'on chansonne le plus. J'ai
ri de tout mon cœur en lisant ce que vous me dites
du *château de derrière*. Il est vrai qu'on regarde ici
le roi Guillaume comme faisant partie de cette con-
frérie ; mais on dit qu'il n'en tient plus maintenant
autant qu'autrefois, etc.

## LXIII.

Versailles, le 27 novembre 1695.

...... Je ne sais pas ce que les Allemands trouvent
de si plaisant à Paris, car j'en vois peu y venir qui

---

1. En français dans l'original.
2. Madame sous-entend évidemment : *que la gloire*.

ne tombent horriblement malades. S'il m'était permis et possible de courir partout, de faire tout ce qui me passe par la tête, et de ne voir que les gens qui me plaisent, peut-être trouverais-je Paris joli et gai. Mais vivre dans une contrainte perpétuelle et se mal porter, il n'y a pas là de quoi rendre un séjour agréable. Ici je suis cent fois plus tranquille : j'y continue d'aller beaucoup à la chasse ; depuis neuf jours que nous y sommes, j'ai déjà chassé quatre fois : deux fois le cerf et deux fois le loup. Je crois que l'exercice à pied est plus favorable à la santé que le cheval, mais je suis devenue trop lourde et je ne peux plus bien marcher ; je m'en tiendrai donc au cheval aussi longtemps que je le pourrai. Depuis que je suis à Versailles, je me trouve incomparablement mieux qu'à Paris. Vous avez grandement raison de dire qu'il est plus facile de bien parler que de bien faire ; Sénèque a peut-être parlé aux chrétiens, et appris ainsi leur morale, etc.

## LXIV.

Port-Royal, le 18 décembre 1695.

...... J'ai eu cependant hier la consolation de recevoir une bonne lettre de vous, ce qui me fait toujours grand plaisir. Je vous fais aussi mes bien humbles remercîments pour la lettre imprimée de M. Leibnitz [1].

1. L'illustre philosophe et mathématicien fut un des correspondants de Madame. Leibnitz mourut à Hanovre en 1716. Il y était fixé depuis 1676 ou 1677.

Je la trouve bien écrite, et je ne puis comprendre comment il a pu expliquer si clairement une chose si embrouillée. Je ne doute pas que je ne fasse grand plaisir à la reine d'Angleterre en lui montrant cette lettre.

...... J'imagine aisément la raison pour laquelle la princesse Amélie ne va pas avec sa mère; mais je ne conçois pas pourquoi l'on ne laisse pas partir avec elle M^me de Mouy, car la princesse Amélie aurait pu aisément trouver une demoiselle à Hanovre. Je pense, comme vous, que la princesse Amélie se consolera quand l'électrice de Brandebourg sera de retour et que les divertissements recommenceront à Hanovre, etc.

## LXV.

Versailles, le 5 janvier 1696.

...... Pendant les deux derniers jours que j'ai passés à Paris, deux personnes sont venues me trouver et m'ont demandé, chacune à part, si je savais le bruit qui courait sur mon compte. Le chevalier de Bouillon, à ce qu'elles m'ont dit, aurait déclaré publiquement, à la comédie et à l'opéra, que j'étais amoureuse de lui, et cela en termes si insolents qu'elles n'osaient pas me les répéter. Je répondis que les propos du chevalier de Bouillon ne pouvaient faire tort à personne, qu'il était si ivrogne et si menteur que personne ne le croirait, et que, s'il persistait dans cette gentillesse, je le couvrirais d'un tel ridicule qu'il ne s'en relèverait de sa vie. Depuis lors, je n'avais pas vu le cheva-

lier de Bouillon et je ne songeais plus à lui ; mais, lundi
dernier, étant ici à la comédie, je m'aperçois que
quelques jeunes gens me regardent et font, avec un
sourire moqueur, des signes au chevalier de Bouillon.
Cela me fait monter la moutarde au nez, et comme on
parlait justement d'*apostropher,* je dis très-haut devant
M. le dauphin : « Voilà un homme là-haut que j'apos-
tropheres tantost. — Et qui? dit M. le dauphin. — Je
répondis : le chevalier de Bouillon. Il me revient de
tout costé qu'il ce vante que j'ay une grande passion
pour luy. Comme je ne m'en suis point aperceüée, je
veux luy demander au moins qu'elles sont les grandes
et belles qualités qui m'ont tant charmées ; et si, par
ces discours, il continue a estre si aimable, il me for-
cera de prier le roy de m'esloigner ce flambeau qui
reduit mon cœur si fort en cendre, dis-je en riant [1]. »
— M. le dauphin ordonna aussitôt à mon fils de faire
avertir le chevalier de Bouillon qu'il eût à ne plus se
montrer partout où je serais. Le même soir, son
père, M. de Bouillon, vint me voir et me fit un grand
compliment sur le chagrin qu'il éprouvait d'apprendre
qu'on avait si faussement accusé son fils auprès de
moi. — Nommez-moi, dit-il, les personnes qui vous
ont parlé contre lui ; si ce sont des hommes, mon fils
se battra avec eux; si ce sont des femmes, il leur cou-
pera le nez. — Je lui répondis en riant : Le roi a défendu toute espèce de duels, mais votre fils aurait
fort à faire s'il vouloit se battre contre tous ceux qui

1. En français dans l'original.

ont entendu ses impertinences à l'opéra et à la comédie.

— Mais, dit M. de Bouillon, qu'est-ce qui peust
vous avoir fait croire que mon fils ayt peut faire une
telle impertinence? — Je lui répondis : Deux raison :
la première est l'insolence dont il en a usses avec ma
cousine la duchesse de *Hannover* (*sic*). — Ah! Madame, la différence est bien grande. — Je lui dis :
Elle n'est pas si grande que vous penses, et si vous
l'avies coriges allors, cecy ne luy seroit pas arives.
La seconde raison qui m'a fait croire ce qu'on a dit
de vostre fils est que c'est un ivrogne, que j'ay veüe si
ivre à Fontainebleau qu'il vous a, devant moy, a la
chasse, appeles *vieux fol;* et qui est capable de ces
deux folie peust estre capable de tout. — Ah! si je
l'avois entendu, dit M. de Bouillon, je luy orois passes
mon espée au traver du corp! — Je dis : Il ne tenoit
qu'a vous, car vous esties encore plus pres de luy que
moy qui l'ay ouy. — Hé bien, dit M. de Bouillon,
Madame, puis que vous esies convaincue du tort de
mon fils, que voulles vous que j'en fasse? L'envairay-
je a la Bastille? Le metterois-je dans un cu de basse
fosse? Voulles vous que je lassome de coup? — Je dis :
C'est a vous a voir comme vous pouves coriger vostre
fils, ce n'est pas mon affaire. Tout ce qu'il a dit de
moy est au desous de moy. Mais, pour arester ces insolences, j'ay voulu le traitter selon ces merittes, et le
tourner publiquement en ridiculle, afin de desaccoustu-
mer les ivrogne a parler de moy dans leur vin. Cependant je vous suis obliges d'avoir pris cette affaire

avec tant de chaleur. — Il dit : Je prieres le roy de vous faire dire qui vous l'a dit. — Je dis : Le roy a trop de bonté pour moy pour me faire dire ce que je ne veux pas, et d'aillieur je ne vous conseille pas d'en parler au roy qui peust aissement aprofondir l'affaire, et, la trouvant grave, puniroit plus severement vostre fils que vous mesme. Croyes moi : coriges le vous mesme, et qu'il n'en soit plus parles. » Ainsi finit notre discours [1].

Peu après vint Monsieur, à qui je racontai tout ce qui s'était passé ; le soir et le lendemain, il approuva très-fort ce que j'avais fait et dit. Mais, hier, je le trouvai dans un tout autre sentiment, et il me dit que j'avais très-mal fait d'affronter publiquement le chevalier. — Je dis : « Monsieur, aimeries vous mieux que le bruit continua qu'il a respandu que je l'aime et le lorgne ? — Monsieur dit : Non, mais il n'y a que la moitie de la cour qui approuve ce que vous aves fait. — Je dis : Tant mieux ! Il faut que ceux qui le desaprouve soyent la jeunesse amis du chevalier de Bouillon, et je l'ay fait expres, car je say que ces espece ne craigne plus rien au monde que d'estre apostrophes. C'est une terreur que j'ai voulu leur donner afin de ne plus parler de moy, car je ne desire ni estre affiches ni chantes comme les princesse, et c'est pourquoy je marque que je ne me taires pas si on ce joue a moy, afin de me sauver de leur insolences. — Monsieur dit : Voila qui est bien, n'en parlons plus. »

1. Toute la conversation est en français dans l'original.

Aujourd'hui le cardinal de Bouillon est venu chez moi, et m'a fait mille compliments auxquels j'ai répondu avec politesse. Il y a de terribles disputes à la cour au sujet de cette affaire; plus de la moitié disent que, par le temps qui court, j'ai très-bien fait d'effrayer la jeunesse, afin de me faire mieux respecter; d'autres disent que j'aurais dû le faire plus secrètement, et non d'une manière si publique. Je m'en rapporte à votre jugement et à celui de mon oncle, et je ne me tiendrai pour condamnée que si vous m'écrivez que j'ai mal fait, etc.

## LXVI.

Versailles, le 7 mars 1696.

Hier M^me Klenck a pris congé de moi. Elle sera de retour d'ici à mardi ou samedi au plus tard. Je vais donc vous dire, ma chère tante, tout ce qui se passe ici. Commençons par Monsieur. Il n'a absolument rien d'autre en tête que ses jeunes garçons. Il passe des nuits entières à manger et à boire avec eux, et il leur donne d'énormes sommes d'argent. Pour eux, rien ne lui coûte, rien n'est trop cher, et, pendant ce temps-là, ses enfants et moi nous avons à peine le nécessaire. Quand j'ai besoin de chemises et de draps, il me faut les mendier pendant un temps infini, tandis qu'il donne dix mille écus à La Carte[1] pour acheter son

1. La Carte, gentilhomme de Poitou, fort pauvre, devenu premier gentilhomme de la chambre de Monsieur, épousa, par le

linge en Flandre. Et comme il sait parfaitement que
je ne dois pas ignorer où passe tout l'argent, il se
méfie de moi et craint que je ne raconte la chose au
roi, qui pourrait bien chasser les jeunes drôles. Quoi
que je puisse dire ou faire pour lui montrer que je ne
trouve pas mauvais qu'il vive ainsi, il ne se fie pas à
moi et me fait tous les jours de nouvelles querelles
auprès du roi. Ainsi, il dit que je hais le roi; si l'on
tient de méchants propos, il dit au roi que c'est moi
qui les ai tenus, et il y ajoute encore de beaux mensonges. Souvent il m'avoue lui-même tout le mal qu'il
a dit sur mon compte. De cette manière, il m'aliène le
roi à tel point que je ne peux jamais être bien avec
Sa Majesté. Chaque jour il excite contre moi mes
propres enfants; pour que mon fils ne s'aperçoive pas
du peu de soin qu'on prend de lui, il lui permet toutes
les débauches, et le maintient même dans cette voie,
quoiqu'il sache que par là il le rende odieux au roi.
Si je veux conseiller mon fils, si je l'engage à renon-
cer à ses vices pour mieux plaire au roi, Monsieur se
moque de moi avec lui. Ils mènent tous deux à Paris
une vie honteuse. Les inclinations de mon fils sont
cependant bonnes, et l'on pourrait en faire quelque
chose de bien, si Monsieur ne le corrompait pas.

Quant à ma fille, je dois dire la vérité, Monsieur ne
la mêle, Dieu merci! à aucune débauche. Elle n'a pas,

crédit et l'argent de ce prince, la fille du duc de La Ferté, dont
il prit les armes et le nom avec le titre de marquis. (Voir Saint-
Simon, t. Ier, p. 376, édit. Chéruel.)

d'ailleurs, la moindre propension à la galanterie ; mais
Monsieur ne me laisse pas maîtresse d'elle ; il la mène
toujours là où je ne suis pas, et lui fait fréquenter de
telles canailles que c'est un vrai miracle qu'elle ne soit
pas dépravée. En outre, il lui inculque une telle haine
contre les Allemands qu'elle ne peut presque pas supporter d'être auprès de moi, parce que je suis Allemande. Cela me fait craindre qu'il n'en advienne
d'elle comme de mon fils, et qu'au premier jour elle
ne se laisse persuader de prendre le bâtard[1]. Devant
le monde, Monsieur me fait bonne mine, mais en réalité il ne peut pas me souffrir. Dès qu'il voit qu'un de
mes domestiques, homme ou femme, s'attache à moi,
il le prend en grippe et lui fait toute sorte de misè-
res, tandis que ceux qui me méprisent sont au mieux
avec lui.

Ce n'est pas seulement auprès du roi, mais auprès
de M. le dauphin et de tout le monde, qu'il fait tout
son possible pour me faire haïr ; souvent même il le
fait en ma présence. Si je lui dis alors : « Pourquoy
me voules vous faire haïr, Monsieur[2]? » il ne répond
rien, secoue la tête et se met à rire. Néanmoins, je
me conduis de mon mieux, je suis polie avec lui, je
lui témoigne un grand respect, et je fais tout ce qu'il
veut. Mais vous pouvez bien croire que cela ne me
rend pas la vie heureuse et agréable.

Quant à la Maintenon, elle est tellement jalouse de

1. Le comte de Toulouse, né en 1678.
2. En français dans l'original.

son autorité, que Monsieur lui fait grand plaisir lorsqu'il dit du mal de moi au roi. A plusieurs reprises,
elle aurait bien voulu m'animer contre Monsieur, car
elle m'a souvent fait dire qu'il me blâmait beaucoup
auprès du roi : mais j'ai répondu que le roi serait assez juste pour examiner ce qui était vrai ou non, et
que, comme je faisais de mon mieux pour avoir une
conduite irréprochable, je ne devais pas m'inquiéter
des mensonges que l'on débitait sur mon compte, car
les menteurs en seraient pour la honte d'avoir menti ;
mais que, si l'on me condamnait sans m'entendre, je
me consolerais en pensant que je suis malheureuse,
mais non coupable. Vous ne pouvez vous figurer quel
méchant démon c'est que cette vieille, et comme elle
cherche à exciter les gens les uns contre les autres.
Bien qu'elle soit maintenant plus polie avec moi, il ne
faut pas croire qu'elle me rendrait jamais le moindre
service. Au fond, elle me déteste, et le roi fait aveuglément tout ce qu'elle veut.

La femme de mon fils est une dégoûtante créature ;
elle s'enivre comme un sonneur trois ou quatre fois
par semaine. Elle n'a d'ailleurs aucune inclination
pour moi ; si je suis quelque part avec elle, on ne peut
pas lui arracher un mot ; c'est la Maintenon qui l'a
rendue si méfiante à mon égard. Au reste, le roi me
préfère tous les bâtards. Doit-on aller quelque part
avec lui, il faut qu'on aille chercher les dames au nom
des princesses ; elles sont de tout le *particulier,* et
moi je dois tous les soirs voir M^me de Chartres entrer
dans le cabinet du roi, tandis qu'on me ferme la porte

au nez. J'ai dit à Monsieur ce que j'en pensais; mais il est enchanté qu'il en soit ainsi, et comme le roi voit que, moins il fait cas de moi, plus Monsieur est content, je dois être toujours maltraitée. Le roi sait même si bien qu'en me méprisant il fait plaisir à Monsieur, que, lorsqu'ils sont mal ensemble, le raccommodement se fait toujours à mes dépens, c'est-à-dire que Sa Majesté me maltraite et réserve ses bontés pour les jeunes gens qui sont les favoris de Monsieur.

Monsieur a fait fondre et vendre toute l'argenterie qui est venue du Palatinat, et il en a distribué l'argent à ses mignons. Chaque jour, on lui en amène de nouveaux, et, pour leur faire des cadeaux, il vend ou met en gage tous ses bijoux. Aussi, j'en prends Dieu à témoin, si Monsieur venait à mourir aujourd'hui, demain il me faudrait vivre uniquement des grâces du roi, et je ne trouverais pas de pain. Monsieur dit hautement, et il ne l'a caché ni à sa fille ni à moi, que, comme il commence à se faire vieux, il n'a pas de temps à perdre; qu'il veut tout employer et ne rien épargner pour s'amuser jusqu'à la fin; que ceux qui lui survivront verront à passer le temps à leur guise; mais qu'il s'aime mieux que moi et ses enfants, et qu'en conséquence il veut, tant qu'il vivra, ne s'occuper que de lui. Et il le fait comme il le dit.

Si je voulais vous raconter toutes les particularités, il me faudrait écrire un livre entier. Tout n'est ici qu'intérêt et fausseté, et cela rend la vie très-désagréable. Si l'on ne veut pas se mêler aux intrigues et aux galanteries, il faut vivre à part, ce qui est aussi passablement ennuyeux. Pour m'ôter de la tête ces tristes réflexions, je chasse tant que je peux ; mais bientôt mes pauvres chevaux ne pourront plus aller, car Monsieur ne m'en a jamais acheté de nouveaux, et à coup sûr il ne m'en achètera pas. Jusqu'ici le roi me les a donnés, mais maintenant les temps sont durs. Toutefois, ce n'est pas des temps que je veux me plaindre, mais de ce qu'il est impossible d'avoir ici aucun agrément. En effet, si l'on parle franchement, on se met chaque jour sur les bras une nouvelle querelle ; et si l'on doit se gêner, l'on n'a plus de plaisir à rien. Les jeunes gens ont des manières si brutales qu'on en a peur, et qu'on ne peut ni leur parler ni les fréquenter ; quant aux vieux, ils sont pleins de politique et ils ne vont avec quelqu'un que lorsqu'ils voient que le roi le regarde. On ne peut donc avoir nulle part aucun commerce honnête. Vous voyez que tout ici ne va pas pour le mieux. Toutefois je ne me tourmente pas, et je prends le temps comme il vient. Je me comporte aussi bien et aussi honorablement que je peux ; si j'apprends quelque chose, je me tais et n'en laisse rien paraître ; enfin, je vis très-seule, et, comme je vous l'ai déjà dit, il n'y a nulle part d'agrément pour moi.

## LXVII.

Versailles, le 1er avril 1696.

Les Français ne peuvent pas perdre l'habitude de rire ; il faut qu'ils rient de tout ce qu'ils entendent.

En ce moment, ils voient que le roi Jacques ne revient
pas, et comme ils pensent qu'il ne peut plus le faire,
ils ont affiché à Paris : *Cent escus à gaignes qui pourra
trouver une maniere honeste pour faire revenir le roy
d'Angleterre à Saint-Germain*[1]. Cette boutade m'a sem-
blé si drôle que je n'ai pu m'empêcher d'en rire, bien
que je plaigne fort le pauvre roi. Maintenant tout est
découvert, et je crois que le roi Guillaume ne sera
plus exposé de sitôt à aucun danger. Les suicides sont
très-communs parmi les Anglais ; notre reine d'Angleterre m'a dit que, pendant tout le temps qu'elle était
restée dans ce pays, il ne s'était pas passé un seul jour
sans que quelqu'un, homme ou femme, se fût pendu,
poignardé ou brûlé la cervelle. Je vous ai déjà écrit
qu'ici l'on ne croit pas du tout au projet d'assassinat;
on prétend que c'est une invention du roi Guillaume
pour attendrir les Anglais et les gagner à sa cause.
Notre roi a dit, paraît-il : « Le prince d'Orange me
rendra bien la justice de ne pas croire que je l'ay
voulus faire assassiner, car il sait bien que j'ay tenus
des gens deux ans en prissons de m'avoir seulement
fait la propossition de l'assassiner[2]. » Vous voyez par
là que notre roi n'a pris aucune part à cette affaire.
Il est possible que les conspirateurs aient résolu
entre eux de tuer le roi Guillaume ; le duc de Barwick
lui-même, qui est un peu brutal, pourrait bien avoir
eu cette idée et avoir proposé la chose au nom des

1. En français dans l'original.
2. En français dans l'original.

deux rois et à leur insu. A ce qu'on m'a dit, on n'est
pas très-content ici de ce duc de Barwick, etc. [1]...

## LXVIII.

Marly, mercredi 16 mai 1696.

.....C'est quelque chose d'inconcevable comme le
*grand homme*[2] est simple en fait de religion, car, pour
le reste, il ne l'est pas. Cela vient de ce qu'il n'a
jamais rien appris des choses de la religion, n'a jamais
lu la Bible, et croit tout bonnement ce qu'on lui débite
à ce sujet. D'ailleurs, quand il avait une maîtresse qui
n'était pas dévote, il ne l'était pas non plus. Maintenant qu'il est devenu amoureux d'une femme qui
ne parle que de pénitence, il croit tout ce qu'elle lui
dit, à tel point que le confesseur et la dame sont souvent en désaccord, car il croit plutôt la dame que le
confesseur. Mais il ne veut pas se donner la peine de
rechercher par lui-même ce que c'est, à proprement

1. Jacques Fitz-James, duc de Berwick, maréchal de France,
fils naturel de Jacques II, roi d'Angleterre, né le 21 août 1660,
tué devant Philipsbourg, le 12 juin 1734. Sa mère, Arabelle
Churchill, était sœur du duc de Malborough. Il passa sa première jeunesse en France. Un an avant la révolution qui enleva
la couronne à son père, il revint en Angleterre qu'il avait quittée
pour aller servir en Hongrie sous Charles de Lorraine. Il y reçut
le titre de duc de Berwick. En 1704, il commanda l'armée française en Espagne. Il s'était fait naturaliser en 1703. (Voir pour
plus amples détails Saint-Simon, et Montesquieu : Éloge histo-
rique du duc de Berwick.)
2. Louis XIV.

parler, que la religion. Une chose aussi qu'on ne saurait nier, c'est que jusqu'à présent le *grand homme* a
eu un bonheur inouï. Jusques à quand ce bonheur du-
rera-t-il ? C'est ce que le temps nous apprendra, etc...


## LXIX.

Saint-Cloud, le 20 mai 1696.

....... Je dois avouer que lorsque j'entends les
éloges qu'on donne en chaire au *grand homme* pour
avoir persécuté les réformés, cela m'impatiente toujours. Je ne peux pas souffrir qu'on loue ce qui est
mal, et je n'ai jamais eu à me reprocher de le faire,
car je ne loue que ce que je crois digne d'éloges. Je
ne vois pas que le prince de Galles [1] soit très-dévot ni
très-zélé ; mais il pourrait bien avec le temps virer de
bord à propos, etc...

..... Il est plus facile, dans ce pays-ci, de trouver
une bonne comédienne qu'un bon comédien, car il y
a dans la troupe du roi beaucoup de femmes qui jouent
bien pour trois ou quatre hommes seulement qui sont
bons, etc...

## LXX.

Saint-Cloud, le 23 mai 1696.

..... La *vieille ordure* sait très-bien comment elle
doit gouverner son homme pour rester maîtresse de
lui. Elle l'a fréquenté tant d'années qu'elle a appris

1. Le prince de Galles, fils de Jacques II.

à le connaître parfaitement, et comme elle a vu qu'on
ne peut le tenir que par la peur, elle lui a fait peur de
son mieux. Quelle fantaisie prend-il donc au roi de
Suède[1] de ne plus vouloir souffrir de réformés? Il devrait cependant profiter de l'exemple des autres à qui
ce procédé a si mal réussi. Sa cour doit être terriblement ennuyeuse. Je ne puis supporter les rois qui s'imaginent plaire à Dieu en priant. Ce n'est pas pour cela
qu'il les a mis sur le trône. Faire le bien, exercer le
droit et la justice, contenir les prêtres, et les forcer
de s'en tenir à leurs prières sans se mêler d'autres
choses, voilà quelle devrait être la vraie dévotion des
rois. Qu'un roi fasse sa prière matin et soir, cela suffit;
du reste il doit songer à rendre ses sujets heureux
autant qu'il est en son pouvoir. Je suis de votre avis ;
tout est vanité. Cependant lorsqu'on fait du bien, il
en reste une satisfaction intérieure qui est la meilleure
chose qu'on puisse avoir en ce monde ; et, en mourant,
l'on a du moins cette consolation, qu'il n'en ira pas
mieux pour ceux qui viendront après nous, etc.

## LXXI.

Port-Royal, dimanche 15 juillet 1696.

..... Tout ce qu'on nous dit de l'autre monde est
incompréhensible. J'aimerais mieux la *métamlicose*
(métempsycose), si l'on pouvait se rappeler ce qu'on
a été ; car ce serait, en mourant, une grande consola-

1. Charles XII.

tion que de voir qu'on ne meurt pas tout à fait. Mais la manière dont les choses sont arrangées n'est pas très-agréable, etc.

..... Le docteur (Fagon [1]) est une figure dont vous aurez peine à vous faire une idée. Il a les jambes grêles comme celles d'un oiseau, toutes les dents de la mâchoire supérieure pourries et noires, les lèvres épaisses, ce qui lui rend la bouche saillante, les yeux couverts, la figure allongée, le teint bistre et l'air aussi méchant qu'il l'est en effet; mais il a beaucoup d'esprit et il est très-politique. Je ne crois pas, je le répète, et vous en conviendrez après cette description, qu'il vous eût été possible de vous faire une idée exacte de ce personnage. M. du Maine a chassé une garde, qui a servi et lavé M<sup>me</sup> du Maine pendant ses couches, parce qu'elle a dit que sa femme avait une étrange conformation, etc.

..... Je souhaite de grand cœur que ce que vous a écrit la duchesse d'Ostfriesland (*de la Frise Orientale*) se réalise, c'est-à-dire qu'il se fasse une paix générale et que ma fille épouse le duc de Lorraine, car, de l'humeur que je la connais, elle serait, je crois, plus heureuse avec le duc qu'avec le roi des Romains. Aussi je dis de grand cœur *Amen* à tout cela, et je serais bien heureuse de la savoir hors des mains du crapaud [2] (*Maussdreck,* littéralement : *crottes de souris*), etc.

1. Médecin de Louis XIV.
2. Le comte de Toulouse.

## LXXII.

Port-Royal, 2 août 1696.

..... L'opinion de M. Helmont [1] ne veut pas m'entrer dans la tête, car il m'est impossible de comprendre ce que c'est que l'âme, et comment elle peut passer dans un autre corps. A raisonner d'après mon méchant jugement, je croirais plutôt que tout périt quand nous mourons, et que chacun des éléments dont nous sommes composés reprend sa partie pour refaire quelque autre chose, un arbre, une herbe, n'importe quoi, qui sert de nouveau à nourrir les créatures vivantes. La grâce de Dieu, à ce qu'il me semble, peut seule nous faire croire que l'âme est immortelle ; car cela ne nous vient pas naturellement à l'esprit, surtout quand on voit ce que deviennent les gens après leur mort. Le Dieu tout-puissant est si incompréhensible, qu'il me paraît mesquin et contraire à l'idée de sa toute-puissance de vouloir l'enfermer dans les limites de notre ordre à nous. Nous autres hommes qui avons des règles, nous pouvons être bons ou méchants suivant que nous agissons conformément ou contraire-

1. François-Mercure, baron Van Helmont, alchimiste belge, né à Vilvorde en 1618, mort en 1699 à Cölnn-sur-la-Sprée, faubourg de Berlin. Van Helmont croyait à la métempsycose, à la panacée universelle et à la pierre philosophale. L'électrice de Hanovre, tante de Madame, disait qu'il ne s'entendait pas lui-même, mais Leibnitz avait de l'estime pour lui. Il a laissé plusieurs ouvrages, entre autres : *Opuscula philosophica... quibus subjecta sunt CC Problemata de Revolutione animarum humanarum.*

ment à ces règles ; mais qui peut imposer des lois au
Tout-Puissant ? Ce qui prouve bien encore que nous
ne pouvons pas comprendre ce qu'est la bonté de
Dieu, c'est que notre foi nous enseigne qu'il a premièrement créé deux hommes auxquels il a donné lui-
même l'occasion de faillir. Qu'avait-il besoin, en effet,
de leur défendre de toucher à un arbre, et ensuite
d'étendre sa malédiction sur tous ceux qui n'avaient
pas péché, puisqu'ils n'étaient pas nés? A notre compte,
cela est précisément le contraire de la bonté et de la
justice, attendu qu'il punit des gens qui n'en peuvent
mais, et qui n'ont pas péché. On nous enseigne encore
que Dieu le Père a donné pour nous son Fils unique.
A notre compte aussi, cela n'était pas juste, car le Fils
n'avait jamais péché et ne pouvait jamais pécher. Il
me semble donc qu'il est impossible de comprendre
ce que Dieu fait de nous, et que nous devons nous
borner à admirer sa toute-puissance, sans vouloir
raisonner sur sa bonté et sa justice, etc.

## LXXIII.

Port-Royal, 6 septembre 1696.

..... Excepté à l'heure de ses repas, le roi ne reçoit
âme qui vive, si ce n'est les princesses et les docteurs,
M. le Dauphin, Monsieur, les bâtards et M^me de Maintenon. Je ne vois à présent Sa Majesté qu'un demi-quart
d'heure, entre une heure moins un quart et une heure,
et rien de plus. Les autres peuvent le voir trois fois

par jour. M. le Dauphin est auprès de lui à midi et
le soir avec la princesse de Conti, les deux filles de
M^me de Lislebonne [1], M^me de Chatillon [2] et les demoiselles
d'honneur de la princesse. Le roi se tient planté là
toute la journée, et ne voit absolument personne de
la cour. Monsieur, mes enfants et moi, nous mangeons
ensemble, il est vrai, à midi et le soir ; mais ensuite

1. M^lle de Lislebonne et sa sœur, M^me d'Espinoy, faisaient, dit
Saint-Simon, leur cour à la princesse de Conti, étaient logées
chez elle et plaisaient à Monseigneur, qui les mit dans ses confi-
dences. Le roi les traitait avec distinction, et M^me de Maintenon
les ménageait. M^lle de Lislebonne eut des liaisons avec Chamillart, avec le chevalier de Lorraine, avec le maréchal de Villeroy
et avec Monseigneur par le moyen duquel elle inspira une grande
confiance au roi, et par suite à M^me de Maintenon.

« M^me de Lislebonne avoit, selon Saint-Simon, l'esprit habile
et tout tourné pour faire un grand personnage dans sa maison,
si elle eût vécu au temps de la Ligue. Sa fille aînée, avec un air
tranquille et indifférent au dehors, avec beaucoup de politesse,
mais choisie et mesurée, et avec les pensées les plus hautes, les
plus vastes et tout le discernement et les connaissances néces-
saires pour ne les rendre pas châteaux en Espagne, avoit naturellement une grande hauteur, de la droiture, savoit aimer et
haïr, moins de manége que de ménagements et de suite..., etc.

« Sa sœur, avec peu d'esprit, souple, et souvent assez basse,
non faute de cœur et de hauteur, mais d'esprit, l'avoit tout
tourné au manége avec une politesse moins ménagée que sa
sœur, et un air de bonté qui faisoit aisément des dupes. Elle
savoit servir et s'attacher des amis. Leur vertu et leurs figures
étoient d'ailleurs imposantes ; l'aînée, très-simplement mise et
sans beauté, inspiroit du respect ; la cadette, belle et gracieuse,
attiroit. » M^me d'Espinoy, à ce que raconte Saint-Simon, espion-
nait la duchesse de Bourgogne pour le compte de M^me de Maintenon. (Voir t. III, p. 431 et 432.)

2. M^me de Chatillon, sœur du maréchal de Luxembourg.

chacun s'en va de son côté. Mon fils et ma fille vont
ensemble, M^me de Chartres va chez M^me la duchesse,
et moi dans ma chambre. Monsieur va et vient là où
sont les grands joueurs; ainsi il n'y a de cour nulle part.
C'est quelque chose de tout à fait étrange, et jamais
de ma vie je n'ai rien vu de pareil. Tout le monde se
plaint d'ennui. Je réponds régulièrement à vos bonnes
lettres ; de la sorte, ma chère tante, il me semble que
je vous parle, et c'est ma seule consolation. *L'entraxt*
(l'anthrax) de notre roi sera bientôt guéri, etc.

## LXXIV.

Versailles, le 13 septembre 1696.

..... Avant-hier j'ai vu panser le roi ; sa plaie est
plus grande que la main et a la forme d'une croix. Le
roi supporte toutes ses souffrances avec beaucoup de
patience et de fermeté. On me traite maintenant un
peu mieux qu'au commencement, et on ne me laisse
plus attendre si longtemps à la porte. Je ne crois pas
que la plaie puisse être fermée avant un mois ; il faut
espérer que la santé du roi n'en sera que meilleure
après la guérison. Je le désire de tout mon cœur ; car,
de l'humeur dont je connais son fils, tout serait encore
dix fois pis qu'à présent, s'il devenait roi. Il est,
en effet, *en bon chemin,* comme disait le jésuite à
M. d'Hottincour, c'est-à-dire qu'il est tout à fait incapable de raisonner. On laisse raisonner les abbés,
parce qu'on dit que ceux qui prêchent doivent tout
savoir, etc.

## LXXV.

Versailles, le 20 septembre 1696.

..... J'ai trouvé le bon roi Jacques, la reine et les deux royaux enfants en parfaite santé. Le prince de Galles est le plus charmant enfant qu'on puisse voir. Il sait maintenant le français et le parle volontiers ; il est vif, gai, et point du tout timide, il parle tant que l'on veut. Il est très-bien fait, a de très-jolies petites jambes, de jolis pieds et un grand air. Il ne ressemble ni à son père ni à sa mère, mais beaucoup à tous les portraits du feu roi d'Angleterre, son oncle, et je suis sûre que si les Anglais pouvaient voir cet enfant, ils ne pourraient douter qu'il ne soit de la famille royale. La princesse aura une jolie taille ; elle parle peu, car elle ne sait pas le français. De visage, elle ressemble à sa mère, mais elle a de plus beaux yeux que la reine ; elle est paisible et douce comme un agneau. Monsieur son petit frère doit être un peu opiniâtre ; cependant je ne m'en suis pas aperçue, car il a pour moi beaucoup de complaisance et fait tout ce que je lui demande, etc. [1]

1. Jacques II eut de sa première femme, Anne Hyde, plusieurs enfants dont deux seulement lui survécurent : Marie, femme du prince d'Orange, et Anne, femme du prince Georges de Danemark. Toutes deux portèrent la couronne d'Angleterre. La seconde femme de Jacques II, Marie de Modène, lui donna également plusieurs enfants, qui tous moururent en bas-âge, à l'exception de Jacques-François-Édouard, né en 1688, et connu sous le nom de *premier prétendant*, et d'une fille née à Saint-Germain en 1692, et qui vécut environ vingt ans.

10

## LXXVI.

Versailles, le 8 novembre 1696, à 6 heures du soir.

..... Avant de répondre à votre bonne lettre du
19-29 octobre, il faut que je vous parle un peu de la.
future duchesse de Bourgogne[1], qui est enfin arrivée
lundi dernier à Fontainebleau. Le roi, Monseigneur,
Monsieur et mon fils ont été la recevoir à Montargis.
J'ai attendu à Fontainebleau dans son appartement
jusqu'à son arrivée, et alors je l'ai reçue en riant, car
ce jour-là j'ai cru mourir de rire. Imaginez-vous qu'il
y avait une telle foule, une telle presse, que la pauvre
M^me de Nemours[2] et la maréchale de la Motte[3], pous-
sées et bousculées, arrivèrent sur nous à reculons, la
longueur de toute une chambre, et tombèrent enfin

1. Marie-Adélaïde de Savoie, duchesse de Bourgogne, puis
dauphine, née le 5 décembre 1685 à Turin, morte le 12 février 1712 à Versailles. Elle était fille aînée de Victor-Amédée II,
duc de Savoie, et d'Anne Marie d'Orléans. Sa sœur, Marie-
Louise, épousa Philippe V, roi d'Espagne.

2. M^me de Nemours, fille du duc de Longueville et de la fille
aînée du comte de Soissons. Née en 1625, elle fut mariée en 1657
au dernier des ducs de Nemours de la maison de Savoie, dont
elle devint veuve, sans enfants, deux ans après, et mourut
en 1707. « M^me de Nemours, dit Saint-Simon, avec une figure fort
singulière, une façon de se mettre en tourière qui ne l'étoit pas
moins, de gros yeux qui ne voyoient goutte, et un tic qui lui
faisoit toujours aller une épaule, avec des cheveux blancs qui lui
traînaient partout, avoit l'air du monde le plus imposant. »

3. La maréchale de la Motte, gouvernante des enfants de
Louis XIV, de ses petits-fils et arrière-petits-fils.

sur M^{me} de Maintenon. Si je n'eusse retenu celle-ci
par le bras, elles seraient tombées les unes sur les
autres, comme un château de cartes. C'était on ne
peut plus comique. Quant à la princesse, elle n'est pas
précisément très-grande pour son âge, mais elle a une
jolie taille fine comme une vraie petite poupée, de
beaux cheveux blonds et en abondance, des yeux
noirs, des cils et des sourcils très-longs et très-beaux,
la peau très-fine, mais pas très-blanche, un petit nez
qui n'est ni joli ni laid, une grande bouche et de grosses
lèvres, en un mot, elle a tout à fait la bouche et le
menton autrichiens. Elle marche bien, a bonne tournure, de la grâce dans ce qu'elle fait, est très-sérieuse
pour une enfant de son âge, et terriblement politique.
Elle fait peu de cas de son beau-père, et nous regarde
à peine, mon fils et moi ; mais dès qu'elle aperçoit
M^{me} de Maintenon, elle lui sourit et va se jeter dans
ses bras. Elle en fait autant lorsqu'elle aperçoit la
princesse de Conti. Vous voyez par là combien elle est
déjà politique. Ceux qui lui parlent disent qu'elle a
beaucoup d'esprit. Elle a tout à fait le rang de
duchesse de Bourgogne, mais on l'appelle tout simplement la princesse. Elle ne mange pas avec le roi, elle
se fait servir toute seule. Tout le monde maintenant
redevient enfant ; la princesse d'Harcourt[1] et M^{me} de
Pontchartrain[2] ont joué avant-hier au colin-maillard

1. Voir le portrait peu flatteur que fait Saint-Simon de cette
princesse (t. II, p. 414 et suiv.) « Elle étoit, dit-il, également
crainte, haïe et méprisée. »

2. M^{me} de Pontchartrain, femme du chevalier de ce nom ;

avec la princesse et M. le dauphin ; Monsieur, la princesse de Conti, le prince de Conti, M^me^ de Ventadour,
mes deux autres dames et moi, nous y avons joué hier.
(Comment trouvez-vous cette société ?) Pour dire la
vérité, je dois avouer que je n'étais pas fâchée de me
donner un peu de mouvement et de faire un peu de
tapage. Je n'ai rien de plus à vous mander sur le
compte de la princesse, etc...

..... Je trouve en vérité que la religion fait bien du
mal dans le monde, car elle empêche ma fille d'épouser le roi Guillaume.

## LXXVII.

Paris, le 25 novembre 1696.

..... Sans doute, vous connaissez déjà la réception
qui a été faite à notre petite fiancée ; vous savez aussi
qu'elle a enfin reçu le rang de duchesse de Bourgogne,
bien qu'elle n'en porte pas encore le nom, et qu'on
l'appelle tout simplement la princesse. Enfin, en voilà
une qui va avoir le pas sur moi ! Qu'importe, du
reste, que cela arrive un an plus tôt ou un an plus
tard ? Sauf le pas, je n'ai jamais eu aucun agrément
pour être la première. Le roi menait-il les dames à

Saint-Simon en fait le plus bel éloge sous tous les rapports, et
dit qu'à sa mort elle fut universellement regrettée de toute la
cour. Elle donna en 1700 une fête magnifique à laquelle assis-
tèrent Monseigneur et ses trois fils, ainsi que le duc et la duchesse de Bourgogne. (Voir Saint-Simon, t. II, p. 74.)

Marly, elles étaient invitées au nom des bâtardes ;
recevait-on la reine d'Angleterre, c'était encore les
bâtardes qui faisaient chez le roi les honneurs de la
maison ; le roi arrangeait-il des fêtes particulières, les
bâtardes m'étaient toujours préférées. Vous voyez donc
que je n'ai eu aucun avantage à être la première ; aussi
je cède cette place sans regret.

Mme de Chartres et Mme la duchesse ont eu la semaine passée un grand *éclaircissement* avec le roi ;
mais Mme de Chartres, à ce qu'il paraît, s'est mieux dé-
fendue que sa sœur. La dame régnante[1] a eu pourtant
la générosité, bien qu'ayant de grandes raisons d'être
mécontente d'elles, de leur obtenir une audience du roi.
Ces drôlesses n'épargnent pas plus le père que la belle-
mère, car il y a trois ans elles faisaient de singulières
chansons sur son compte. Cette fois il leur a dit rude-
ment leur fait, et il semble être plus blessé des chansons qu'on a composées contre la Maintenon que de
celles qu'on a faites contre lui-même. C'est quelque
chose d'inouï que la passion qu'il a pour cette femme.
Tout Paris dit qu'aussitôt la paix faite, le mariage
sera déclaré et que la dame prendra son rang. Raison
de plus pour que je me félicite de n'être plus la première, car au moins je suivrai quelque chose de bien
et je ne serai pas obligée de présenter à cette dame la
chemise et les gants. Si cela doit se faire, je voudrais
que cela se fît dès à présent ; au moins tout repren-
drait alors la vraie forme d'une cour, et l'on ne serait

1. Mme de Maintenon.

10.

pas aussi séparé qu'on l'est à cette heure. Le temps nous apprendra ce qu'il en adviendra, etc...

..... Je ne sais pas si la duchesse de Bourgogne sera plus heureuse que M^{me} la dauphine, M^{me} la grande-duchesse et moi. A notre arrivée, nous avons été toutes trois merveilleuses, l'une après l'autre, mais on n'a pas tardé à se lasser de nous. Nous n'avons, il est vrai, pas eu cet avantage que ceux qui étaient le mieux en cour dussent prendre soin de nous comme ils doivent le faire pour cette petite princesse. Il se pourrait donc bien que sa faveur durât plus longtemps que la nôtre. Il est impossible d'être plus politique que la petite princesse. C'est sans doute son père qui l'a élevée ainsi, car sa mère est meilleure et plus franche.

La jeune princesse n'est point aussi belle qu'elle semble d'abord ; cependant je ne la trouve pas si laide que les autres le disent ; elle a de l'esprit, c'est sûr, et on le voit bien à ses yeux, etc...


## LXXVIII.


Paris, le 29 novembre 1696.


..... Je comprends moins bien la dernière lettre de M. Leibnitz que sa lettre allemande, car elle renferme beaucoup de mathématiques, dont je ne sais pas un mot ; mais je la donnerai à des savants que je chargerai d'y répondre. Tous les savants sont maintenant très-embarrassés avec toutes les taxes qu'il leur faut payer et qui les touchent au moins d'aussi près que la philosophie [1].

## LXXIX.

Saint-Cloud, le 28 mars 1697.

..... Il n'est que trop vrai que, s'il devait y avoir quelque changement, nous reconnaîtrions la justesse du proverbe qui dit : Un malheur ne vient jamais seul. J'ai aussi entendu parler de la prophétie que vous me mandez, mais cet homme [2] a une si bonne santé que je crois qu'il vivra longtemps. Son fils [3] aura une drôle de tête ; il est fier, entêté et enclin à la colère ; ceux auxquels il commandera auront assez à faire avec lui. Ses trois enfants [4] sont horriblement mal élevés. Ils mangent toujours seuls, et vont seuls tous trois se promener ensemble. Ils n'assistent à aucun spectacle ; le matin, à neuf heures, ils se rendent chez le roi, qui ne les voit plus de la journée.

1. On lit dans les *Mémoires de Choisy* : « La nécessité fit créer un impôt, le dernier et le plus juste de tous ; ce fut la capitation. Tous les chefs de famille, sans distinction d'ordre ni de rang, étaient contribuables et partagés en vingt-deux classes, le roi en tête. Cet impôt rapporta 22 millions... On chansonnait, comme c'est l'usage en pareille circonstance ; on chansonnait Mme de Maintenon, le père La Chaise, les jésuites, les bâtards, et le roi lui-même, que quelques-uns osaient appeler le fils de Mazarin. »

2. Louis XIV.

3. Le grand dauphin.

4. Les ducs de Bourgogne, d'Anjou et de Berry.

Lorsqu'il y a *appartement*, ils arrivent juste au moment où la musique commence, et décampent dès qu'elle est finie ; ils ne vont jamais dans le monde. L'aîné, bien qu'il parle vite, a la parole sèche ; le second parle rarement, et d'une manière lourde et traînante ; le troisième est toujours gai et il est enchanté quand on cause avec lui ; il ne peut pas, ainsi que ses deux frères, se tenir immobile comme une bûche ; c'est un vrai tapageur, etc.

## LXXX.

Versailles, le 8 décembre 1697.

Votre bonne lettre m'est arrivée hier bien à propos pour me réjouir le cœur et me consoler de tout l'ennui que m'a causé le mariage. La foule était tellement grande qu'il fallait attendre un quart-d'heure à chaque porte avant de pouvoir entrer, et j'avais une robe et une jupe de dessous si horriblement lourdes que je ne pouvais presque pas me tenir debout. Mon costume était d'or frisé avec des chenilles noires formant des fleurs, et ma parure de perles et diamants. Monsieur avait un habit de velours noir brodé d'or et tous ses gros diamants ; mon fils, un habit brodé d'or et de diverses couleurs, et tout couvert de pierreries ; ma fille portait une robe de velours vert brodé d'or, la robe et la jupe de dessous étaient entièrement garnies de rubis et de diamants ainsi que le corsage ; la broderie était si bien faite que chaque rose semblait être piquée sur l'étoffe. Sa coiffure consistait en plusieurs enseignes[1] de brillants et poinçons en rubis[2] avec du ruban d'or tout garni de diamants. Le roi avait un habit de drap d'or légèrement brodé sur la taille en couleur cheveux ; Monseigneur en avait un pareil tout brodé or sur or. Le fiancé était en manteau noir brodé d'or, pourpoint blanc brodé d'or et à boutons de diamant ; le manteau était doublé de satin rose avec des broderies d'or, d'argent et couleur cheveux. La fiancée avait une robe et une jupe de dessous en drap d'argent avec rubans du même et bordure de rubis et de diamants. Les diamants qu'elle portait dans sa coiffure et partout étaient ceux de la couronne; M. le duc d'Anjou avait un habit de brocard d'or brodé d'argent; M. le duc de Berry, mon favori, un habit de velours noir semé de petites fleurs brodées en or. La robe de M^me de Chartres était comme l'habit de M. le duc d'Anjou, sa parure était en diamants. M^me la duchesse avait une robe en velours couleur de feu brodée d'argent et une parure en diamants. M^me la princesse de Conti avait, comme ma fille, une robe et une jupe de velours vert bordées d'or, parure de perles, diamants et rubis. M^me la princesse avait une robe de velours, une jupe garnie de galons d'or, une parure de diamants; la robe de M^me de Condé était en velours couleur de feu, sa jupe était brodée d'argent et sa parure en diamants. Voilà toutes les toilettes dont je me souviens.

1. Joyau fort à la mode alors, et qui était composé de pierres montées en forme de rose.
2. Sorte d'aiguille de tête.

A midi moins un quart, on alla à la messe. Ce fut seulement une messe basse dite par le cardinal de Coalin (Coislin), comme premier *aumoinier* (*sic*). Avant la messe, on procéda aux fiançailles. Le roi, Monseigneur, Monsieur et moi, nous nous tenions debout, autour des deux fiancés. Quand vint le moment de dire *oui*, la fiancée fit quatre révérences, et le fiancé deux seulement, car il ne demandait que le consentement de son père et de son grand-père, tandis que la fiancée demandait celui de Monsieur et le mien comme grands-parents. Quand la messe commença, le roi retourna à sa place, et nous en fîmes autant; mais le fiancé et la fiancée restèrent agenouillés devant l'autel. J'ai oublié de vous dire que l'assemblée eut lieu dans le salon du roi. Le fiancé alla chercher sa fiancée et la conduisit droit devant le roi. La messe dite, le registre fut signé par le roi et les deux fiancés, puis par Monsieur et moi comme parents, enfin par M. le duc d'Anjou, M. de Berry, mon fils et M. le prince comme témoins.

Lorsqu'on se retira, la fiancée prit son rang, comme duchesse de Bourgogne, derrière le roi; elle était conduite par son fiancé. On se rendit directement à table. Elle était disposée en fer à cheval; personne n'y prit place que les membres de la famille et tous les bâtards. M^me de Verneuil y fut aussi admise comme veuve d'un bâtard d'Henri IV[1]. Le temps ne m'y dura

1. M^me de Verneuil assistait déjà au mariage du fils de Madame, le duc de Chartres, et voici ce qu'en dit Saint-Simon : « De la chapelle, on alla tout de suite se mettre à table. Elle étoit en fer à cheval. Les princes et les princesses du sang y

pas, car j'étais assise à côté de mon cher duc de Berry
qui me divertissait. Il me disait : « Je vois mon frère
qui lorgne sa petite fame ; mais si je voullois, je lor-
gnerois bien aussi, car il y a bien longtemps que je
say lorgnes : il faut regarder fixe et de costés[1]. » Et
en même temps, il contrefaisait si drôlement son frère
que je ne pus m'empêcher de rire.

En sortant de table, on passa dans la chambre de la
duchesse de Bourgogne, où l'on resta un quart d'heure ;
puis chacun se retira dans sa chambre. A sept heures,
on se réunit de nouveau chez le roi. Il y avait une telle
foule que le roi, qui était allé chez M^me de Maintenon,
ne pouvait rentrer et qu'il dut attendre un quart
d'heure à la porte que la foule se fût un peu éclaircie.
On attendit, pendant trois quarts d'heure, dans le salon du roi, l'arrivée de la famille royale d'Angleterre,
au-devant de laquelle le roi alla jusqu'à l'antichambre
avec la fiancée et nous tous. La reine avait une robe
de drap d'or à fleurs noires et une parure de diamants.
Le roi d'Angleterre portait un habit de velours couleur cheveux à boutonnières d'or. On se rendit en
ordre dans le grand appartement, où l'on joua pendant
trois quarts d'heure au *portique ;* ensuite on passa

étoient placés à droite et à gauche, suivant leur rang, terminés
par les deux bâtards du roi, et, pour la première fois, après eux
la duchesse de Verneuil ; tellement que M. de Verneuil, bâtard
d'Henri IV, devint ainsi prince du sang, tant d'années après sa
mort sans s'être jamais douté de l'être. Le duc d'Uzès le trouva
si plaisant qu'il se mit à marcher devant elle, criant tant qu'il
pouvait : Place, place à M^me Charlotte Séguier ! »

1. En français dans l'original.

dans la galerie pour voir le feu d'artifice, qui était magnifique ; après le feu d'artifice, on alla se mettre à
table. Les rois placèrent la reine entre eux deux ; les
autres convives étaient les mêmes qu'à midi.

Aussitôt après le souper, on conduisit la fiancée dans
sa chambre et on la déshabilla. La reine lui donna la
chemise, le roi d'Angleterre en fit autant au duc de
Bourgogne. On ne peut rien voir de plus beau que la
toilette de la fiancée, et sa courtepointe garnie de den-
telles longues d'une aune. C'est du point de Venise,
mais fait à Paris, aux armes et chiffres des deux
fiancés. Dès qu'on eut mis au lit le fiancé, le roi appela
l'ambassadeur de Savoie et lui fit voir qu'ils étaient
couchés. L'ambassadeur appela sur-le-champ un gentilhomme et l'envoya en poste porter cette nouvelle
au duc de Savoie. Cela fait, chacun retourna chez
soi. Ce matin il n'y a rien de nouveau ; mais ce soir,
de six heures à sept heures un quart, le roi tiendra
grand cercle avec la duchesse de Bourgogne ; après
quoi il y aura *appartement.* Aujourd'hui nous sommes
encore tous en toilette, etc.


## LXXXI.

Versailles, le 2 février 1698.

..... Je crois bien que mon fils, avec la vie déréglée
qu'il mène, ne vivra pas longtemps. Il passe les nuits
entières en orgies et ne vient se coucher qu'à huit
heures du matin ; aussi a-t-il souvent la mine d'un

déterré. Il est certain qu'on le tue, mais Monsieur son père ne veut rien dire là contre, et tout ce que je puis dire moi-même ne sert à rien. N'en parlons donc plus. Cependant je dois dire encore qu'il est vraiment dommage qu'on pousse ainsi mon fils à la débauche, car si on lui eût donné des habitudes meilleures et plus honnêtes, il serait devenu un tout autre homme. Il ne manque pas d'esprit, il n'est pas ignorant, et dès sa jeunesse il avait du penchant pour tout ce qui est bon, louable et conforme à son état. Mais depuis qu'il est devenu son maître et qu'il a été entouré de vauriens qui lui font fréquenter des putains, *met verloff,* du plus bas étage, il est tellement changé de visage, d'humeur et de ton qu'on ne le reconnaît plus. Il ne prend plus plaisir à rien, pas même à la musique, qu'il aimait autrefois avec passion. En somme, on l'a rendu tout à fait insupportable, et je crains bien que ces excès ne finissent par l'emporter, etc.

## LXXXII.

Paris, le 13 février 1698.

Ce qui me fait bien augurer du mariage de ma fille, c'est que, quoi qu'on puisse lui dire de la pauvreté de son futur époux [1], cela ne la rebute pas ; elle s'imagine d'ailleurs qu'elle sera heureuse avec lui, et comme le bonheur gît en grande partie dans notre imagination, j'espère que ses prévisions seront justifiées, etc.

1. Le duc de Lorraine.

## LXXXIII.

Paris, le 16 février 1698.

..... Hier soir, j'ai eu le plaisir de parler longtemps de vous avec mylord Portland [1]. Il m'a dit qu'il
avait eu souvent la faveur de vous faire sa cour, et
qu'il avait été émerveillé de la perfection avec laquelle
vous parlez l'anglais et le hollandais. Il a d'ailleurs
beaucoup fait votre éloge sous d'autres rapports. Ce
mylord a très-bien trouvé ce dont il devait m'entretenir pour me plaire. Monsieur qui, comme vous le
savez, n'aime pas précisément qu'on ait de la considération pour moi, voit de mauvais œil que mylord
Portland soit si assidu à me rendre visite et à m'entretenir, et comme il ne peut pas le lui défendre, il
cherche à m'éloigner de lui. « Ce mylord, dit-il, ne
vous entretient tant que pour tascher de vous tirer les
vers du nez. — Cela, lui répondis-je, seroit à craindre
avec vous, qui pouves peust estre savoir des secrets du
roy et de l'estat; mais moy qui n'en sait point, je n'ay
point à craindre qu'on me fasse parler, et j'aime fort
à l'entretenir, car il me parle de gens que j'honnore
et aime, et cela ne peust nuire a personne. Vous saves,
Monsieur, que quand on me parle de ma tante et de
mon oncle, et du duc de Zel, que je coutte bien vol-
lontiers ceux qui parlent. » Ne pouvant rien répondre à

1. Ambassadeur d'Angleterre près la cour de France. C'était le
plus cher favori du prince d'Orange, Guillaume III.

cela, il se mit à me dire : « Cela desplaira bien au roy
et à la reine d'Engleterre a Saint-Germain. » Je lui dis,
moi : « Je n'y saurois que faire, je les plains, je vouderois leur rendre service; mais je ne puis m'empecher
d'avoir de l'estime pour le roy Gouiliaume (*sic*), car il
le meritte et je ne les trompe pas, je ne m'en' suis
jamais caché. D'ailleurs je ne puis chasser de ches
moy un ambassadeur d'un roy qu'on reconnoit pour
tel, que le roy et vous receves a merveille, et qui mé
rend des soins et me fait mille honnestetes du roy
son maistre qui me demande mon amitié. En vérité,
tout cela méritte que je le traitte bien et luy fasse
des honnestetés a mon tour, et le roy et la reine à
Saint-Germain ont tort s'ils y trouvent à redire[1]. »

## LXXXIV.

Marly, le 24 avril 1693.

Mon fils m'a raconté que, comme on parlait de la
Hollande et de l'Angleterre, et que M. de Vassenaer
avait dit du roi Guillaume : « Il est roy d'Engleterre
et stathalter[2] d'Hollande, » un mylord répondit :
« Dittes bien, il est roy de Hollande et stathouder
d'Engleterre. — Si on le prend par le cœur, répliqua
Vassenaer, il est vrai que ce roy reigne dans les cœur
en Hollande, et c'est cela que vous voulles dire apa-

---

1. Tout ce dialogue est en français dans l'original. Le duc de
*Zel* est le duc de Brunswick-Zell, frère d'Ernest-Auguste, oncle
de Madame.
2. Madame traduit en allemand le mot anglais *stathouder*.

ramment. — Non, reprit l'Anglais, je le dis tout de bon, il est le roy et le maistre absolu en Hollande, mais il ne l'est pas en Engleterre. Car il a un parlement qui luy sait bien rogner les ailles s'il veust aller trop loin. » Mon fils ayant demandé si Kapel était un homme de mérite : « Oui, répondit un Anglais, il a le meritte d'avoir 17 an et d'estre beau garçon. Voila comme le roy d'Engleterre le veust. » Et là-dessus on se mit à raconter mille infamies et historiettes des débauches du roi Guillaume. Il faut avouer que c'est une drôle de nation.


## LXXXV.

Versailles, le 27 avril 1698.

On ne peut guère dire qui est en faveur ou non auprès de mon fils, car il voltige sans cesse et ne peut se fixer à rien. Il sait que le roi ne déteste rien au monde plus que de le voir courir la nuit à Paris (le roi en effet n'ignore pas qu'il n'y va que pour s'y livrer à la débauche), et cependant il le fait quand même. D'ici il peut y aller sans que le roi le sache; mais il ne saurait prendre patience un seul instant, et il y va aussi de Marly où le roi, ne le voyant pas à table, peut s'apercevoir de son absence. Il fait sans cesse de pareilles équipées qui vous impatientent, car par sa vie déréglée il s'attire le mépris de tout le monde, etc.

## LXXXVI.

Saint-Cloud, le 20 juillet 1698, 8 h. du matin:

..... Je pensais bien que le livre de M. de Meaux[1] vous divertirait. Selon ce que M. de Meaux m'a conté de vive voix sur l'affaire de M^me Guion[2], M. de Cambray[3] ne prend parti pour M^me Guion que pour cacher son ambition immodérée. Rien n'est plus certain, tout cela n'était qu'un jeu pour gouverner le roi et toute la cour. On avait résolu de gagner M^me de Maintenon, ce qui fut fait, afin d'être maître du roi. On a trouvé chez eux des listes entières de charges à donner; ils voulaient changer toute la cour et distribuer tous les plus hauts postes à leurs créatures. La religion est ce qu'on avait le moins en vue dans cette affaire; mais M^me de Maintenon, voyant que M. de Meaux avait découvert la fourberie, et qu'il pourrait y avoir un éclat, eut peur que le roi ne s'aperçût de la manière dont elle l'avait mené; elle vira donc de bord sur-le-champ et abandonna

---

1. Bossuet.

2. M^me Guyon, née Jeanne-Marie Bouvier de la Motte, célèbre mystique, née à Montargis, le 13 avril 1648, morte à Blois, le 9 juin 1717. Dès l'âge de douze ans, elle montrait de grandes dispositions pour la vie ascétique, et lisait avec délices les œuvres de S^t François de Sales et la vie de M^me de Chantal.

(Voir : *Vie de M^me Guyon écrite par elle-même;* Bossuet, *Relation du Quiétisme;* Voltaire, *Siècle de Louis XIV;* — Michelet, *Du prêtre, de la femme et de la famille*, chap. vii, p. 160).

3. Fénelon.

M^me Guion avec tout son parti. Alors tout fut dévoilé. Je vous assure que cette querelle d'évêques n'a trait à rien moins qu'à la foi; tout cela est ambition pure; l'on ne pense presque plus à la religion, il n'en reste que le nom. Aussi les vers qu'on a faits à ce sujet disent bien vrai : c'est la foi seule qu'on détruit. Je ne sais si vous les avez déjà vus; en tout cas je vous les transcris ici :

Dans ces combats où nos prélats de France
　　Semblent chercher la vérité ,
　　L'un dit qu'on détruit l'espérance,
　L'autre se plaint que c'est la charité;
C'est la foi qu'on détruit et personne n'y pense,

## LXXXVII.

Saint-Cloud, le 31 juillet 1698.

..... Il y a une affaire qui, depuis trois jours, fait grand bruit à la cour. Dimanche dernier, à Meudon, le prince de Conti, le duc de la Feuillade[1] et le grand

---

1. Louis d'Aubusson, duc de la Feuillade, maréchal de France, né le 30 mai 1673, mort en janvier 1725. Voltaire dit de lui que c'était « l'homme le plus brillant et le plus aimable du royaume. » Saint-Simon dit de son côté : « Il étoit parfaitement bien fait, avoit un air et les manières fort nobles, et une physionomie si spirituelle qu'elle réparoit sa laideur... Il avoit beaucoup d'esprit et de toutes sortes d'esprit... » Il termine ainsi son portrait : « C'étoit un cœur corrompu à fond, une âme de boue, un impie de bel air et de profession, pour tout dire, le plus solidement malhonnête homme qui ait paru de longtemps. »

prieur de Vendôme[1] jouaient à l'hombre. Le prince de
Conti jouait ; le grand prieur, à ce que raconte le
prince de Conti, avait codille[2] sûr en main, et frappa
sur la carte afin que la Feuillade coupât ; ce qu'il fit,
de sorte que le prince de Conti perdit codille. Le
prince alors dit au grand prieur : « Vous joues avec

1. Voici comment Saint-Simon raconte cette querelle : « Il arriva à Meudon une scène fort étrange. On jouoit après souper,
et Monseigneur s'alla coucher ; assez de courtisans demeurèrent
à jouer ou à voir jouer : M. le prince de Conti et le grand prieur
étoient des acteurs. Il y eut un coup qui fit une dispute. On a
déjà vu en plus d'un endroit que ce prince et M. de Vendôme ne
s'aimoient pas, et d'une manière même assez déclarée. La faveur
de M. de Vendôme qui ne l'étoit pas moins, sa préférence sur
les princes du sang pour le commandement des armées, ses
rangs et ses distinctions, crûs à pas de géant, touchant presque
le niveau des princes du sang, avoient tellement augmenté l'audace du grand prieur, qu'il lui échappa dans la dispute une
aigreur et des propos qui eussent été trop forts dans un égal, et
qui lui attirèrent une cruelle répartie, où le prince de Conti
tançoit à bout portant et sa fidélité au jeu, et son courage à la
guerre, l'un et l'autre à la vérité fort peu nets. Là-dessus le
grand prieur s'emporte, jette les cartes, et lui demande satisfaction, l'épée à la main, de cette insulte. Le prince de Conti, d'un
sourire de mépris, l'avertit qu'il lui manquoit de respect, mais
qu'en même temps il étoit facile à rencontrer, parce qu'il alloit
partout et tout seul. » Ce récit diffère sensiblement de celui de
Madame ; quant à la conclusion, elle est la même. Le grand
prieur de Vendôme dont il est ici question est Philippe de Vendôme, frère du célèbre général duc de Vendôme. Né en 1655, il
entra dans l'ordre de Malte, fit les campagnes de Hollande, d'Allemagne, de Flandre, devint maréchal de camp en 1691, grand
prieur de France et lieutenant général en 1693. Il mourut
en 1727.

2. Au jeu de l'hombre, avoir codille c'est gagner sans faire
jouer.

trop grand avantage faissant couper à codille sûr[1].
Le grand prieur répondit : Tout autre que vous ne
me dires pas cela. — Je prends ces messieurs à
témoins, dit le prince de Conti, que je n'ay rien dit
qui vous puisse offencer, mais pour la codille vous
l'aviez sûr dans vostre main. M. le duc et le marquis
le Chèvre regardaient le jeu ; le grand prieur se leva
et dit : Il n'y a plus moyen de jouer avec vous. Le
prince de Conti répondit : Après cecy, il despendra de
vous de jouer avec moy ou non, mais pour le pressent
il y a encore cinq poulles a jouer, je veux que vous les
achevies. » Le grand prieur se rassit et jura que ce
serait la dernière fois qu'il jouerait avec le prince
de Conti. Le jeu terminé, on dit à M. le dauphin ce
qui s'était passé. Il fit appeler le grand prieur et lui
défendit de plus rien dire au prince de Conti. Le
lendemain, c'est à dire lundi soir, au moment où
nous revenions de la chasse au loup, comme le prince
de Conti, après le souper de Monseigneur, voulait
aller dans sa chambre et se trouvait tout seul dans la
cour, le grand prieur vint à lui et lui dit : « Vous
m'aves fort mal traittes hier, vous devez m'en rendre
raison. » A ces mots, le prince de Conti devint
furieux et il cria d'une voix éclatante : « Tout aultre,
qu'el qu'il puisse estre, que j'orois offences, je luy
feroit raison ; mais pour vous, misserable, je vous
mesprisse trop pour cela ! Alles a la tranchée de

1. En français dans l'original, ainsi que les passages sui-
vants.

Barcelone[1] ». En entendant la voix du prince, tout
Meudon accourut ; les deux adversaires étaient dans
une telle colère qu'ils se reprochaient l'un à l'autre
tout ce qu'ils savaient et s'injuriaient comme des
palefreniers. Cependant on les sépara. Le prince de
Conti alla sur-le-champ trouver Monseigneur et lui
raconta tout. Le grand prieur voulait en faire autant,
mais monseigneur le dauphin ne voulut pas le voir.
Le lendemain, qui était avant-hier, ils allèrent à
Versailles. Le roi entendit le prince de Conti, mais il
fit dire au grand prieur d'aller prendre ses ordres chez
M. Ponchartrain[2]. Or ces ordres portaient qu'il devait
se rendre tout de suite à la Bastille, ce qu'il fit.
Pendant que tout cela se passait, M. de Vendôme
était à Anet ; il s'est hâté de venir, et hier il a été
prier le prince de Conti de vouloir bien pardonner à
son frère. Le prince de Conti l'a bien reçu, et l'on
pense que cette affaire se terminera paisiblement.
Quant au grand prieur, on ne sait pas encore combien
de temps il restera à la Bastille. Vous pouvez voir par
là si je n'ai pas rendu un bon service au comte de
Platen[3] en l'aidant à fuir d'ici, car lorsqu'on n'épargne pas le grand prieur pour une simple querelle,
qu'aurait-on fait de lui qui s'était battu dans une

1. Allusion à la conduite du prince de Vendôme au siège de
Barcelone en 1697, sous les ordres de son frère le duc de Vendôme. Saint-Simon dit du grand-prieur que « sa poltronnerie
reconnue étoit soutenue d'une audace qui révoltoit. »
2. Contrôleur général des finances.
3. Le comte de Platen était un Hanovrien.

maison royale, après que je lui avais fait moi-même embrasser son adversaire? D'autant plus qu'il n'était pas, à beaucoup près, un personnage aussi considérable que le grand prieur. On ne parle pas d'autre chose que de cette aventure. Vous ne pouvez vous imaginer combien la conversation est rare à présent dans ce pays-ci. On se moque des gens qui aiment à causer et veulent raisonner; aussi n'y a-t-il aucune conversation agréable. Pour être parfait ici, il suffit de jouer au lansquenet; alors, tout est bien. C'est ce qui fait qu'en France je ne vaux pas grand'chose, etc.

## LXXXVIII.

Marly, le 7 août 1698.

..... On n'avoue pas ici que les livres de M. de Cambray[1] seront approuvés à Rome, car on les examine encore. M. de Nevers s'est déclaré pour M. de Cambray, comme vous le verrez par les vers ci-joints qu'il a composés lui-même; mais je dois confesser mon ignorance, je ne comprends pas la moitié de ces vers. Je vois bien que le mystique n'est pas du tout mon affaire. M^me de Maintenon le comprend mieux que moi; tout en elle est mystérieux. Rien ne m'a plus étonnée, je vous l'assure, que de voir cette dame abandonner l'archevêque de Cambray qui était si fort son ami. Ils mangeaient et buvaient souvent

1. Il s'agit des *Maximes des saints* publiées en janvier 1696, et condamnées en mars 1699.

ensemble. Il n'y avait pas de partie de plaisir pour la dame dont ne fût aussi l'archevêque; musique, assemblées d'amis, il était invité partout, et maintenant on le persécute à outrance. Aussi je le plains de tout mon cœur, car ce brave homme doit bien souffrir en se voyant abandonné et persécuté par ceux en qui il avait mis toute sa confiance. Ils (je veux dire M. de Cambray et M<sup>me</sup> Guion) ne peuvent pas nier les folies qui sont rapportées dans le livre de M. de Meaux[1], car il en a des témoins et il n'a rien mis dans son livre qu'il ne puisse prouver.

Si je ne me trompe, ce sont les *fautiniens* (Photiniens)[2] qui ont fait ce dont vous me parlez ; nous en avons eu aussi à Manheim, mais ils n'y sont pas restés longtemps. Ce qu'ils mettaient en Angleterre devant l'autel du Seigneur, pour l'honorer, n'était pas toujours de l'encens, mais les gens qui ont des vapeurs auraient préféré cette odeur à celle de l'encens. Je pense bien comme vous que chacun se fait, dans son for intérieur, *son petit religion a part soy* (sic) comme monseigneur Filding. Je crois qu'il y a sincérité de la part des réformés à ne pas vouloir se laisser imposer une croyance qu'il leur est impossible de partager, et qu'ils ne se seraient pas laissé expulser s'il ne se fût agi que du prêche et des psaumes. En tout cas, les

1. La *Relation sur le Quiétisme*, dans laquelle Bossuet couvrit de ridicule M<sup>me</sup> Guyon et ses partisans.

2. Secte religieuse fondée au IV<sup>e</sup> siècle par l'évêque Photin, à Sirmium en Pannonie. Les Photiniens niaient avec Paul de Samosate la divinité du Christ et l'immensité de Dieu.

psaumes ne sont pas aussi désagréables à entendre
que les voyelles d'une grand'messe. Rien ne m'impatiente comme cette éternelle épellation de *a a a a,
e e e e, i i i i, o o o o;* bien souvent, si j'osais, je
me sauverais de l'église, tant cela m'est insupportable. Je ne crois pas non plus que feu notre cher
prince Charles eût trouvé ce nasillement plus agréable que les psaumes quand ils ont un joli air. Je sais
bon gré au docteur Luther d'avoir composé de jolis
chants, et je suis persuadée que c'est ce qui a donné à
beaucoup de gens l'envie de se faire luthériens, car
ces chants ont quelque chose de gai ; mais les mysti-
ques, avec leur contemplation, ne feraient pas du tout
mon affaire, etc.

..... Je crains que la *piccadille* (sic) ne finisse par
envoyer notre bon roi d'Espagne dans l'autre monde.
D'ici rien de nouveau à vous mander, si ce n'est
que monseigneur le prince de Conti et monseigneur
le dauphin ont tant prié le roi en faveur du grand
prieur, qu'il s'est enfin rendu et a permis que le
grand prieur sortît aujourd'hui de la Bastille, à
condition qu'il irait sur-le-champ demander pardon à
monseigneur et au prince de Conti, et retournerait
aussitôt après à Paris, etc.

## LXXXIX.

Marly, le 17 août 1698.

..... Je suis avec M. de Cambray et M. de Meaux
comme les enfants qui aiment papa et maman : je les

estime beaucoup tous les deux. Je ne puis pas en vouloir à M. de Meaux parce qu'il cherche à ôter M<sup>me</sup> Guion de la tête à M. de Cambray, et d'un autre côté je plains ce dernier de s'être fié à des gens qui maintenant le persécutent si fort. Je dois, d'ailleurs, les estimer tous deux pour la pureté de leur vie et de leur esprit ; je ne puis donc haïr ni l'un ni l'autre. Il n'est que trop vrai que M. de Cambray est ambitieux ; sans cela il n'aurait pas été si longtemps intime avec M<sup>me</sup> de Maintenon, en compagnie de laquelle il a régné, pour ainsi dire, pendant un certain temps. Mais elle a changé tout d'un coup, et ceux qui prétendent tout savoir assurent que cela vient de ce qu'il n'a pas voulu conseiller que le mariage fût déclaré.

A la manière dont M. Helmont croit en Dieu, il doit regarder comme Dieu ce que nous appelons ordinairement nature, c'est-à-dire ce qui conserve, propage et fait périr toutes choses en ce monde ; mais il me semble que la religion chrétienne met le Dieu tout-puissant encore au-dessus de tout cela, etc.

## XC.

Saint-Cloud, le 31 août 1698.

..... Je vous envoie aujourd'hui le livre de M. l'archevêque de Cambray que je vous avais annoncé. Vous trouverez, je crois, qu'il se compromet beaucoup, et j'espère que cela vous amusera une petite heure. Une chose qui, si j'ose le dire, ne me pa-

raît pas juste, c'est que, tandis qu'on a permis à
M. de Meaux de faire imprimer son livre contre M. de
Cambray, on ne veut pas permettre à celui-ci de faire
imprimer sa justification. On a défendu à tous les
imprimeurs, sous les peines les plus sévères, d'imprimer ses livres. Les exemplaires qu'on en a ne vous
parviennent que par des mains amies et en secret.
J'ai eu beaucoup de peine à me procurer celui que je
vous envoie; mais je n'ai pas eu de repos avant de
l'avoir trouvé, car je ne doute pas que vous ne le
lisiez avec plaisir. Je ne comprends pas l'avertissement, mais je trouve tout le reste très-clair et très-
intelligible. Je suis comme *pickelhäring* [1] lorsqu'il
juge, il me semble toujours que le dernier qui parle
a raison. Je suis bien curieuse de savoir ce que vous
pensez de ce livre...

Ici en France on laisse les opinions entièrement
libres. Pourvu qu'on ne fasse pas de livres, qu'on
aille régulièrement à la messe et au salut, qu'on ne
soit de la cabale d'aucun parti, on peut croire tout ce
qu'on veut ; personne ne s'en préoccupe.

### XCI.

..... La *pantecrate* [2] (*sic*) a un grand pouvoir ; toutefois il paraît qu'elle n'est pas la femme la plus heu-

1. Personnage burlesque, dont le nom, synonyme en Allemagne
de celui d'Arlequin, signifie au propre : *hareng salé.*
2. Il faut lire sans doute *pantocrate*, c'est-à-dire omnipo-

reuse du monde, car elle pleure souvent à chaudes
larmes et parle à chaque instant de la mort. Je crois
pourtant que ce qu'elle en fait n'est que pour voir ce
qu'on en dira. La duchesse de Bourgogne prend de
très-mauvaises habitudes. Quand elle est en voiture,
elle ne reste pas une minute à la même place, elle va
sans cesse d'un coin à l'autre et ne fait que tourne-
virer comme un petit singe ; mais on trouve cela très-
gentil. Elle est maîtresse absolue dans sa chambre,
on fait tout ce qu'elle veut. Quelquefois il lui prend
fantaisie d'aller courir à cinq heures du matin ; on lui
permet tout et on l'admire. Un autre donnerait le
fouet à sa fille si elle se comportait de cette manière.
Je crois qu'avec le temps on se repentira d'avoir ainsi
laissé faire à cette enfant toutes ses volontés.

## XCII.

Port-Royal, le 21 septembre 1698.

..... Mon fils, à son retour de Compiègne, m'a rapporté que M. de Meaux y avait dit : « Je prépare
une meulle de moulin qui escrassera tout un coup
M. de Cambray. ». Quelqu'un lui aurait répondu :
« S'il la voit venir, il se mettera à l'escart et la lais-
sera tomber[1]. » Si la *meulle de moulin* est imprimée,
je vous l'enverrai. J'avais bien pensé que vous trou-

---

tente. C'est Mme de Maintenon que la princesse palatine désigne
par ce nouveau nom.

[1]. En français dans l'original.

veriez que l'archevêque de Cambray s'est bien com-
promis dans son dernier livre ; mais comme on n'est
pas content de cette justification [1] et qu'on oblige
M. de Meaux à écrire encore contre lui, je crois ce
qu'on m'a dit depuis longtemps, à savoir que, le
pauvre archevêque s'étant prononcé contre la déclaration d'un mariage secret, on veut, en le persécu-
tant, faire un exemple sur lui, afin de montrer aux
autres évêques et archevêques ce qui les attend s'ils
ne poussent pas vigoureusement à cette déclaration.

Je suis enchantée que vous ne compreniez pas non
plus les choses théologiques que M. de Cambray a
mises dans l'avertissement de son livre. Je m'imagi-
nais que mon ignorance seule m'empêchait de les
entendre ; mais puisque vous ne les entendez pas
mieux que moi, il faut bien que ce soit d'une intelligence difficile. J'ai ri de bon cœur en lisant ce
que vous me dites des prêtres qui font maintenant
comme les docteurs et les apothicaires, c'est-à-dire
s'arrangent de manière à s'entendre seulement entre
eux, sans que personne autre puisse les comprendre.

J'ai demandé à M. de Meaux comment les quiétistes entendent l'amour de Dieu, ce que je ne pouvais pas non plus bien concevoir. « Leur doctrine,
m'a-t-il répondu, est qu'il faut aimer Dieu, comme
vous le dites fort bien, sans aucune pensée d'intérêt,
et ne l'aimer pas moins s'il nous damne que s'il nous
sauve ; qu'il faut sans cesse penser à Dieu et dire avec

1. *Réponse à la Relation du Quiétisme.*

contemplation : *Dieu est;* qu'il n'y a rien de plus à faire pour témoigner de son amour envers Dieu. *Dieu est,* c'est encore deux mots de moins à dire que : *Je l'aime, mon Dieu,* par conséquent, c'est plus facile. »

Je trouve que vous raisonnez admirablement bien sur tout cela, et je ne crois pas que quelqu'un puisse trouver à redire à vos raisons; car il est clair comme le jour que le mal n'existerait pas dans le monde sans le mauvais naturel, et qu'on ne pourrait pas connaître le bien s'il n'y avait pas de mal. Mais où les prêtres, s'ils devaient jamais voir votre excellente lettre, seraient moins d'accord avec vous, c'est lorsque vous mettez en doute la damnation éternelle, qu'ils soutiennent d'une manière absolue. Ils ont aussi intérêt à ce qu'on y croie, etc.

## XCIII.

Fontainebleau, le 25 octobre 1698.

..... Ce que vous avez remarqué dans le livre de l'archevêque de Cambray ne m'a pas échappé non plus et m'a fait grand plaisir. Mme de Chasteautié [1] doit savoir qu'il y a eu de tout temps des gens raisonnables et des fous; mais ce qui m'étonne, c'est que ceux qui sont raisonnables se laissent conduire aveuglément par d'autres qui sont plus bornés qu'eux. M. de Meaux, dans la conversation familière, n'est

1. Dame d'atours de Madame.

ni fâcheux ni ennuyeux ; il n'a jamais non plus fait
de mal à personne, et si la *vieille ordure* ne voulait pas qu'il persécutât celui-ci (Fénelon), il l'aurait
laissé bien tranquille. Mais il n'est pas bon de refuser
quelque chose à cette femme, et l'on aime mieux faire
perdre aux autres leur *fortune* que de perdre soi-
même la sienne. Il est vrai que ce n'est pas généreux,
mais c'est très-profitable.

## XCIV.

Versailles, le 31 décembre 1698.

..... Avant-hier on a renvoyé cinq des gens du duc
de Bourgogne : un exempt des gardes qui est frère de
M. de Cambray, l'abbé de Langeron, deux gentilshommes de la Manche, Dupuis et l'Eschelle, — ce
dernier avait été page du roi, — et encore un certain abbé Beaumond. Tous les dévots sont maintenant
accusés d'être quiétistes ; le bruit court qu'on en chas-
sera encore plus de la cour que de chez le duc de
Bourgogne. La *pantecratte* (*sic*) n'est pas aussi constante pour les amis qu'elle a faits dans la dévotion
que pour ceux qu'elle a eus au Marais[1]. Le pauvre
archevêque de Cambray a été son meilleur ami, et
maintenant elle est sa plus grande ennemie, et elle le
poursuit à outrance lui et tous les siens, comme vous
voyez. Il est vrai qu'elle ne veut plus voir les hommes

---

1. Lorsque M^me de Maintenon était veuve Scarron.

qui ont été autrefois ses amis et ses amants; Barillon
en est mort de chagrin, etc.

## XCV.

Versailles, le 15 janvier 1699.

..... Mon cher duc de Berry est pour ainsi dire aux
arrêts; il restera claquemuré pendant huit jours. Pas
une âme ne peut aller le voir, son appartement est
fermé. Il a bien mérité cette correction, car il est trop
emporté. Lundi dernier, il était allé à la chasse avec
son frère pour tirer des lapins. Il est si ardent
à tout ce qu'il fait que ses gouverneurs crurent devoir
lui dire de tirer devant lui tant qu'il voudrait, mais
pas du côté où se trouvaient messieurs ses frères.
Néanmoins il a tiré dans cette direction, et il ne s'en
est fallu que de deux doigts qu'il tuât son frère le
duc de Bourgogne. Son sous-gouverneur, M. de
Razilly[1], lui arracha vivement le fusil des mains et ne
voulut plus lui permettre de tirer. Alors il s'emporta
à tel point qu'il voulait lui-même se briser la tête et
qu'il l'aurait fait si on ne lui eût pas arraché des
mains une grosse pierre qu'il tenait déjà. Comme il
appelait son sous-gouverneur *coquin, traistre, scel-
lerat,* celui-ci lui dit : « Je m'en plaindres au roy, il
me fera justice. — Ouy, dit le duc de Berry, il vous

1. M. de Razilly que le duc de Beauvilliers avait fait sous-
gouverneur des princes. Il devint en 1710 premier écuyer du duc
de Berry.

fera donc couper la teste, vous le merittes. » Sur
tout cela, le roi l'a fait mettre aux arrêts, ce dont il
ne s'inquiète pas du tout. C'était déjà hier le troisième
jour qu'il y était, et il ne faisait dans sa chambre que
danser et sauter. Hier matin, voyant venir son sous-
gouverneur dans sa chambre, il lui dit d'un ton très-
gai : « Hé bien, monsieur, quand y ora t-il bal ? n'y
danseroy-je pas ? — M. de Razilly lui répondit :
Comment songes vous à danser ? ne saves vous pas
que vous estes en prisson ? — Moi, en prisson ! dit le
duc de Berry ; aprenes, Monsieur, que des gens
comme moy, on ne les traitte pas ainsi, cela seroit bon
pour vous. » Cet enfant a une fierté que rien ne peut
vaincre. Cependant on fait très-bien de le corriger de
son emportement. Avant-hier il demanda à un de ses
premiers valets de garde-robe, qui a été autrefois chez
Mme la dauphine, et qui vient souvent chez moi :
« Genday, Madame sait-elle ce qui se passe, qu'en dit-
elle ? [1] » J'ai chargé Genday de lui dire que j'étais bien
désolée que lui que j'aimais tant perdît ainsi sa
réputation et se fît passer pour un homme aussi
emporté ; que, s'il ne se corrigeait pas, il était capable
de tuer son frère ou de se tuer lui-même, et que
j'aurais attendu mieux de lui. Je saurai aujourd'hui
si mes paroles ne l'ont pas fait rentrer un peu en lui-
même, etc.

..... La *pantecratte* ne m'a pas rendu ma visite ; elle

---

1. Tout ce que dit le duc de Berry est en français dans l'original.

s'imagine qu'elle peut faire aux gens tout le mal possible et qu'on ne doit rien en dire à ceux qui vous sont le plus chers. Elle doit bien savoir une chose, c'est que lorsqu'elle me fera autant de bien qu'elle m'a fait de mal, elle ne trouvera dans mes lettres que des louanges et des remercîments à son adresse; mais je n'ai jamais vu que des chiens couchants aimer et caresser ceux qui leur font du mal et qui les battent; cela ne convient pas à l'homme, etc.

## XCVI.

Versailles, le 29 janvier 1699.

Pour en revenir à la dispute du *seculum,* elle est tout à fait terminée ici. Il faut que je me sois mal expliquée si j'ai dit que le roi était le tenant contre M. Fagon; c'était le prince de Conti. On a pris pour juges l'Académie et la Sorbonne; elles ont toutes deux condamné M. Fagon, et assuré que le siècle commence à l'année 1701. Elles ont dit aussi que le jubilé était établi à la dernière année du siècle, afin que l'on pût entrer pur et net dans le siècle suivant. Cette décision a mis fin à la dispute, etc.

## XCVII.

Saint-Cloud, le 14 juin 1699.

..... On ne dit plus rien maintenant de l'archevêque de Cambray. Je suis bien fâchée qu'il ne veuille pas faire imprimer le roman de *Télémaque,* car c'est un

très-beau et très-agréable livre ; je l'ai lu en manuscrit. On pense qu'il sera imprimé en Hollande. On
a voulu l'imprimer ici, et l'on en avait déjà publié un
tome ; mais dès que cet archevêque l'eut appris, il
fit acheter tous les exemplaires et défendit d'imprimer. On ne m'a prêté le manuscrit que par frag-
ments, et l'on ne m'en donnait un autre que lorsque
j'avais lu le précédent. On m'a fait promettre aussi de
ne pas les faire copier; sans cela, je vous en aurais
certainement envoyé une copie. Dieu veuille que les
instructions qui sont dans ce livre puissent faire
impression sur le duc de Bourgogne, car s'il les suit,
il deviendra avec le temps un grand roi, etc.

..... J'admire tous ceux qui peuvent, comme
M. Obdam[1], allier la gaîté à la vieillesse ; il doit être
de bonne compagnie pour savoir si bien tenir sa place
partout. On pense ici que mylord Portland ne quittera
pas le service du roi Guillaume, mais seulement ses
fonctions de chambellan et celles qu'il remplissait
auprès de la personne du roi. Quant à son gouvernement et à toutes les charges qu'il a en Hollande, il les
conservera. S'il les eût quittées, je ne crois pas qu'il
eût pu vivre heureux avec toute sa richesse ; car les
gens qui ont été employés dans de grandes affaires
trouvent le temps bien long lorsqu'ils n'ont plus rien
qui les occupe. Mais rester dans les affaires et conserver par conséquent la considération, être riche et
hors des griffes des Anglais, ce n'est pas un malheu-

---

1. Grand écuyer du roi Guillaume.

reux sort. Ces Anglais doivent être une méchante
nation pour approuver qu'on mette à mort leurs
propres rois, et je crains bien que le roi Guillaume
ne finisse mal avec ces mauvaises gens. Si le roi
d'Espagne venait à mourir, nous aurions certainement
la guerre; mais je puis vous dire avec vérité qu'ici
l'on n'en serait pas content, car on en est horriblement las, etc.

## XCVIII.

Marly, le 2 juillet 1699.

..... La foi est tellement éteinte en ce pays qu'on
ne voit presque plus maintenant un seul jeune homme
qui ne veuille être athée; mais ce qu'il y a de plus
drôle, c'est que le même individu qui fait l'athée à
Paris joue le dévot à la cour. On prétend aussi que
tous les suicides que nous avons en si grande quantité depuis quelque temps sont causés par l'athéisme.
Lundi dernier, un avocat de Paris s'est encore tué
dans son lit d'un coup de pistolet. Il était frère d'un
dévot de profession, M. Dodart[1], docteur du prince de
Conti. L'avocat était couché avec sa femme. Comme il
se levait avant le jour, sa femme lui dit : « Où alles
vous donc ? — J'ai entendu heurter à la porte, fit-il.
— He bien, dit sa femme, envoyons la servente voir
qui c'est. » La servante alla et ne trouva rien. «—Vous
voyes qu'il n'y a rien, » dit encore la femme. Le mari

---

1. Dodart que Saint-Simon appelle « un fort savant et fort
saint homme »; son fils devint premier médecin du Régent.

se recoucha, mais un peu après il se releva. Cela
réveilla de nouveau sa femme, et elle lui demanda
avec impatience : « A qui en aves vous donc cette
nuit? Il n'y a pas moyen de dormir auprès de
vous[1]. » En même temps, elle se leva et alla se coucher dans une autre chambre. Le matin, elle entendit
un coup de pistolet dans la chambre de son mari ;
elle voulut entrer, mais la porte était fermée en
dedans ; elle la fit enfoncer et elle trouva son mari
mort dans son lit. Il tenait encore à la main le pistolet
qu'il s'était déchargé sur le front, etc.

## XCIX.

Port-Royal, le 23 juillet 1699.

..... En quoi je ne trouve pas Monseigneur heureux, c'est qu'il ne prend, à proprement parler, grand
plaisir à rien. Il chasse presque constamment, mais
il est tout aussi content d'aller au pas sur son cheval
pendant trois ou quatre heures, sans dire un seul mot
à personne, que de faire la plus belle chasse. S'il
devait arriver au gouvernement, cela irait assez mal
comme vous pensez, car il est capable de prendre en
haine les gens que ses familiers calomnieront; or
ceux qui sont ses meilleurs amis ne sont pas de bons
caractères.

En outre, ce dauphin n'est pas inaccessible à la

1. En français dans l'original ainsi que le reste du dialogue.

crainte [1] ; les hypocrites se feront donc bien venir de lui quand il sera roi, et ils seront peut-être alors plus en crédit que jamais. A en juger par les gens qui sont le mieux avec ce Monsieur, je ne puis croire qu'on serait plus heureux sous son règne que sous celui de son père. Je ne vois pas qu'il ait plus d'estime pour les gens honnêtes et sincères que pour les fourbes et les menteurs, tels que la plupart de ceux qui sont en faveur auprès de lui.

C'est la misère qui est cause que tant de gens se sont suicidés, et ce n'est pas près de finir, car *le fils* aime l'argent encore plus que ne l'aime *le père*. Quant à la duchesse de Bourgogne, il est impossible qu'elle se lasse de la vie ; on lui laisse faire tout ce qu'elle veut, quoi que ce puisse être. Tantôt elle va se promener en char, tantôt elle monte à âne ; elle court toute la nuit, seule, dans le jardin ; bref, elle fait tout ce qui lui passe par la tête. Il est certain qu'elle a beaucoup d'esprit ; elle me craint et elle est très-polie avec moi. Une fois ou deux, elle avait voulu rire à mes dépens, je l'ai remise sévèrement à sa place. Depuis lors elle n'ose plus se le permettre devant moi.

## C.

Fontainebleau, le 16 septembre 1699.

..... Ma fille, Dieu merci, est heureuse de son ma-

---

1. La crainte de l'enfer sans doute.

riage avec notre duc de Lorraine [1]. La seule chose qui
la tourmente est un peu de nostalgie ; elle craint que
son mari ne l'emmène pas avec elle quand il devra
venir ici pour recevoir l'investiture du duché de Bar.
Je ne comprends pas que ma fille ait tant envie de
revenir, car elle n'a pas été assez bien traitée par son
oncle et par ses cousins pour le désirer ; mais c'est
dans le sang des Français ; ils veulent tous revoir
Paris, etc.

..... Aucune demoiselle n'est élevée d'une manière
plus retirée que les trois princes [2] le sont ici. Tous
les soirs, à neuf heures, on mène coucher les deux
plus jeunes, bien que le duc d'Anjou ait déjà seize ans,
et le duc de Berry treize. Ce dernier serait assez éveillé
si on le lui permettait; c'est un très-gentil enfant, il
est toujours gai. Son frère aîné est intelligent, mais il
n'est pas si gai que lui ; on dit qu'il se chagrine de se
voir si mal conformé ; cela me fait grand'peine. Le
duc d'Anjou a le meilleur caractère du monde, mais
il n'est pas très-agréable de sa personne ; je crois qu'il
deviendra aussi fort que le roi de Pologne, car, à son
âge, personne ne peut lui faire plier le poing ni le
bras. Il faut espérer que la duchesse de Bourgogne,
qui a une très-jolie taille, la donnera à ses enfants ;
depuis l'année dernière, elle est devenue beaucoup
plus forte ; elle ne se tient plus à table comme un

1. Léopold Ier, duc de Lorraine, né en 1679, mort en 1729.
Son règne fut l'âge d'or de la Lorraine. C'est à lui que fut mariée
Élisabeth d'Orléans, fille de Madame.

2. Les trois fils du Dauphin.

enfant, mais tout à fait comme une grande personne.
M^me de Maintenon a eu hier très-mal à la tête ; M^me la
duchesse de Bourgogne a, comme d'ordinaire, passé
toute la journée auprès d'elle ; on ne la trouve jamais
dans sa chambre, elle est toujours chez cette dame.
Quant à celle-ci, je n'ai pas fait demander de ses nouvelles ; elle est la seule de toute la France qui ne m'ait
pas félicitée lors de la naissance de mon petit-fils ;
elle ne m'a pas fait dire un seul mot. Puisqu'elle s'inquiète si peu de moi, il est juste que je ne m'inquiète
pas beaucoup d'elle. J'ai vu à Saint-Cloud un portrait
de l'électeur de Brandebourg[1]. Il a une jolie figure.
C'est peut-être par accident, et non de naissance que
ce prince est contrefait, car j'ai entendu dire que lorsqu'on se déformait la taille par accident, chute ou toute
autre chose, cela ne nuisait pas à la conformation des
enfants...

## CI.

Fontainebleau, le 23 septembre 1699.

..... Les pauvres réformés sont bien à plaindre de
n'être pas en sûreté à Copenhague, lorsqu'ils pensaient
y avoir trouvé un refuge. Ceux qui se sont établis
en Allemagne[2] y répandront le français. M. Colbert
disait, paraît-il, qu'avoir beaucoup de sujets, c'était la
richesse des rois et des princes, et il voulait que tout
le monde se mariât et eût des enfants. Ces nouveaux

1. Frédéric III, depuis Frédéric I^er roi de Prusse.
2. Après la révocation de l'édit de Nantes.

sujets vont donc être une richesse pour les électeurs et les princes allemands, etc.

## CII.

Paris, le 1er novembre 1699, 11 heures du matin.

..... Sans doute la reine d'Angleterre [1] ne traite pas la Maintenon comme une reine ; elle-même ne veut pas qu'on la traite ainsi, quant au rang, mais elle veut qu'on ait pour elle autant de considération et même plus que si elle était reine. Elle entend qu'on la consulte sur tout et que rien ne se fasse que sur son conseil ou par son ordre. Or cela n'est pas mon affaire. Si elle avait continué à souffrir, comme auparavant, que je lui donnasse commission de dire au roi ce que je ne pouvais lui dire moi-même, peut-être bien aurai-je eu la faiblesse de tout lui confier et de suivre ses conseils. Mais comment peut-elle me le demander maintenant après m'avoir fait défendre par le roi, publiquement, devant tout le monde, dans la chambre de la reine, de lui donner de ma vie aucune commission pour lui ? J'ai suivi les ordres du roi, il n'y a rien à dire là contre ; si le roi m'eût ordonné depuis lors de m'adresser de nouveau à elle, je l'eusse fait ; mais il me semble qu'elle ne devrait pas m'en vouloir de ce que j'exécute les ordres du roi.

A mon avis, un prince pourrait bien être ecclésiastique sans vivre à part comme un sauvage. Celui qui

1. La femme de Jacques II.

est destiné à faire un jour un souverain a plus besoin de connaître les hommes que s'il devait être her-
mite; aussi je trouve qu'on a eu grand tort d'élever
si mal l'évêque d'Osnabrück[1], etc.

## CIII.

Port-Royal, le 5 novembre 1699.

..... Le roi avoue lui-même qu'il y a des fautes dans
l'architecture de Versailles. Cela vient, de ce que, dans
le principe, il ne voulait pas y bâtir un si vaste palais, mais seulement faire agrandir un petit château
qui s'y trouvait. Par la suite, l'endroit a plu au roi :
mais il ne pouvait y résider, vu l'insuffisance du logement. Alors, au lieu de faire abattre entièrement le
petit château et d'en construire un grand sur un dessin nouveau, il a, pour sauver l'ancien château, fait
élever des constructions tout autour, le recouvrant,
pour ainsi dire, d'un beau manteau, et cela a tout
gâté, etc.

## CIV.

Versailles, le 9 mai 1700.

..... Outre son mariage, mon fils m'a causé encore
bien du chagrin par ses désobéissances réitérées.
Quand je le prie de ne pas faire une chose, il la fait à
plusieurs reprises et sous mes yeux; quand je lui dis

1. Il s'agit ici d'Ernest, fils d'Ernest-Auguste, premier électeur de Hanovre et oncle de Madame. Ernest était le sixième et
le dernier fils d'Ernest-Auguste; il devint en 1716 évêque d'Osnabrück.

12.

qu'il m'est désagréable de le voir fréquenter certaines
personnes, il leur parle plus que jamais; il a même
été jusqu'à dire au roi que je suis cause de sa mauvaise conduite, parce que je hais ceux qu'il aime et
que je le pousse à bout. J'ai encore appris d'autres
propos de lui qui m'ont suffisamment prouvé qu'il ne
se soucie pas de moi, et que ma vie et mon amitié lui
sont très-indifférentes. Depuis son mariage, il n'a pas
laissé passer une seule année sans me donner beaucoup de chagrin. Il a aussi voulu exciter sa sœur
contre moi et la rendre indifférente à mon égard, ce
qui m'eût été le plus sensible. Et ce que je trouve de
pire dans cette conduite, c'est que je suis la seule qui
ne puisse pas avoir son amitié, car autrement il est bon
envers tout le monde. Je n'ai cependant perdu son amitié que pour lui avoir toujours donné des conseils dans
son intérêt. Maintenant j'en ai pris mon parti, je ne
lui dis plus rien, et je lui parle, comme au premier
venu, de choses indifférentes; mais c'est quelque
chose de bien pénible que de ne pouvoir ouvrir son
cœur à ceux qu'on aime. Cette situation est une des
causes pour lesquelles je vis si retirée; puisque je ne
peux vivre dans l'intimité avec mon fils, le reste me dégoûte, et je préfère être seule. Je lis, j'écris, je m'a-
muse avec mes pierres[1], je vais me promener, je
chasse quelquefois, et le temps se passe ainsi, sans
grand agrément, il est vrai, mais cependant sans peine
tant que je me porterai bien, etc.

1. Sa collection de pierres gravées qui était fort belle.

## CV.

..... Dans tous les sermons, on fait de grands compliments au roi pour avoir persécuté les pauvres réformés. On regarde cet acte comme quelque chose de
grand et de beau, et celui qui voudrait désabuser le
roi et lui montrer la vérité ne parviendrait pas à se
faire croire. Il est vraiment bien déplorable que dans
sa jeunesse on ne lui ait pas appris ce que c'est, à
proprement parler, que la religion ; qu'on ne lui ait
pas fait comprendre qu'elle est instituée plutôt pour
entretenir l'union parmi les hommes que pour les faire
se tourmenter et se persécuter les uns les autres. Mais
quand on ne laisse gouverner sa raison que par des
femmes ambitieuses ou des prêtres intéressés, il est
rare qu'il en résulte quelque chose de bon. Plût à
Dieu qu'on suivît ici les maximes de Mentor, tout irait
mieux qu'à présent. Quand je lis Télémaque, je regrette que M. de Cambray ne soit plus en faveur ; un
homme qui est propre à la génération peut lire Télémaque tant qu'il voudra, cela n'empêchera pas l'amour.

## CVI.

Les dévots sont maintenant trop puissants en France;
ils ne souffriraient pas qu'on imprimât un livre où ils
seraient tournés en ridicule. Cela me rappelle ce que

fit Molière. Comme on avait, dans le principe, défendu le *Tartuffe,* et que M. de Lamoignon, alors premier président de Paris, avait la réputation d'être très-hypocrite, Molière vint sur le théâtre et dit : « Monsieur le premier pressident a deffendu le Tartuffe ; il ne veust plus qu'on le joue. » Cette équivoque fit rire tout le monde, car on vit bien que c'était par malice que Molière avait ainsi tourné son discours. Mais par le fait les dévots sont *sans quartier ;* jamais de leur vie ils ne pardonnent, aussi personne ne les attaque, etc.

..... Le livre allemand rapporte l'histoire d'un soufflet que le prince de Galles aurait donné à Monseigneur; il n'y a pas un mot de vrai là dedans ; il en est de même pour la belle nouvelle que vous m'envoyez. La Berlips [1] devait s'arrêter quelques jours à Paris, et

1. Voici ce que dit Saint-Simon au sujet de cette Berlips : « La reine (Anne, sœur de l'électeur palatin), sa femme (de Charles II d'Espagne), avoit beaucoup de crédit sur son esprit, et elle-même étoit entièrement gouvernée par une Allemande qu'elle avoit amenée avec elle, qu'on appeloit la comtesse de Berlips, et qui amassoit pour elle et pour les siens des trésors de toutes mains... Malgré la haine des deux branches électorales (de Bavière et de Hanovre), depuis l'affaire de Bohême, on crut que l'amour de la maison l'avoit emporté sur celui des proches, et que la reine menée par la Berlips avoit eu grande part à la disposition du roi d'Espagne. » On comprend par là ce que dit Madame, que la Berlips ne fut pas contente de ce que Louis XIV avait accepté la couronne d'Espagne pour le duc d'Anjou, puisqu'elle avait fait faire le testament en faveur du prince électoral de Bavière, alors âgé de sept ans. La Berlips fut obligée de partir d'Espagne presque en fugitive, car on était très-monté contre elle, et on eût pu lui faire un mauvais parti. Elle emporta avec elle des sommes considérables.

alors elle serait venue me voir ; mais dès qu'elle apprit ce que le roi avait déclaré relativement à la succession du roi d'Espagne, elle n'a pas même voulu coucher à Paris ; elle est passée tout droit, elle s'est abouchée dans un village des environs de Paris, qui s'appelle Bondy, avec le comte de Sintzendorff[1] et la marquise d'*Arcour* (d'Harcourt) ; et elle m'a fait dire par cette dernière qu'elle était désolée de ne pouvoir pas me parler. Elle voyage avec un grand train, etc.

## CVII.

Saint-Cloud, le 18 juillet 1700.

..... Le roi Jacques dit sans cesse qu'il n'approuve point qu'on n'accorde pas la liberté de religion, et que ç'a toujours été sa maxime. Pour montrer qu'on a tort de vouloir contraindre les gens en fait de religion, il dit qu'on a bien vu Notre-Seigneur Jésus-Christ battre des gens pour les chasser du Temple, mais qu'on ne trouve nulle part qu'il en ait maltraité pour les y faire entrer. Le bon roi est malheureux qu'on ne connaisse pas ses vrais sentiments. *On* vit encore poliment avec ces royales personnes, mais *on* fait tout ce que veut le roi Guillaume. Je crois, comme vous, que le roi d'Espagne survivra à tous ceux qui se sont partagé sa succession. Grâce à Dieu, notre roi se porte très-bien

1. Envoyé de l'empereur Léopold Ier : « C'était, dit Madame, dans sa correspondance, un parfait Autrichien pour les manières, la figure et le parler. »

maintenant. Il a meilleure mine qu'il y a deux ans ; il va souvent se promener à pied à Marly quand il n'a pas la goutte. Je crois que cela le maintient en bonne santé ; mais il fait une chose que je n'approuve pas du tout ; il a coutume de se purger chaque mois et prend de fortes médecines ; cela me paraît être un misérable genre de vie... Vous faites bien de ne pas penser à votre âge. Vous n'avez, Dieu soit loué, aucune incommodité qui vous y fasse penser ; puisse le ciel vous conserver encore de longues années dans cet état !

## CVIII.

Saint-Cloud, le 25 juillet 1700.

..... Notre duc de Lorraine, à cause de son voisinage, est tellement sous la patte du roi, qu'il lui faut bien faire ce qu'on veut ici ; l'empereur devrait y avoir égard ; mais on m'appelle pour me mettre à table...

Le duc d'Anjou a tout à fait l'air d'un roi d'Espagne, car il est d'un sérieux et d'une gravité inouïs, il parle très-lentement, marche à pas comptés, bref c'est un vrai roi d'Espagne. Ce trône n'aurait pas aussi bien convenu à mon cher duc de Berry, que j'aurais pourtant mieux aimé voir l'occuper, bien que le duc d'Anjou soit le meilleur prince du monde ; mais son jeune frère est beaucoup plus gentil. — L'électrice de Brandebourg a raison de bien s'amuser et de divertir son électeur.

## CIX.

Saint-Cloud, le 12 août 1700.

..... Je trouve que vous avez un grand style ; je ne saurais pas si bien écrire, mais je sais, Dieu merci, mieux modérer ma colère. Je dois rire quand vous dites que la France, l'Angleterre et la Hollande veulent gouverner le monde comme la sainte Trinité. On n'a pas de peine à croire à cette trinité-là, car elle est très-visible, etc.

## CX.

Saint-Cloud, le 26 août 1700.

..... Hier on a appris que le roi avait donné ordre à M. de Monaco[1] de se rendre auprès du cardinal de Bouillon pour lui dire de donner sa démission de sa charge, de quitter l'ordre du Saint-Esprit et de faire enlever les armes royales qu'il a sur sa maison à Rome. Le roi a fait défendre en outre, non-seulement à tous les cardinaux français, mais encore à tous les Français qui sont à Rome, d'aller chez ce cardinal et de lui parler. M. de Monaco a dit au cardinal de Bouil-

1. Louis Ier, prince de Monaco, duc de Valentinois, marquis des Baur, etc., né le 25 juillet 1642, mort à Rome le 3 janvier 1701. Il fut tenu sur les fonts baptismaux au nom du roi de France par le comte d'Alais, gouverneur de Provence. Il suivit Louis XIV dans la guerre des Pays-Bas, et s'y distingua en plusieurs occasions. Nommé chevalier des ordres royaux, il fut envoyé en ambassade à Rome où il mourut.

lon qu'il était affligé de lui porter de si mauvaises nouvelles, mais qu'il ne pouvait faire autrement que d'exécuter l'ordre formel du roi. Le cardinal ne lui répondit que ces seuls mots : « Je reçois avec respect les ordres du roi. — Mais, dit M. de Monaco, qu'aves vous resolu sur vostre demission? Dittes ce que je dois respondre[1]. » Le cardinal répéta encore : « Je reçois avec respect les ordres du roy. » Et quoi que M. de Monaco ait pu lui demander, il lui a été impossible d'en tirer autre chose que cette éternelle réponse : « Je reçois avec respect les ordres du roy. » Mais dès que M. de Monaco fut parti, le cardinal de Bouillon expédia un courrier au roi. On ne sait pas encore ce qu'a apporté ce courrier. En attendant, cette nouvelle fait grand bruit ici, comme bien vous pensez, et chacun est impatient d'apprendre en quoi consiste le message du cardinal. J'espère que Monsieur pourra nous le dire ce soir, car il va dîner à Marly avec le roi. Si j'apprends quelque chose avant de fermer mon paquet, je vous en ferai part, etc.

---

1. Emmanuel-Théodose de la Tour d'Auvergne, cardinal de Bouillon, né en 1644, mort en 1715. En 1698, il était ambassadeur de France à Rome, et doyen du sacré collége, pendant l'affaire du quiétisme; mais, loin de suivre les instructions qui lui furent envoyées pour pousser à la condamnation de Fénelon, il employa tous les moyens pour la prévenir. Il fut rappelé, et, prétextant que les fonctions de doyen du sacré collége rendaient sa présence à Rome nécessaire, il refusa de revenir. Ses biens furent saisis; il lui fallut s'humilier et obéir. Il rentra, fut exilé de la cour et se retira dans son abbaye de Tournus.

## CXI.

Saint-Cloud, le 9 septembre 1700.

..... Je trouve que ma filleule a grandement raison de s'affliger de la chimère de son mari. Il ne peut en résulter que beaucoup de gêne et d'ennuis inséparables de la grandeur royale. Si je dois dire franchement ce que j'en pense, je crois que la cour d'ici a gagné quelqu'un auprès de l'électeur de Brandebourg [1] pour lui donner à entendre qu'il deviendrait roi. On espère par là le détacher de la ligue qui doit, selon le bruit qui court, se former contre la France entre l'empereur, la Savoie, le Palatinat, l'électorat de Brandebourg et toute la maison de Brunswick, etc.

## CXII.

Fontainebleau, le 10 novembre 1700.

J'ai à vous annoncer aujourd'hui une grande nouvelle qui est arrivée hier matin, mais qui était prévue depuis longtemps : le roi d'Espagne est mort. La reine est malade de chagrin. Le roi est mort le 1er de ce mois, à trois heures de l'après-midi. On a envoyé à notre roi copie du testament; le duc d'Anjou est choisi pour héritier, et un grand d'Espagne a dû partir sur-le-champ avec le testament original pour le lui apporter et l'inviter à accepter la couronne. Dans le cas où

1. Il le devint en effet, le 18 janvier 1701, où il se fit couronner à Königsberg sous le nom de Frédéric 1er.

13

le roi refuserait pour le duc d'Anjou, ce même grand
d'Espagne a l'ordre de se rendre tout de suite à Vienne
et d'offrir la couronne d'Espagne à l'empereur. Aussi
je crois qu'ici on est un peu embarrassé du traité
qu'on a fait avec la Hollande et l'Angleterre[1]. Si l'on
refuse, ce sera une mauvaise farce que l'on jouera au
duc d'Anjou. On m'a assuré qu'hier le roi avait publiquement conduit la *pantecrotte*[2] avec lui au conseil,
ce qui a paru un peu étrange aux courtisans. On verra
bientôt ce qu'il adviendra de tout ceci; aussitôt que
j'apprendrai quelque chose, je vous en ferai part, etc.

## CXIII.

Fontainebleau, le 13 novembre 1700.

..... Hier tout le monde se disait à l'oreille : « N'en
parles pas, mais le roy a acceptes la couronne d'Espagne pour M. le duc d'Anjou. » Je gardai le secret;
mais, à la chasse, entendant venir le duc d'Anjou derrière moi dans un chemin étroit, je m'arrêtai et lui
dis : « Passes, grand roy, que Votre Majesté passe[3]. »
Je voudrais que vous eussiez vu l'étonnement de ce
brave enfant; il ne comprenait pas comment je pouvais
savoir la nouvelle. Son frère, le duc de Berry, riait à

---

1. Traité de partage arrêté à Londres en mars 1700, entre la
France, l'Angleterre et les États-Généraux, et par lequel on donnait l'Espagne et ses colonies d'Amérique à l'archiduc Charles
d'Autriche.

2. La *pantocrate*, Mme de Maintenon.

3. En français dans l'original.

se tenir les côtes; mais lui, le duc d'Anjou, il a tout à
fait l'air d'un roi d'Espagne; il rit rarement et conserve toujours un air de gravité. On dit que Sa Majesté
lui avait fait annoncer secrètement avant-hier qu'il
était roi, mais en le priant de n'en rien laisser paraître. Il était précisément dans sa chambre en train
de jouer à l'hombre lorsqu'on lui fit cette communica-
tion; il ne put se contenir et bondit sur sa chaise;
cependant il ne dit pas un seul mot et se rassit avec
la même gravité qu'auparavant, comme s'il n'eût rien
appris. Ce jeune roi n'a pas, il est vrai, autant de
vivacité que son plus jeune frère, il est aussi moins
intelligent, mais il a d'ailleurs d'excellentes qualités :
il a un bon caractère, il est généreux (vertu que
possèdent peu de membres de sa famille), véridique,
car pour rien au monde il ne dirait un mensonge; il
est impossible d'avoir plus que lui horreur de ce vice;
il sera aussi de parole, il est charitable, il a du courage; en somme, c'est un seigneur vraiment vertueux
qui n'a rien de mauvais en lui. Si c'était un gentilhomme ordinaire, on pourrait dire que c'est un parfait honnête homme, et je crois qu'il rendra heureux
ceux qui seront autour de lui. Il sera probablement
aussi fort que le roi de Pologne [1]; car, il y a déjà un
an, l'homme le plus fort d'ici ne pouvait pas lui ren-
verser le poignet. Il a l'air tout à fait Autrichien et
tient toujours la bouche ouverte. Je le lui ai fait ob-

1. Auguste II, roi de Pologne, qui était doué d'une force extraordinaire.

server cent fois ; quand on le lui dit, il la ferme, car il est très-docile ; mais dès qu'il s'oublie, il la rouvre. Il parle très-peu, excepté avec moi, qui ne lui laisse pas de repos ; je le tourmente sans cesse, de sorte qu'il s'est accoutumé à me parler. Il a une grosse voix et parle très-lentement. J'ai beau me moquer de lui quelquefois, je l'aime mieux que le duc de Bourgogne, car il n'est pas aussi méprisant ; il a aussi meilleure mine.

Mais celui que j'aime de tout mon cœur comme s'il était mon fils, c'est le duc de Berry. C'est un charmant enfant, toujours gai ; à table, il me conte toute sorte de farces. Ainsi il me disait il y a quelques jours : « Je suis bien malheureux, je n'ay point d'esperance d'estre roy comme mes frères, et, par le despart de mon frère le duc d'Anjou, tout les gouverneurs et sougouverneurs me vont tout tomber, et j'en ay déjà trop de ceux que j'ay ; que sera ce donc quand j'ores encore le reste ? il faut esperer qu'il me rendront infaillible [1]. » Et il ne dit pas cela d'un ton lamentable, il le dit en riant.

C'est assez parler de nos princes pour cette fois. Je reviens à votre bonne lettre. Du temps de notre reine, j'allais assez souvent à la comédie espagnole, bien que je ne comprisse pas un mot d'espagnol ; cela ne m'empêchait pas de voir qu'il y avait quelques comédiens qui jouaient le mieux du monde, et leurs danses, avec

---

1. En français dans l'original. *Me vont tout tomber :* vont tous me tomber dessus.

la harpe [1] et les castagnettes, me divertissaient beaucoup. Mais quand on allait derrière le paravent où se
tenaient les comédiens, ils puaient tous si horriblement l'ail qu'on ne pouvait pas y tenir. Vous avez
sans doute logé à Utrecht au *Port Gen* [2] dont je me
souviens très-bien. Je suis contente que vous retrou-
viez partout le cher électeur, mais je redoute pour
vous le moment où vous devrez quitter si bonne compagnie, car cette séparation ne pourra être que douloureuse, etc.

### CXIV.

Paris, le 18 novembre 1700.

... Je vais, pour vous amuser, vous raconter comment on a fait le roi d'Espagne. Mardi matin, le roi
fit appeler le bon duc d'Anjou dans son cabinet, et lui
dit : « Vous estes roy d'Espagne. » Aussitôt il fit introduire l'ambassadeur d'Espagne et tous les Espagnols
qui résident ici ; ceux-ci tombèrent tous aux pieds de
leur roi, lui baisèrent la main les uns après les
autres, et se mirent ensuite derrière lui. Puis notre
roi conduisit le jeune roi d'Espagne au salon, où toute
la cour était réunie, et dit : « Messieurs, voyez le roy
d'Espagne, salues-le [3]. » Aussitôt, un cri de joie una-

1. N'est-ce pas guitare qu'il faut lire ?
2. Nom d'un hôtel ou d'un quartier d'Amsterdam. Il signifie
*le Petit port.*
3. En français dans l'original.

nime retentit, et chacun vint baiser la main du jeune
roi. Cela fait, notre roi dit en tendant la main à son petit-
fils : « Allons rendre grâce à Dieu ; que Votre Majesté
vienne à la messe. » Là, le roi fit agenouiller le nouveau souverain à sa droite sur son prie-Dieu, et, après
la messe, il le conduisit dans son appartement. Messieurs ses frères vinrent ensuite lui rendre visite. Mon
duc de Berry était si content que, de joie, il baisa la
main de son frère le roi d'Espagne. Après midi, celui-ci se rendit en voiture à Meudon pour y faire visite
à son père, qui y demeure. Monseigneur vint au-devant de lui jusqu'à l'antichambre ; il avait justement
été au jardin, et ne se doutait pas que son fils le roi
d'Espagne viendrait si tôt ; aussi, lorsqu'il arriva,
était-il tout essouflé. « Je vois bien, dit-il, qu'il ne
faut jurer de rien, car j'orois bien jures de ne m'es-
souffler jamais, en allant au-devant de mon fils le duc
d'Anjou ; cependant, me voilà hors d'hallaine[1]. » Le
bon jeune prince était tout décontenancé en se voyant
traité comme un roi étranger par son père qui, au
moment du départ, le reconduisit jusqu'à sa voiture.
Hier, Monseigneur a rendu au roi son fils sa visite ;
nous sommes allés aussi à Versailles, et nous avons
rencontré Monseigneur avec la princesse de Conti et
toutes ses bonnes amies, qui retournaient à Meudon.
Je n'ai jamais de ma vie vu M. le dauphin aussi sensible qu'en cette affaire, car il paraît se réjouir cordialement de ce que son fils est roi...

1. En français dans l'original.

## CXV.

Versailles, le 5 décembre 1700.

... Il faut que je vous raconte maintenant la triste journée que nous avons eue hier, et comment se sont passés les adieux à notre cher roi d'Espagne. Hier, à neuf heures du matin, chacun se tenait prêt dans sa chambre. A dix heures, nous allâmes tous, avec notre roi, chez le roi d'Espagne, ensuite à la messe à la tribune. Je ne sais si c'est la musique qui attendrissait tous les cœurs, mais tout le monde se mit à pleurer. Après la messe, on descendit le grand escalier, qui était plein de monde, ainsi que la cour; la grande princesse de Conti et mon fils accompagnèrent le jeune roi jusqu'à sa voiture seulement, car ils ne vinrent pas avec nous jusqu'à Sceaux. Nous étions huit personnes dans la voiture du roi; les deux rois avaient entre eux la duchesse de Bourgogne, le duc de Berry était entre M. le dauphin et le duc de Bourgogne; Monsieur et moi, nous étions contre les portières. D'ici à Sceaux, la route était bordée de gens à pied, à cheval et en voiture; le roi avait ses gardes, ses chevau-légers et ses gendarmes, et à Sceaux il y avait deux compagnies de mousquetaires. L'avenue de Sceaux est très-longue, plus longue que d'ici à Trianon; elle était garnie, des deux côtés, de trois rangs de voitures qui se sont écartées pour laisser passer le roi d'Espagne. On pense que, sans compter les voitures du roi et

toutes celles qui suivent la cour, il y en avait plus de
deux mille à Sceaux. Rien que sur la première place,
entre la cour et l'avenue, j'en ai compté plus de cinquante.

Dès qu'on fut descendu à Sceaux (qui, par parèn-
thèse, appartient maintenant au duc du Maine, lequel
l'a acheté du jeune Seignelay[1]), le roi se rendit dans
une chambre écartée avec le roi d'Espagne, et ordonna
que personne ne les suivît. Nous restâmes tous avec
Monseigneur et ses deux fils dans un salon ; un quart
d'heure après, le roi fit appeler l'ambassadeur d'Espagne, qui resta peu de temps dans la chambre ;
quand il en sortit, le roi appela M. le Dauphin, qui
y demeura encore un quart d'heure ; après quoi, le
roi appela le duc de Bourgogne, sa femme, le duc
de Berry, Monsieur et moi, et nous prîmes congé du
roi d'Espagne, dont les frères pleuraient de tout leur
cœur. Nous restâmes environ un petit quart d'heure ;
le roi fit alors appeler les princes et princesses du
sang, qui prirent tous congé du roi d'Espagne. Tout
le monde pleurait et criait ; M. le Dauphin, qui paraît
d'ordinaire très-indifférent, était horriblement touché,
et il embrassait son fils avec une telle tendresse, que
je pleure encore rien que d'y songer. Je croyais que
le père et le fils mourraient de douleur, tant ils étaient
profondément émus. Le jeune roi m'embrassa aussi de
grand cœur, mais je pleurais tellement qu'il me fut
impossible de dire un seul mot. Enfin, le roi dit :

1. Fils du grand Colbert.

« Qu'on aille voir si tout est prest. » Bientôt une
voix cria : « Sire, tout est prest. — Tant pis ! dit le
roi d'Espagne[1]. » Nous nous embrassâmes encore une
fois ; le bon duc de Berry pleurait aussi de tout son
cœur. Le duc de Bourgogne ne pleurait presque pas ;
il avait seulement les yeux rouges. Notre roi accom-
pagna le roi d'Espagne jusqu'au bout de l'appartement. On n'entendait que sanglots, et l'on ne voyait
que mouchoirs de poche essuyant des yeux humides ;
hommes et femmes, tout pleurait à chaudes larmes,
aussi bien ceux qui s'en allaient que ceux qui res-
taient.

Dès que le roi d'Espagne fut parti avec ses frères,
M. le Dauphin monta dans sa chaise, et retourna à
Meudon ; notre roi monta dans une petite calèche
avec la duchesse de Bourgogne ; Monsieur et moi,
nous allâmes nous promener en voiture, et nous visi-
tâmes Sceaux, qui est un jardin admirable. Devant la
maison, il y a un grand parterre avec berceau ; du
berceau, l'on entre dans une belle galerie pleine de
tableaux et de bustes en marbre ; du milieu de cette
galerie, on retourne au jardin et l'on trouve une allée
à perte de vue. A côté de cette grande allée, il y a un
beau mail, ensuite une allée qui conduit à un grand
canal, beaucoup plus long que celui de Fontainebleau,
et qui prend sa source à une grande et belle cascade.
Dans tous les parterres, il y a de grandes et belles
fontaines, et ce que je trouve encore très-joli, c'est

1. En français dans l'original.

13.

que, près de la maison, il y a, pour se promener à
pied un petit bosquet orné d'une quantité de sources
et de fontaines. L'une représente Éole enchaînant
un vent, avec quatre autres vents aux angles ; il menace ceux-ci de son sceptre, mais celui qu'il veut en-
chaîner semble souffler malgré lui. Tous cinq soufflent
de l'eau. Vis-à-vis est Scylla tout entouré de chiens ;
on ne voit partout que têtes de chiens qui aboient et
crachent de l'eau. Ces deux fontaines sont en bronze,
et d'un très-beau travail. On trouve ensuite deux fontaines en marbre blanc ; elles représentent des enfants
qui se crachent de l'eau. Il y en a encore deux autres
en bronze ; ce sont deux petits satyres. Toutes les
allées de ce bosquet sont ornées de bustes antiques en
marbre. Après l'avoir fait parcourir à la duchesse
de Bourgogne, le roi la reconduisit à la maison, où
M. le duc du Maine avait préparé une magnifique
collation. Comme je n'avais pas faim, je restai avec
Monsieur auprès du roi, et nous continuâmes à nous
promener. Il y a un endroit, qu'on nomme le Cabinet
de Lacerere, qui a un plafond orné de belles peintures.
De là, on passe dans une grande allée où se trouve
une belle statue de Diane, en bronze. On a de cet endroit une vue superbe. A un autre endroit, d'où l'on a
également une belle vue, il y a un gladiateur en
bronze. Tout est très-orné, et la maison est magnifi-
quement meublée. Il y a un cabinet que je trouve très-
joli ; il est en feuilles de parasol de l'Inde ; en haut
est une corniche toute percée à jour, à la manière in-
dienne ; sur le plafond sont peintes des fleurs égale-

ment indiennes. On ne peut rien voir de plus gracieux...

## CXVI.

Versailles, le 18 décembre 1700 [1].

..... Je viens de recevoir une lettre de Strasbourg
dans laquelle on me dit que la bataille de Spire[2] a été
perdue parce que les officiers avaient trop fêté à Spire
la Saint-Léopold[3]. Mon cousin, le jeune landgrave[4],
n'était pas à cette fête ; il s'est, à ce qu'on dit, très-
bien comporté. C'est un vrai bonheur qu'il s'en soit
tiré de la sorte ; on reconnaît bien là le destin. Il est vrai
que Pracontal[5] a été tué presque au commencement
de la bataille. Les Français furent d'abord battus ; ils
reprirent ensuite le dessus, puis les Allemands l'em-
portèrent à leur tour ; mais enfin la victoire resta aux

1. Il y a erreur ou faute typographique dans la date de cette
lettre ; car la bataille de Spire fut gagnée en 1703.

2. Gagnée par Tallard sur les Impériaux, le 15 novembre 1703.

3. Fête de l'empereur Léopold Ier.

4. Le prince héréditaire de Hesse-Cassel, fils du landgrave
Charles. Il devint roi de Suède en 1720, après avoir épousé,
en 1715, Ulrique Éléonore, fille cadette de Charles XII. Il con-
duisait à la bataille de Spire vingt-trois bataillons et trente escadrons des troupes du landgrave son père, et de ce qui s'y
était joint.

5. Pracontal, lieutenant général. « C'étoit, dit Saint-Simon
un homme fort appliqué, avec de la valeur et de la capacité, et
qui auroit justement fait une fortune. Mme de Maintenon le pro-
tégeoit particulièrement. »

Français. A ce que m'a raconté M. Sekelton, les Allemands doivent avoir parmi eux des traîtres et des espions, comme on l'a vu par le mémoire qu'on a trouvé dans le sac de Pracontal. Torcy [1], à ce qu'on dit, pour se donner auprès du roi l'air d'un homme vigilant, fait ainsi arrêter et emprisonner les gens par M. *d'Argenton* [2]. Il se croit cependant très-juste et très-dévot. Je sais bien qu'il lira ceci, mais je m'en moque, et il lui arrivera ce que dit le proverbe allemand : Celui qui écoute aux portes entend raconter sa propre infamie, etc.

## CXVII.

Versailles, le 19 avril 1701.

..... Le roi est plus attaché que jamais à son *ordure*. Monseigneur, depuis son accident [3], a peur de mourir ; il devient tout pensif. Il a renvoyé sa comédienne [4] avec une pension de mille pistoles, et au ju-

1. Torcy, fils de Croissy, ministre des affaires étrangères, succéda à la charge de son beau-père sous la direction et l'inspection de M. de Pomponne, dont il avait épousé la fille. Il obtint les postes à la mort de son beau-père (1699).

2. Il faut sans doute lire ici *d'Argenson*, qui était lieutenant de police.

3. Il venait d'avoir une attaque d'apoplexie.

4. Cette comédienne était la Raisin. Elle se nommait Françoise Pétel Longchamp. Voici ce qu'en dit Saint-Simon : « La Raisin, fameuse comédienne et fort belle, fut la seule de celles-là qui dura et figura dans son obscurité. On la ménageoit, et le maréchal de Noailles, à son âge et avec sa dévotion, n'étoit pas honteux de l'aller voir et de lui fournir, à Fontainebleau, de sa table

bilé elle doit quitter la comédie. J'en suis bien fâchée,
car c'était une excellente comédienne. Quant à M. le
duc de Bourgogne, son humeur devient chaque jour
plus bizarre. Le roi d'Espagne, à ce qu'il paraît, veut
prendre modèle sur Télémaque ; on dit ici qu'il l'a lu
si souvent qu'il veut l'imiter de tout point ; mais avec
le temps il trouvera bien en Espagne une Minerve qui
le gouvernera complétement[1]. Mon duc de Berry est
toujours gai et ne se tourmente de rien au monde ; la
haine que son frère aîné et lui se sont vouée pendant
le voyage[2] pourrait bien par la suite occasionner des
querelles à la cour. Monsieur est toujours le même.
Quelque bien que je puisse traiter ses favoris, il ne
peut pourtant pas croire que, si j'étais en faveur, je
ne leur rendrais pas de mauvais offices auprès du roi ;
aussi, quoiqu'il me dise de bonnes paroles et vive
bien avec moi en apparence, au fond il ne peut pas
me souffrir, et me noircit auprès du roi tout autant
que la *vieille ordure*.

Mon fils a pour sa femme un aveuglement qui
semble incroyable lorsqu'on sait combien peu elle
s'occupe de lui. Il a de l'esprit, et cependant il ne
voit pas ce qui se passe. Pourvu qu'elle ne trouve pas

tout ce qu'il y avoit de meilleur. Il (le Dauphin) n'eut d'enfants
de toutes ces sortes de créatures qu'une seule fille de celle-ci,
médiocrement entretenue à Chaillot, chez les Augustines. Cette
fille fut mariée depuis sa mort par M^me la princesse de Conti,
qui en prit soin, à un gentilhomme qui la perdit bientôt après.»

1. Il en eut une dans la personne de la princesse des Ursins,
qui le menait par sa femme.

2. En accompagnant le roi d'Espagne.

mauvais qu'il soit constamment à Paris et y mène une
vie désordonnée, il est content d'elle. C'est dommage
qu'il n'ait pas autour de lui des gens assez honnêtes
pour lui montrer son ridicule, car il a du sens et
beaucoup de bonnes qualités qu'il cache, pour ainsi
dire, à tel point qu'on pourrait le prendre pour un
sot, tandis qu'il ne l'est pas. Son seul défaut, c'est
d'être trop attaché à son plaisir, ce qui lui fait entièrement négliger tout ce qui est raisonnable. Monsieur
le Prince fait souvent des débauches, et ne songe
qu'à flatter ceux qui sont en faveur ; mais la plupart du temps ils se moquent de lui. Son fils, M. le
Duc[1], a du cœur et des sentiments élevés ; il n'est
pas aussi plein de bassesses que monsieur son père ;
mais il s'enivre tous les jours, et c'est une vraie bête
pour la brutalité. Sa femme a de l'esprit, elle est
agréable, elle sait bien vivre avec son mari et toute
sa famille, mais elle les trompe tous. Le prince de
Conti, qui était autrefois si aimé en France, ne l'est
presque plus maintenant ; il est encore plus lâche que
son cousin devant la faveur, et, de plus, il est faux et
d'une avarice inouïe. Il est éperdument amoureux de
sa belle-sœur, Mme la Duchesse, qui autrefois l'a
beaucoup aimé ; mais cela lui a passé. Toutefois, sa
passion pour sa belle-sœur ne l'empêche pas d'aimer
aussi ses pages.

M. du Maine fait maintenant le dévot. Il a beaucoup d'esprit et sait être agréable quand il veut ;

1. De Bourbon.

mais il fuit tout le monde, on ne le voit presque jamais. Sa femme a une humeur singulière ; elle ne se couche jamais avant quatre heures du matin et se lève à trois heures de l'après-midi. Elle a pour bon ami un savant qui s'appelle M. de *Malézieu*[1]. Lorsqu'on dit à M. du Maine que cela le rend ridicule de souffrir que M. de *Malézieu* aille chez M^me du Maine lui enseigner les mathématiques en robe de chambre et en bonnet de nuit, il répond : « Ne me parles pas contre Malecieux (*sic*), il maintien la paix dans ma maison[2]. » Le comte de Toulouse a peu d'intelligence, mais il a un bon caractère et il est très-libéral. La princesse douairière de Conti fait dire à la *vieille ordure*[3] qu'elle est malade par son docteur, qui est une créature de celle-ci ; chaque jour on lui apporte quelque nouvelle douceur et elle devient sèche comme une planche. La femme du prince de Conti a des vapeurs qui la rendent comme folle : voilà où en est toute la maison royale.

La duchesse de Bourgogne a beaucoup d'esprit ; mais elle est comme toutes les jeunes filles à qui on laisse faire toutes leurs volontés, c'est-à-dire coquette at évaporée. Si elle était avec des gens qui la tinssent comme elle devrait être tenue, on pourrait faire d'elle

1. Nicolas de Malezieux, écrivain et mathématicien, né à Paris en 1650, mort en 1729. Il fut précepteur du duc du Maine, et enseigna avec un brillant succès les mathématiques au duc de Bourgogne. Il entra à l'Académie en 1701.

2. En français dans l'original.

3. M^me de Maintenon.

quelque chose de bien ; mais je crains qu'à la façon
dont on la laisse se gouverner, l'on ne vienne un
beau jour à découvrir beaucoup d'histoires. Voilà tout
ce que je puis vous dire cette fois par cette bonne
occasion. Je vous envoie un étui à la mode ; il est
très-laid, mais ce n'est que pour vous montrer ce
qu'est la mode actuelle. Comme il n'est plus permis
d'avoir des étuis en or, vous pourrez mettre vos
aiguilles à coudre dans celui-ci, etc.

## CXVIII.

Saint-Cloud, le 12 mai 1701.

..... Mon fils s'est très-mal trouvé de son zèle à
montrer sa bravoure ; on ne le lui a pas encore pardonné. On aime mieux les bâtards que le neveu ; et
comme, Dieu merci, mon fils a du cœur, tandis que
le bâtard boiteux est un poltron, l'on ne veut pas que
ni mon fils ni les princes du sang qui ont aussi du
cœur se trouvent à l'armée, afin que les bâtards aient
seuls tout l'honneur et toute la gloire d'actions auxquelles ils n'assisteront pas, mais où ils auraient dû
payer de leur personne si mon fils et les princes du
sang eussent été là. Voilà toute l'affaire. Ainsi, sous
tous les rapports, mon fils n'a reçu de son mariage
que confusion et pas le moindre avantage. S'il m'a-
vait écoutée, il en eût été autrement, etc.

# CXIX.

Maintenant que je suis un peu remise de mon premier effroi, je ne puis trouver nulle part plus de consolation dans mon malheur qu'auprès de vous, qui
êtes ce que j'ai de plus cher au monde. Je vais donc,
ma chère tante, tout vous raconter. Mercredi dernier,
dans la matinée, Monsieur était encore frais et dispos;
il alla en voiture à Marly où il dîna parfaitement bien
avec le roi; après le dîner, il alla à Saint-Germain d'où
il revint à six heures du soir. Il était très-gai, et nous
raconta combien il avait vu de tabourets chez la reine
d'Angleterre. Vers neuf heures, je devais souper; mais
je ne pus rien manger, car j'avais eu encore la fièvre
pendant quatre heures. Monsieur me dit : « Je m'en
vay souper et ne feres pas comme vous, car j'ay grand
apetit [1]. » Et il alla se mettre à table. Une demi-
heure après, j'entends un grand bruit, et je vois venir
dans ma chambre M^me de Ventadour pâle comme la
mort. « Venez vite, me dit-elle, Monsieur se trouve
mal. » Je cours aussitôt dans la chambre de Monsieur
et je le vois ayant encore toute sa connaissance, mais
ne pouvant plus parler de manière à se faire comprendre. Tout ce que je pus entendre fut : « Vous
estes malade, alles vous en ches vous. » On a saigné

1. En français dans l'original.

Monsieur trois fois, on lui a fait prendre *onze onces*
d'émétique, de l'eau de Schaffouse, et deux bouteilles
pleines de gouttes d'Angleterre, mais rien n'y a fait;
à six heures du matin, il était à l'agonie. Alors on
m'entraîna de force hors de sa chambre; j'étais comme
évanouie. On me mit au lit, mais il me fut impossible
d'y rester; je me levai, et comme, dans mes joies et
dans mes peines, je pense toujours à vous, ma première pensée fut de vous écrire; mais je ne sais pas
ce que je vous ai dit.

J'avais déjà fait partir ma lettre lorsque le roi vint
me trouver; bien qu'il fût lui-même très-*touché,* il fit
cependant tout son possible pour me consoler, et se
montra très-bon pour moi. M^me de Maintenon était
également très-*touchée,* et m'adressa quelques bonnes
paroles. Le roi partit, et à midi Monsieur rendit le
dernier soupir. Je me mis tout de suite en voiture et
j'arrivai. Le roi m'envoya *Monsieur le Premier* pour
me demander comment je me trouvais. L'effroi m'a
enlevé la fièvre. M^me de Maintenon me fit dire par mon
fils que c'était le bon moment pour me réconcilier
avec le roi. En conséquence, je chargeai le duc de
Noailles de dire de ma part à cette dame que j'étais
tellement touchée de toute l'amitié qu'elle m'avait
témoignée dans mon malheur, que je la priais de
prendre la peine de venir chez moi, car je ne pouvais
pas sortir. Elle est venue en effet à six heures. Je lui
ai d'abord répété combien j'étais contente d'elle, et je
lui ai demandé son amitié. Je lui ai avoué aussi que
j'avais été fâchée contre elle parce que je croyais

qu'elle me haïssait et m'ôtait les bonnes grâces du
roi, ce que j'avais d'ailleurs appris par la dauphine.
J'ai ajouté que j'étais prête à tout oublier, si elle voulait seulement être mon amie. Là-dessus elle me dit
beaucoup de belles et éloquentes choses, me promit
son amitié et nous nous embrassâmes. Je lui dis ensuite que ce n'était pas assez de m'avoir mandé que
le roi était indisposé contre moi; qu'il fallait me
donner aussi le moyen de rentrer en grâce. Elle me
conseilla alors de parler au roi en toute franchise, de
lui avouer moi-même que je l'avais haïe parce que je
pensais qu'elle me rendait de mauvais offices auprès
de lui, et de dire également au roi pourquoi je lui en
avais voulu. J'ai suivi ce conseil, et comme Monsieur
m'avait dit que le roi était aussi mécontent de ce que
je vous écrivais trop à cœur ouvert, j'ai également
traité cet *article*. « Votre Majesté, ai-je dit, ne doit
pas s'en étonner, car ma tante est la personne du
monde à laquelle je suis le plus attachée par reconnaissance et par inclination; je lui ai de tout temps
ouvert mon cœur, et tant que Votre Majesté s'est montrée bienveillante pour moi, j'ai fait à ma tante l'éloge
de votre bonté; mais lorsque vous m'avez maltraitée,
je m'en suis plainte à elle, et je n'ai jamais pu faire
autrement à son égard. » Le roi répondit : « Je ne
sais rien de vos lettres, je n'en ai lu aucune, et tout
cela n'a été qu'une imagination de Monsieur. Je ne
trouve pas mauvais que vous aimiez et respectiez
Mme votre tante comme une mère, mais elle me
hait. — Ma tante, dis-je au roi, a de tout temps ad-

miré vos grandes qualités, et quand Votre Majesté le voudra, elle vous aimera aussi. »

Lorsque j'eus tout exposé au roi et lui eus montré clairement que, quelque mal qu'il m'eût traitée, je l'avais néanmoins toujours respecté et aimé, et que même ç'avait toujours été une grande joie pour moi qu'il voulût seulement me souffrir auprès de lui, il m'embrassa, me pria d'oublier le passé et me promit ses bonnes grâces. Il rit aussi quand je lui dis tout naturellement : « Si je ne vous aves pas aimée, je n'aurois pas tant hay mad. de Maintenon, croyant qu'elle m'ostoit vos bonne graces [1]. » Enfin tout s'est très-bien passé. J'ai dit à Sa Majesté que, comme c'était ma seule consolation dans mon malheur, je ne pouvais pas me passer de vous mander tout cela aujourd'hui même, et Sa Majesté m'a approuvée. J'aurai encore aujourd'hui une triste journée : à trois heures, le roi reviendra pour ouvrir le testament de Monsieur, ce qui me fera une horrible peine, comme vous pouvez bien penser. Je crois, tant j'ai souffert, que la mort de Monsieur aurait entraîné la mienne, si la fièvre ne m'avait pas retiré toutes les humeurs, etc.

## CXX.

Versailles, le 30 juin 1701.

..... Si l'on pouvait savoir dans l'autre monde ce qui se passe dans celui-ci, je crois que feu Monsieur

---

1. En français dans l'original. Tout ce récit est très-différent de ce qu'on lit sur le même sujet dans les *Mémoires de Saint-Simon*.

serait très content de moi, car j'ai trouvé dans ses
coffres toutes les lettres que lui écrivaient ses *jeunes
gens,* et je les ai brûlées, sans les lire, pour qu'elles
ne tombassent pas en d'autres mains, etc.


## CXXI.

Fontainebleau, le 8 octobre 1701.

..... Vous ne pouvez vous imaginer comment tout
le monde est à Paris; chacun veut, avec des génies et
des diableries de toute sorte, devenir maître sorcier,
et ils ne deviennent que fous. Vous dites très-bien :
c'est le luxe et l'amour de l'argent qui conduisent à
toutes ces folies. Je vous ai dit ce qui a fait croire
qu'ici l'on manquait d'argent. Il est vrai qu'autrefois
j'allais volontiers dans le monde, mais ce pays-ci m'en
a dégoûtée, ainsi que de beaucoup parler. Cela coûte
trop cher, et l'on apprend à ses dépens à se tenir sur
ses gardes, etc.

..... Il faut que je vous raconte maintenant la révolte de Naples. Le vice-roi voulait aller faire une
promenade en voiture et montrer aux dames une fontaine qui se trouve hors la ville. Le matin, il reçut
un billet dans lequel on le priait de ne pas sortir ce
jour-là... Le vice-roi, ayant reçu le susdit petit billet,
ne fit qu'en rire et ne donna aucun contre-ordre. Mais,
une heure avant de partir, il reçut un nouveau billet
dans lequel on lui disait clairement que, s'il sortait ce
jour-là, il serait infailliblement assassiné, car il y avait

une conspiration ourdie contre lui. Lorsqu'il vit que
la chose était sérieuse, il fit assembler à la hâte tous
les soldats qu'il put trouver et les envoya en avant avec
ordre de mettre la main sur tous les gens suspects.
On s'empara tout d'abord de deux drôles qui faisaient
partie des gardes du corps du vice-roi, et qui avouèrent
tout de suite que quatre d'entre eux avaient été cor-
rompus par deux grands seigneurs du pays, un Grimaldi et un Spinola, pour assassiner le vice-roi. Ces
seigneurs avaient aussi gagné deux magistrats du
peuple qui avaient attiré à eux une quantité de ban-
dits de toute espèce. Ceux-ci, voyant que l'affaire était
découverte, se mirent à crier dans les rues : Vive
l'empereur et le roi des Romains! Tous les marchands
et les riches bourgeois fermèrent aussitôt leurs boutiques et leurs maisons. Quant à la populace, elle
suivit le Grimaldi et le Spinola jusqu'à un vieux château dans lequel ils se retranchèrent; Grimaldi y demeura seul avec ses hommes, qui, armés de broches,
de crochets, de tout ce qui leur était tombé sous la
main, étaient résolus à faire une vigoureuse défense.
Mais le vice-roi fit amener des canons devant le château et les bombarda comme il faut; alors ils se rendirent. Spinola s'est sauvé et on n'a pu le reprendre ;
mais Grimaldi a été arrêté. On a pendu sur-le-champ
les deux magistrats, et la révolte s'est trouvée ainsi
apaisée. Le roi a dit qu'on avait condamné les gens
du vice-roi à être écartelés, mais que le vice-roi leur
avait fait grâce, etc.

## CXXII.

Fontainebleau, le 12 octobre 1701.

..... En voyant ce que notre roi a fait pour le prince de Galles [1], j'ai bien pensé tout de suite que ce serait plus nuisible qu'avantageux à ce jeune homme, et que le roi Guillaume seul y gagnerait. Vous avez bien raison, les choses arrivent comme le destin en a ordonné et non autrement. Avec le temps, vous pourrez bien avoir encore à vous occuper d'affaires d'État [2]; mais, pour moi, elles ne m'empêcheront jamais de dormir, etc.

## CXXIII.

Marly, le 15 décembre 1701.

..... Je demandais un jour à quelqu'un de raisonnable pourquoi on faisait invariablement l'éloge du roi dans tous les écrits. On me répondit que défense expresse avait été faite aux imprimeurs de publier aucun livre dans lequel ne se trouverait pas l'éloge du roi, que les Français lisent généralement beaucoup, que dans les provinces ils lisent tout ce qui

1. Il l'avait reconnu roi d'Angleterre à la mort de son père, Jacques II.
2. L'électrice Sophie avait la perspective d'hériter de la couronne d'Angleterre, qui échut à son fils Georges-Louis, peu de temps après sa mort.

vient de Paris, et que les éloges du roi leur inspirent pour le souverain la vénération et le respect qu'ils doivent avoir. C'est dans cette intention qu'on le fait, et non pour le roi, qui n'en voit jamais rien et n'en entend même pas parler.

Depuis que Sa Majesté ne va plus à l'Opéra, elle travaille beaucoup et tient tous les jours un long conseil. Je désire vivement qu'on puisse à Ratisbonne trouver que l'affaire de Weylandt ne concerne que l'empereur, afin qu'il n'éclate pas une autre guerre comme en Italie.

Vous avez bien raison de ne pas perdre le sommeil à cause des soucis d'État. Vous me rendez vraiment trop fière en me donnant tant d'éloges pour le style de mes lettres, que vous préférez, dites-vous, aux gazettes espagnoles. Celles-ci me semblent pourtant cent fois mieux écrites. Je ne puis donc attribuer cette préférence qu'à votre indulgence pour moi. Sa Majesté la reine de Prusse [1] n'a pas osé vous contredire sur ce point; mais si, de l'avis de M. de Leibnitz lui-même, il y avait quelque chose de bien écrit dans ce que je vous envoie, ce ne pourrait être qu'une inspiration de vos bonnes lettres, que je relis souvent et avec attention. Il me tarde bien d'apprendre à qui vous allez enfin marier votre petite-fille, la princesse-électrice, car la voilà grande à présent, etc.

1. Sophie-Charlotte, fille de l'électrice Sophie.

## CXXIV.

Versailles, le 23 mars 1702.

..... Hier j'ai eu la curiosité d'aller voir l'appartement de M. Moreau, premier valet de chambre du duc
de Bourgogne. Il l'a arrangé lui-même, et j'en avais
beaucoup entendu parler. J'y suis donc allée au lieu
de me rendre au prône. C'est petit, mais très-propre
et très-curieux. Il a quatre petites chambres ornées
de portraits et de tableaux. D'abord de magnifiques
toiles de Poussin ; le roi n'en a pas de plus belles. Il
y en a trois grandes. L'une représente la mort de Pho-
cion ; dans l'autre, on recueille ses cendres, et la troisième nous montre Moïse sauvé des eaux par la fille
du roi d'Égypte. Il y a aussi un Carrache, un Mignard,
un Van Dyck, un Bassan et d'autres tableaux de deux
peintres dont j'ai oublié les noms. Ils ont tous des
cadres dorés et façonnés, et autour des grands tableaux il y en a de petits qui représentent tous les rois
de France depuis François 1er jusqu'à notre roi. Au-
dessous de chaque roi, l'on voit tous les grands
hommes, savants et guerriers, qui ont vécu de son
temps. Moreau a les portraits de tous les poëtes depuis
la même époque jusqu'à nos jours. Malherbe a une
affreuse barbe. Il a également les maîtresses de tous
les rois et toutes les reines. Dans un cabinet à part se
trouvent Mme de Montespan, Mme La Vallière ; Mme de
Fontange, Mme de Ludre. Il a aussi Mme de Maintenon,

14

habillée comme une sainte, et toute la famille royale, ainsi que tous ceux qui ont gagné des batailles, rangés par ordre chronologique ; on voit parmi eux Monsieur le Prince, le duc d'Harcourt, M. de Turenne et M. de Luxembourg. Il a placé sous le cardinal de Richelieu tous ceux qu'il a fait mourir, tels que M. de Montmorency, le maréchal d'Ancre, (+) M. de Cinq-Mars, le maréchal de Marillac et M. de Bassompierre. Sous le portrait d'Henri III sont tous les *guillarts*, et tout ce qui a joué un rôle du temps de la Ligue. Mais ce serait trop long de vous raconter tout ce que j'ai vu. Moreau a encore de belles porcelaines de prix et des figures de bronze, les portraits de M. Le Brun, de Mignard, de M. Le Nostre, très-ressemblant, de Racine, de Corneille, de La Fontaine, très-ressemblant aussi, enfin tous les jansénistes et M^me Guion. Je lui conseillai de placer cette dame entre M. de Cambray et M. de Meaux. Il me dit qu'il y avait bien songé, mais qu'il n'avait pas osé le faire. Il a aussi le portrait de Rabelais, qui a une physionomie très-comique. Tout cela est très-joli à voir ; je suis restée une heure entière à tout examiner. Comme les temps sont changés ! Excepté M^me de Maintenon, qui est habillée comme une sainte Françoise, tous les autres sont dans leur costume naturel, et ces costumes ne ressemblent guère aux nôtres. Le brave Chivry est singulièrement accoutré ; il a un pourpoint gris de lin tout tailladé et doublé de bleu ; mais je crains de vous ennuyer, à la fin, avec tous ces détails, etc.

## CXXV.

Marly, le 6 juillet 1702.

..... Ce matin, je suis allée me promener avec le roi. On dirait que ce sont des fées qui travaillent ici, car là où j'avais laissé un grand étang, j'ai trouvé un bois ou un bosquet; là où j'avais laissé une grande place et une escarpolette, j'ai trouvé un réservoir plein d'eau, dans lequel on jettera ce soir cent et quelques poissons de diverses espèces et trente grandes carpes admirablement belles. Il y en a qui sont comme de l'or, d'autres comme de l'argent, d'autres d'un beau bleu incarnat, d'autres tachetées de jaune, blanc et noir, bleu et blanc, jaune d'or et blanc, blanc et jaune d'or avec des taches rouges ou des taches noires; bref, il y en a de tant d'espèces que c'est vraiment merveilleux.

## CXXVI.

Versailles, le 23 juillet 1702.

..... Je suis contente que la femme de mon frère ne soit pas bigote; d'après ce que vous me dites de sa dévotion, je la trouve très-raisonnable. Je suis tout à fait de votre avis; les plus grandes sociétés ne sont pas les plus agréables; je préfère celles où l'on peut parler à cœur ouvert à des gens qui ont en vous la même confiance que l'on a en eux : comme, par exemple, lorsque vous dîniez avec les princesses élec-

trices et feu mon oncle, et que j'étais seule avec
vous, etc.

## CXXVII.

Versailles, le 4 janvier 1701.

..... Il faut pourtant que je vous raconte comme
notre roi est juste. Les dames de la duchesse de Bourgogne, qu'on nomme les dames du palais, avaient
voulu se faire un rang et prendre partout la place de
mes dames, ce qui ne s'est jamais fait ni du temps de
la reine ni du temps de M$^{me}$ la Dauphine. Elles se faisaient garder leurs places par les gardes du roi et re-
poussaient les siéges de mes dames. J'envoyai d'abord
chez le duc de Noailles, qui dit que le roi l'avait ordonné ainsi. Sans perdre une minute, j'allai trouver
le roi et lui dis : « Oseray-je bien demander à V.-M.
si c'est vous qui aves ordonnes que mes dames n'aye
plus de place n'y de rang comme auttrefois ; si c'est
vous je n'ay rien à dire, car je ne desire qu'à vous
obeir. Mais V.-M. sait elle mesme qu'auttrefois, du
temps de la Reine et mad$^e$ la Dauphine, les dames du
palais n'avoit n'y place n'y reng, et que mes dames
d'honneur, chevallier d'honneur et dames d'atour
avoit leur place tout comme ceux de la Reine et de
mad$^e$ la Dauphine, je ne say par quelle endroit celle-
cy doivent plus pretendre. — Le Roi rougit et dit :
Je n'ay rien ordonnes la desus ; qui dit que je l'ay
ordonnes? — Je dis : c'est le maréchal de Noailles. —
Le Roi lui demandant pourquoi il avait dit cela, il le

nia tout net. — Alors je dis : Je veux, puis que vous
le dite, croire que mon valet de chambre ait mal en-
tendus ; mais puisque le Roy ne l'a pas ordonnes,
empeches donc que vos gardes ne gardent les places
des dames et empêchent mes gens de porter les sièges
de mon service : car c'est ainsi que cela s'appelle
ici. [1] » Le roi, malgré toute la faveur dont jouissent
ces dames, m'envoya cependant l'*aide Mayor* pour savoir ce qu'il en était. Je l'en ai instruit, et à l'avenir
cela n'arrivera plus. Ces dames devenaient par trop
insolentes dans leur faveur, et elles ne pensaient pas
que j'aurais le cœur d'exposer la chose au roi ; mais
je ne perdrai pas mon rang ni mes prérogatives à
cause de leur faveur ; le roi est bien trop juste pour
cela, etc.

## CXXVIII.

Marly, le 15 avril 1704.

..... Cela doit cependant consoler le duc de Modène
dans son malheur de voir que ses sujets lui témoignent
tant d'amour et de dévouement. Puisque le pape
l'aime tant, il devrait bien faire quelque chose en sa
faveur, il est assez riche pour cela. La bonne madame
Bellemont ne sait pas ce qu'il en est des prises des
corsaires, si elle s'imagine que je puisse lui faire re-
couvrer quelque chose ; le roi laisse aux corsaires
toutes leurs prises, l'amiral seul a son droit là-dessus ;
autrement personne n'en reçoit rien... Le roi a ac-

1. Tout ce dialogue est en français dans l'original.

14.

cordé une pension à la princesse de Fürstenberg [1] ;
mais on pense qu'elle n'en avait guère besoin, car
elle doit avoir joliment pillé le cardinal. Le jour de
sa mort, on voulait lui donner une potion cordiale ;
mais on ne trouva dans toute la maison ni cuillers ni
tasses d'argent. Tout avait été enlevé, et l'on dut em-
prunter au suisse, qui était à la porte, des tasses de
terre ; ce qui a scandalisé tout le monde. M. de Meaux
n'a fait contre l'archevêque de Cambray que ce qu'on
lui avait commandé ; il est donc excusable. Il y a
grande apparence qu'il y a autant d'opinions que de
visages ; on a pensé ici que les opinions de l'archevêque de Cambray étaient dangereuses, et l'on en a
fait une affaire d'État. Chez vous, on doit être du
même avis, car on ne peut pas y souffrir les piétistes.
Je crois que Le Bray est un vrai Le Bray, mais il ne
vaut rien, et ce doit être un coquin in-folio. Beaucoup
de gens d'ici le connaissent, etc.

1. «L'attachement du cardinal pour la comtesse de Fürstemberg, dit Saint-Simon, avoit toujours duré (il s'agit ici du car-
nal de Fürstemberg). Il ne pouvoit vivre sans elle ; elle logeoit
et régnoit chez lui ; son fils, le comte de la Marck, y logeoit
aussi, et cette domination y étoit si publique que c'étoit à elle
que s'adressoient tous ceux qui avoient affaire au cardinal.

Cette comtesse de Fürstemberg avoit été d'abord comtesse de la
Marck ; le cardinal, qui en étoit fort amoureux, la fit épouser à
son neveu, qui avoit alors vingt-deux ou vingt-trois ans, pour
la voir plus commodément à ce titre. On prétend encore, dit
Saint-Simon, qu'il avoit été bien traité, et il est vrai que rien
n'étoit si frappant que la ressemblance trait pour trait du comte
de la Marck au cardinal de Fürstemberg. »

# CXXIX.

Versailles, le 22 mai 1704.

Par ce temps de chaleur, nous avons la Fête-Dieu, et ce matin nous avons été nous promener en procession à travers les rues : cela allait encore bien, mais les reposoirs sont insupportables, car on y étouffe; il faut s'y agenouiller et entendre une longue musique qui semble bien ennuyeuse à quelqu'un qui est à genoux. Ensuite on retourne à l'église, où l'on entend une longue et grande messe de deux heures. Si tout cela ne plaît pas à Dieu plus qu'à moi, les prêtres sont bien à plaindre...

Hier j'ai fait une visite à la grande-duchesse, qui demeure tout à l'autre bout de Paris... En revenant de chez la grande-duchesse, j'ai passé par le Cours et j'y ai rencontré le duc de Mantoue[1], que je n'avais pas encore vu. Il n'est pas beau ; il ressemble en vieux et en laid à M. de Vendôme. Il fréquente beaucoup les chanteuses et les danseuses de l'Opéra. Il doit dîner un de ces jours à Meudon chez Monseigneur en compagnie des ducs de Bourgogne et de Berry ; mais il a demandé qu'il y eût aussi des dames, de sorte que la princesse de Conti et sa bonne amie s'y trouveront.

1. Le duc de Mantoue était venu chercher femme à Paris ; il finit par épouser, comme malgré lui, dans une hôtellerie de Nevers, une demoiselle d'Elbœuf, que les princes de Lorraine avaient fini par lui faire agréer.

Je vous ai raconté, dans ce bavardage, tout ce que je sais ; maintenant il nous faut aller au salut.

## CXXX.

Versailles, le 21 août 1704.

..... On vient à l'instant même m'annoncer une mauvaise et étrange nouvelle. Je crois que mes gens ont mal compris ; ils disent que l'ennemi aurait enlevé 26 bataillons au maréchal de Tallard[1] et l'on n'est pas sûr qu'il ne soit pas pris lui-même ; Blanzac et la Vaillier seraient au nombre des prisonniers et très-maltraités. Si cette nouvelle est vraie, cette conduite est injuste, car ici on traite très-courtoisement les prisonniers de qualité. De cette manière, le maréchal de

---

1. Les gens de Madame avaient bien compris ; le maréchal de Tallard avait été battu et fait prisonnier à Hochstädt par le duc de Marlborough, qui l'envoya à Hanau, où il fut traité avec les plus grands égards. C'est cette bataille que les Anglais appellent la bataille de Blenheim (13 août 1704), d'où le nom de Blenheim-House, que porte la splendide résidence des Marlborough. L'enthousiasme fut grand en Angleterre, et le vainqueur reçut tous les genres de lauriers. Le professeur Josuah Barnes, savant helléniste, dédia même à ce général fort peu lettré son édition d'*Anacréon*, précédée d'un Ἐπινίκιον ὑπὲρ τοῦ ἀνικήτου ἡγεμόνος ΜΑΡΑΒΟΡΙΟΥ τοῦ τὰς Βαβαρῶν τε καὶ Γαλατῶν στρατιὰς ἐν ἀγροῖς Βλεναμείοις πέρυσι νενικηκότος. C'est-à-dire : Chant de victoire sur l'invincible général Marlborough qui a vaincu les armées des Bavarois et des Français dans les plaines de Blenheim. Si quelqu'un a lu cet *Épinicium*, ce n'est pas à coup sûr le duc de Marlborough, et pour cause. Il est vrai qu'en regard du titre se trouve le portrait du héros qui sert de traduction.

Tallard ne pourra guère rendre de services à l'électeur de Bavière. Je ne comprends rien à cette nouvelle. Le bruit court aussi que l'électeur de Bavière a battu dix mille hommes, mais on ne sait encore ni où ni comment; le temps nous l'apprendra. C'est bien le cas de dire ce que répétait toujours M<sup>lle</sup> Kolb : « Il ne se passe nulle part des choses plus étonnantes que dans le monde. » Si Tallard est cause que les 26 bataillons ont été enlevés, il sera chansonné ici tout comme son cousin Villeroy lorsqu'il fut fait prisonnier à Crémone[1], et cela ira grossir encore votre recueil. Villars a plus de courage que de cervelle, et je crois qu'avec les commissaires il faudrait qu'un général eût plus de cervelle que de courage, etc.

.....On ne voit partout que visages désolés et soucieux. Ce sont les parents de ceux qu'on sait être prisonniers, et de tous ceux dont on n'a pas encore de nouvelles. Ils me font peine, mais celui que je plains le plus, c'est M. de Marillac[2]; il a perdu son fils unique qui aurait été un très-honnête homme. On pense que la princesse de Conti a aussi perdu son plus

1. On fit contre lui le couplet suivant entre autres :

> Oui, je tiens la chose certaine,
> Eugène est un grand capitaine,
> Il fait des coups des plus hardis.
> Ah ! que de grâce on doit lui rendre
> Pour Villeroi qu'il nous a pris,
> Et Crémone qu'il n'a pu prendre.

(Voir la traduction de la Correspondance de Madame, par M. G. Brunet, 2. vol. in-12, t. I<sup>er</sup>, p. 18 et suiv. )

2. De Marillac, intendant de Poitou, lors de la révocation de

jeune cousin, le chevalier de La Vallière. On voit de
tous côtés des mères qui courent pour avoir des nouvelles de leurs enfants ; c'est vraiment lamentable.
Dieu veuille que vous ayez de bonnes nouvelles du
duc Max[1]! On n'a encore aucun détail sur ce qui s'est
passé; je ne vous en dirai donc pas davantage pour
cette fois, etc.

## CXXXI.

Versailles, le 24 août 1704.

..... Quand on connaît ceux qui prendraient la place
du roi, dans le cas où Sa Majesté viendrait à mourir,
on peut bien voir ce qu'on perdrait si cet affreux
malheur arrivait. Dieu me fasse la grâce de m'en préserver! Je frémis quand j'y pense. Je ne peux pas me
flatter que Sa Majesté m'aime, mais il me fait la grâce
de me souffrir et de me parler poliment; que puis-je
demander de plus? C'est beaucoup ici lorsqu'on laisse
quelqu'un en paix ; c'est pure faveur. Je reçois donc
beaucoup de faveurs de Sa Majesté, et je suis très-
contente, etc.

l'édit de Nantes, se signala par ses cruautés contre les protestants, et obtint en récompense la place de conseiller d'État :
« Il a vu, dit Saint-Simon, mourir sans enfants ses deux fils qui
lui donnoient d'agréables espérances, l'un dans la robe, l'autre
à la guerre. » Il est donc probable que Madame se trompe lorsqu'elle parle d'un fils unique.

1. De Bavière.

## CXXXII.

Meudon, le 28 août 1704.

Je vous remercie encore une fois bien sincèrement de la cire pour les yeux que vous avez eu la bonté de m'envoyer. J'ai fait avec cela grand plaisir à la comtesse de Grammont; mais je crois que moi-même j'en aurai bientôt besoin, car ma vue baisse tellement que je ne peux presque plus lire les gazettes hollandaises. Cela me chagrine beaucoup, car les lunettes me déplaisent fort et m'empêchent de bien lire ; je crains cependant d'être bientôt obligée de m'en servir. Ma tante, Mme l'abbesse de Maubuisson, voit encore très-net, Dieu merci. J'ai dîné avant-hier avec elle ; elle a toujours le même esprit et la même bonne humeur, elle a l'air aussi très-bien portante... La seule chose en elle qui n'est plus comme d'habitude, ce sont les jambes ; elles vont très-mal et ne veulent presque plus la porter. Elle chancelle tellement en marchant, que cela vous fait trembler et qu'on se dit à chaque instant : elle va tomber! Elle trouve cependant très-mauvais que ses nonnes veuillent l'aider. J'espère que, malgré cette incommodité, elle vivra encore long-temps, s'il plaît à Dieu, car, comme je vous l'ai déjà dit, les cinq sens sont parfaitement bons et les reparties très-vives ; en un mot, elle est encore, grâce à Dieu, tout à fait comme elle doit être. J'ai vu également la mère Saint-Alexis qu'on appelle aussi

M^me^ Fagon. Elle voit encore un peu d'un œil, mais
elle est tout à fait sourde; cependant elle marche encore bien et a la tête très-solide; elle peut bien avoir
douze ans de plus que ma tante M^me^ l'abbesse; je
puis donc espérer que ma tante deviendra au moins
aussi vieille qu'elle. Je vous envoie des vers qu'on
a prononcés à Maubuisson le jour de la Saint-Louis,
qui est la fête de l'abbesse. Ils sont de M. Gar et assez
drôles; ils ont beaucoup fait rire la bonne abbesse...

Nous sommes ici depuis hier soir. J'ai été d'abord
à Saint-Cloud voir mes petits-enfants; j'ai trouvé mon
petit-fils si beau que j'ai prié mon fils de faire faire
son portrait; quand je l'aurai, je vous en enverrai
une copie. Je suis sûre que si le peintre attrape bien
la ressemblance de cet enfant, il ne vous déplaira pas.
Après m'être un peu amusée avec tous les enfants, je
suis revenue ici et j'ai trouvé le plus beau spectacle
qu'on puisse voir, c'est-à-dire une illumination. C'était
une grande arcade voûtée comme un dôme, un véritable arc de triomphe aussi haut que le château; des
deux côtés, il y avait douze grands portiques; entre
chaque portique, une devise peinte sur une pyramide;
devant l'arc de triomphe une grande colonne torse,
surmontée de la Renommée; au-dessous, à la base,
qui semblait être de marbre, il y avait encore quatre
inscriptions; devant la colonne, on voyait un grand
bassin d'eau et comme un théâtre de gazon; le tout
garni de lampions si serrés que cela faisait l'effet d'un
grand feu. Le *palais du soleil* ne pouvait être plus
éblouissant. Le f u d'artifice était aussi magnifique;

je ne crois pas que celui qu'on tire ce soir à Paris soit plus beau ; seulement il a été bientôt fini.

Nous ne savons pas encore au juste comment tout s'est passé. On sait bien que Tallart a perdu la bataille, mais on ignore de quelle manière, et l'on n'a pas non plus l'état exact de nos pertes. Zurlauben [1], qu'on avait dit mort, n'est que blessé ; Clérembeau [2], qu'on prétendait avant-hier en très-bonne santé, passait hier pour noyé ; vous voyez donc qu'on ne sait rien de positif. Seulement on s'en prend de la défaite à l'électeur de Bavière et encore plus à Tallart. Ce sont les perdrix qui se cachent la tête et présentent le derrière au chasseur : j'ai bien ri quand j'ai lu cette comparaison que vous faites des perdrix et de l'électeur de Bavière. Je suis toujours contente d'apprendre que vous avez de l'occupation ; cela chasse les pensées tristes, etc.

## CXXXIII.

Versailles, le 31 août 1704.

J'ai été bien inquiète de savoir ce qu'était devenu le duc Max dans cette affreuse bataille. Mon fils s'en est informé auprès de M. de Silly [3] qui lui a dit l'avoir

1. Zurlauben, lieutenant général bavarois, fut tué à la bataille d'Hochstädt.

2. Clérembault, lieutenant général, de peur d'être tué à la bataille d'Hochstädt, se noya dans le Danube qu'il voulut passer à la nage. (Voir Saint-Simon, III, 89.)

3. Le lieutenant général de Silly, fait prisonnier de guerre à la bataille d'Hochstädt, avait été envoyé par le maréchal Tallard,

15

laissé en bonne santé. Je m'en réjouis donc avec vous.
Il y a ici trois ou quatre dames qui me font vraiment
peine; ce sont M^{me} de Saint Valery[1] qui a perdu son fils
unique; la pauvre maréchale de Clérembeau, qui a
perdu un fils qu'on peut bien aussi dire unique puisque son frère est abbé et prêtre; il a voulu passer le
Danube à la nage avec son cheval, qui s'est cabré au
milieu de l'eau; et comme il ne savait pas nager, il
s'est noyé. La pauvre marquise de Béthune a perdu
son fils aîné qui était mon filleul, et ma première
femme de chambre a également perdu son fils aîné.
On ne voit que gens affligés; c'est vraiment lamentable, et la guerre est une horrible chose. Il faut que
je vous fasse part d'un dicton qui n'est pas mauvais.
On reçut la nouvelle de la défaite au moment même
où l'on préparait le feu de joie qu'on a tiré en l'honneur de la duchesse de Bourgogne, et dont je vous ai
envoyé la gravure. Comme le temps avait l'air de se
mettre à la pluie, les hommes chargés de veiller sur
les pièces d'artifice se mirent en devoir de les couvrir.
Un passant, les voyant tendre leurs toiles, leur cria :
Que faites-vous là? L'un d'eux répondit aussitôt : « Nous
emballons le feu de joye pour l'envoyer à l'empereur,
on n'en a plus que faire icy, » etc.

   ... Je crois qu'on fera bientôt l'échange des prison-

avec la permission du duc de Marlborough, pour rendre compte
au roi de la perte de la bataille.

1. M^{me} de Saint-Vallery, dame d'honneur de la duchesse du
Maine, s'était retirée de la cour en 1692, et y avait été fort regrettée dit Saint-Simon.

niers, car le roi en a encore beaucoup de la bataille
de Spire et de la campagne d'Italie. Les éloges ne ta-
rissent pas ici sur le compte des Brandebourgeois; on
dit qu'ils ont eu plus d'ordre et plus de sang-froid
dans la bataille que toutes les autres troupes, et qu'ils
se sont vaillamment battus, etc.

... Depuis huit jours, on parle plus que jamais de
batailles et de guerres. Ce qui s'est passé à Hochstat-
ten [1] vaut bien la peine qu'on chante des *Te Deum* en
Allemagne. On ne croit pas ici que cette affaire amène
bientôt la paix; notre roi a encore une grande armée
en Allemagne, l'électeur de Bavière est brave et ne
s'épargne pas à la guerre; il est toujours le premier
partout... Si le destin a résolu que le roi Auguste [2]
doive remonter sur son trône, la discipline du roi de
Suède ne servira pas à grand'chose. Je suis bien aise
que mon parrain ait accueilli mon compliment avec
tant de bonté. On ne cherche nullement ici à dissi-
muler le résultat de la bataille; on avoue tout net
qu'on l'a perdue, et que Tallart a été battu parce que
la cavalerie n'a pas fait son devoir. Le prince d'Anhalt
qui commandait les Brandebourgeois est celui qui a
épousé la fille de l'apothicaire [3], etc.

1. Hochstädt.
2. Auguste II, roi de Pologne, détrôné par Charles XII, roi
de Suède. Il remonta sur le trône en 1709, après la bataille de
Pultawa, gagnée par les Russes contre l'armée suédoise.
3. Le prince Léopold d'Anhalt-Dessau avait épousé la fille d'un
apothicaire, Anne-Louise Foehse, aussi vertueuse que belle.
L'empereur sanctionna cette union qui fut heureuse. (Voir la Correspondance de Madame, traduite par Brunet, t. 1er, p. 66.)

## CXXXIV.

Marly, le 7 septembre 1704.

Avant de se mettre à table, le roi avait reçu une
bonne nouvelle : on lui avait annoncé que les flottes
s'étaient battues près de Malaga[1], et qu'après un
combat de 10 heures, notre amiral avait démâté huit
vaisseaux à l'ennemi. La flotte ennemie a pris la fuite,
l'amiral la poursuit, et comme le vent qui était si contraire aux nôtres a tourné en leur faveur, on s'attend
à recevoir encore d'autres bonnes nouvelles de cette
bataille navale. Ce sera une compensation au chagrin
qu'a causé la défaite d'Hochstatte, mais cela ne consolera pas les pauvres gens qui ont perdu les leurs. La
femme de mon fils ne fait que pleurer, car elle est
inquiète pour son plus jeune frère[2] qu'elle aime mieux
que tous ses autres frères et sœurs. Il le mérite aussi,
car il a de grandes et bonnes qualités ; j'en fais beaucoup de cas et je lui souhaite tout le bonheur dont il
est digne.

Bien que je n'aie déjà que trop entendu parler de
cette malheureuse bataille, vous m'avez cependant
rendu grand service et fait un vrai plaisir en m'envoyant les *relations,* car ici on en parle de façons si

1. C'est le 24 septembre 1704 qu'eut lieu cette bataille ; le
comte de Toulouse commandait la flotte française, et l'amiral
Rooke la flotte anglaise.

2. Le comte de Toulouse, fils de Louis XIV et de Mme de
Montespan, frère de Mlle de Blois qui épousa le fils de Madame.

diverses qu'on ne sait plus à quoi s'en tenir, tandis que les rapports que vous m'avez envoyés me font comprendre l'affaire. On n'est pas moins triste ici que chez vous ; presque toute la cour est en deuil ; M^me de Cornuel avait coutume de dire : « Les *Te Deum* des grands princes sont souvent des *De Profundis* pour les particuliers, » c'est ce qui a lieu à la cour. Je voudrais que l'opinion d'Helmont fût vraie et qu'on pût le savoir ; ce serait une consolation que de voir revivre ceux qu'on a aimés et d'avoir encore la douce espérance que l'on reviendra. L'électeur de Bavière est maintenant à Strasbourg d'où il doit se rendre en Flandre ; il a renvoyé sa femme et ses enfants à Munich. On dit ici que lorsqu'un prince électeur laisse ses enfants dans sa principauté, on ne peut pas le mettre au ban, ni prendre son électorat, et que, si votre père le roi de Bohême en eût fait autant, on n'aurait pu lui prendre ni le haut palatinat, ni le premier électorat, etc [1].

## CXXXV.

Fontainebleau, le 27 septembre 1704.

... C'est l'usage des Français de faire partir tous les bagages quand ils veulent livrer bataille. Amélie [2] a vu

---

1. Frédéric V, électeur palatin, qui perdit son électorat pour avoir accepté la couronne de Bohême.
2. Amélie, sœur consanguine de Madame, fille de Charles-Louis et de Louise de Degenfeld. Elle mourut en 1709.

à Francfort presque tous les officiers prisonniers. Tallart n'a pas voulu la voir. Elle écrit qu'il se parle à lui-même; il n'a fait que cela toute sa vie. Ainsi, au souper du roi, il se lève et se met à parler tout seul. M^me^ la duchesse de Bourgogne et moi, nous en avons ri bien souvent l'hiver passé. On ne peut pas avoir plus de courage que n'en a l'électeur de Bavière[1]; mais, comme Salomon dit qu'il y a temps pour tout, après avoir tant guerroyé, il s'est un peu diverti à Metz; chaque jour il y donnait bal à toutes les dames et les menait à la promenade. Il paraît qu'il a quitté Metz avec peine, mais je crois que Lunati, le favori de notre duc de Lorraine, n'a pas été fâché de le voir partir pour Bruxelles. En effet, il se trouvait justement à Metz au moment où l'électeur y arrivait; il accompagnait, avec sa femme, le prince Frantz de Lutzembourg. En revenant, il dut passer par Metz où l'électeur, trouvant M^me^ Lunati très-gentille, caressa fort le mari afin de voir la femme, et le pria de rester auprès de lui tout le temps qu'il serait à Metz, ce que Lunati n'osa pas refuser. Je vous laisse à penser comme cela devait plaire à un Italien de se voir flatter pour sa femme. L'électeur lui offrit aussi d'aller avec lui à Bruxelles, mais Lunati a refusé tout net.

Les femmes anglaises ont peut-être la superstition de croire que cela porte bonheur à leurs enfants d'être voués aux couleurs de la mère de Dieu; mais comment peut-il y en avoir de si laides? Il me semble au contraire que les Anglaises sont plus jolies que les

1. Maximilien-Emmanuel, électeur de Bavière.

femmes des autres nations. C'est une chose affreuse que la guerre. Que de gens elle fait périr, que de deuils elle cause! Mais hélas! je ne vois encore aucune apparence de paix, etc.

... La plupart des prisonniers sont de gais jeunes gens [1]. L'électeur de Bavière n'est pas resté auprès de son père; il est retourné avec sa mère à Munich... Les prisonniers désabuseront bientôt les Français sur le compte des Brandebourgeois; on saura que ce n'est pas eux, mais notre bon et brave Brunswick qui s'est si bien comporté, etc.

On dit que le roi de Portugal [2], avant de partir de Lisbonne avec le roi d'Espagne, est entré dans une église dédiée à la Vierge, et qu'il a déposé son épée nue aux pieds de Notre-Dame en la priant de la bénir. Un moine est venu qui a fait donner la bénédiction par Notre-Dame et lui a mis l'épée entre les mains, d'où le roi l'a reprise avec force révérences et génuflexions. De là, Sa Majesté s'est rendue à l'église de Saint-Antoine de Padoue; on a enlevé le saint avec de grandes cérémonies et on l'a porté dans une litière; puis, afin que le temps ne durât par trop au bon saint Antoine, on a été chercher dans une autre église une sainte dont je ne me rappelle pas le nom, et on l'a mise vis-à-vis de lui. Cette litière va toujours devant, et les rois suivent; c'est un vrai enfantillage, etc.

1. Il y avait eu plus de douze cents officiers faits prisonniers à la bataille d'Hochstädt.
2. Pierre II.

## CXXXVI.

Versailles, le 26 octobre 1704.

...Jeudi dernier, à onze heures, nous sommes partis de Fontainebleau. Nous étions six dans la voiture du roi : Sa Majesté et la duchesse de Bourgogne sur le devant, dans le fond, M. le Dauphin et moi, et aux portières la femme de mon fils et la princesse de Conti. Nous arrivâmes, en trois relais, à Sceaux à cinq heures moins un quart. J'allai tout de suite me promener jusqu'à cinq heures, mais le roi se promena jusqu'à la nuit. La duchesse de Bourgogne joua au lansquenet avec ses dames dans l'antichambre de M^{me} de Maintenon. Le soir, le roi eut un concert tout à fait en particulier, chez M^{me} de Maintenon, et moi je m'amusai dans ma chambre à jouer au trictrac, jeu que j'entends très-mal ; ensuite on se mit à table. Après le souper, on resta un petit quart d'heure dans le cabinet du roi, puis j'allai me coucher ainsi que Monseigneur, mais M^{me} la duchesse de Bourgogne retourna jouer jusqu'à une heure du matin. Le lendemain vendredi, j'écrivis dans la matinée à ma fille, et je fis encore deux ou trois autres lettres ; le roi alla se promener malgré le brouillard. A une heure on se mit à table ; le brouillard se leva pendant ce temps-là et il fit le plus beau temps du monde, une véritable journée de mai... J'allai visiter les nouveaux jets d'eau qu'a fait faire le duc du Maine ; ils sont fort beaux. Ce sont

comme deux rochers à jour composés de pierres, de
coquillages, de coraux, de nacres, de joncs et de roseaux; ces joncs et ces roseaux sont dorés à la pointe;
l'eau tombe d'en haut, comme une cascade naturelle,
sur les rochers et les coquillages en faisant un bruit
très-agréable. Ces deux jets d'eau sont placés en face
l'un de l'autre dans un salon d'ifs; je ne sais pas
comment cet arbre s'appelle en allemand... Tout autour il y a des palissades vertes, de sorte qu'on dirait
tout à fait un cabinet particulier. C'est très-joli. De là
j'allai visiter le jardin potager qui est grand et beau.
Je voulais voir ce que M. de Navailles[1], l'ancien gouverneur de mon fils, avait tant admiré. Du temps de
M. Colbert, il vint exprès à Sceaux pour le visiter. On
lui montra la belle cascade, la galerie d'eau, qui est
une merveille, la salle des marronniers, le berceau,
bref tout ce qu'il y a de beau à Sceaux; il n'admirait
rien de tout cela; mais quand il vint au potager où
était la salade, il s'écria : « Franchement la vérité,
voilà une belle chicorée![2] » J'allai donc voir aussi la
belle chicorée.

Quand je rentrai dans ma chambre, on me dit que

1. M. de Navailles, maréchal de France, mort en 1685, après
avoir été environ deux ans gouverneur du duc de Chartres.
« C'étoit, dit Saint-Simon, un grand homme, maigre, jaune, poli,
qui ne laissoit pas d'avoir des dits et des naïvetés étranges, et
qui étoit ignorant. Il fut un jour étrangement rabroué par M. le
Prince, qui étoit fort en peine en Flandre du cours exact d'un
ruisseau que ses cartes ne marquoient point, à qui, pour y sup-
pléer, il alla chercher une mappemonde. »

2. En français dans l'original.

15.

M^me du Maine était dans la sienne, au troisième étage.
J'y grimpai donc lui rendre visite, mais ce ne fut pas
sans souffler beaucoup. Je crois vous avoir raconté
l'an passé que M^me du Maine a fait faire ici une jolie
galerie et un cabinet; par conséquent je ne vous dirai
rien aujourd'hui. M^me la duchesse de Bourgogne ayant
fait appeler M^me du Maine pour jouer, je redescendis
à ma chambre. J'étais assise devant ma fenêtre ouverte
et je me disposais à lire, lorsque je reçus la visite de
quelques dames qui m'en empêchèrent. Elles me
tinrent jusqu'à six heures. A six heures et demie, le roi
me fit appeler dans l'antichambre de M^me de Maintenon
où il y avait musique. C'était de la musique toute nouvelle, une ode composée par l'abbé Genest[1] en l'honneur
du roi, et dans laquelle la bataille navale n'est pas
oubliée. Ce morceau était si beau que le roi le fit
jouer deux fois de suite; cela dura jusqu'à neuf heures
moins un quart. La musique terminée, le jeu recom-
mença. Je regardai jouer pendant une petite heure,
puis je retournai dans ma chambre jusqu'au souper...

### CXXXVII.

Marly, le 14 décembre 1704.

...Je dois rire quand vous me dites que j'ai converti
les gens d'ici à ma croyance. Mais non, ils sont tou-

---

1. L'abbé Charles-Claude Genest, né à Paris en 1639, mort
en 1719, fut reçu à l'Académie en 1698. En 1672, il lut devant le
roi une *Ode sur la conquête de la Hollande,* et en 1673 il obtint
le même honneur pour une *Ode sur la prise de Maestricht.*

jours tels que je les ai trouvés ; il y a encore dans ce
pays beaucoup de superstition, mais cependant moins
qu'en Portugal, car on rit de ce qui s'y passe. En
Italie, c'est quelque chose d'inouï. Je suis persuadée
aussi que, si le duc de Bourgogne monte sur le trône,
la bigoterie prendra le dessus, mais cela ne me regarde
pas, car je ne le verrai plus. Il est vraiment incroyable qu'un homme de l'âge du duc de Bourgogne soit
dévot comme il l'est ; il ne voit plus de comédiennes,
il ne veut plus entendre parler de l'Opéra, et il fait
adapter à des chants pieux les airs des plus beaux
opéras, afin de pouvoir les chanter. Il communie tous
les dimanches et jours de fête, il jeûne que cela en
fait pitié : aussi est-il sec comme un fuseau... Mme de
Maintenon ne se porte pas bien, elle a la fièvre depuis
avant-hier, et ce n'est pas encore tout à fait passé.
Aussi voit-on partout des mines qui s'allongent, mais
il n'y a aucun danger, etc.

## CXXXVIII.

Marly, le 18 décembre 1704.

...Celui qui ne s'amuse pas auprès de vous ne
s'amusera jamais de sa vie. Il n'est donc pas étonnant
que le prince hériditaire de Prusse, qui a de l'esprit,
se soit plu en votre compagnie. Il doit être bien content d'être délivré de la contrainte dans laquelle il
devait vivre à Berlin. Comme je me figurais le roi de
Prusse, je ne pensais pas qu'il fût si tendre pour le
prince royal. Celui-ci est aussi votre enfant puisqu'il

est votre petit-fils ; il est donc bien naturel que vous l'aimiez, etc.

## CXXXIX.

Versailles, le 21 décembre 1704.

...J'ai entendu quelques individus parler de la bataille ; ils disent tous que c'est la faute de Tallard si on l'a perdue, et que, si l'on avait suivi l'électeur de Bavière, l'affaire aurait mieux tourné...

Je n'oublie pas les chants luthériens, attendu que je les chante quelquefois dans ma chambre. Je ne dormirai pas au prône aujourd'hui, car je n'irai pas à cause de mon rhume.

Schlieben[1] prétend et soutient qu'il n'est que malheureux, mais pas coupable, etc.

## CXL.

Marly, le 19 février 1705.

...La mort de cette bonne reine[2], ainsi que la cause de cette mort, prouvent bien que chacun doit finir à

---

1. Le comte de Schlieben qui se trouva impliqué, sous la Régence, dans la conspiration de Cellamare. Madame dit de lui dans sa Correspondance (t. II, page 47) : « Schlieben a été longtemps à la cour d'Espagne, où il a joui de la faveur de la princesse des Ursins. Il a de l'esprit, sait bien jaser, et est un excellent espion pour une pareille dame. »

2. La reine de Prusse, Sophie-Charlotte, fille de l'électrice de Hanovre. Elle avait épousé en 1684 l'électeur de Brandebourg, Frédéric III, qui devint plus tard roi de Prusse, sous le nom de Frédéric Ier.

son heure et comme il est écrit ; sans cela une reine si sensée ne se serait pas refusée à se laisser saigner après une chute aussi grave, ou tout au moins à prendre un peu de vulnéraire. Il faut qu'elle ait eu le pressentiment de sa mort, ainsi que cela est arrivé à beaucoup d'autres. M^me la princesse est venue me voir lundi dernier ; nous avons bien pleuré ensemble, et elle m'a prié de vous dire combien elle était peinée de ne pouvoir vous écrire elle-même toute la part qu'elle prend à votre malheur. Elle dit aussi qu'elle, M. le prince et ses enfants, ne veulent pas attendre de savoir si on leur fera part ou non de la mort de la reine, mais qu'ils prendront le deuil le même jour que moi. Je ne suis pas encore tout à fait prête, car je ne m'attendais pas à ce malheur, comme bien vous pensez, mais je prendrai le deuil avant notre départ d'ici. Puisque ce malheur devait arriver, c'est encore une grande grâce de Dieu que la bonne reine n'ait pas eu peur de la mort, et qu'elle ait quitté ce monde avec tant de courage, etc.

## CXLI.

Versailles, le 8 mars 1705.

...Il en est bien de vous comme de tous ceux qui ont perdu ce qu'ils avaient de plus cher ; ils s'imaginent toujours qu'ils vont perdre tout ce qui leur reste. Je m'étonne que vous n'ayez eu aucun pressentiment de votre malheur. Quant à la feue reine, elle s'est fait aimer et estimer de tout le monde, et vous

pouvez être sûre que sa louange sera éternelle ; mais
si elle eût dû vivre plus longtemps avec son mauvais
estomac, elle serait devenue malheureuse et maladive
et n'aurait plus fait que souffrir ; tandis que maintenant elle est délivrée de toutes souffrances, et elle
jouit (comme nous chrétiens nous devons le croire) de
la béatitude éternelle. Elle a donc été heureuse en ce
monde, elle jouit maintenant d'un bonheur sans fin,
et elle n'a pas souffert, c'est encore pour vous une
consolation. L'idée que vous exprimez quand vous
dites que la chère'défunte reine a passé comme une
fleur est la même que Quinault fait exprimer à Cybèle
quand elle se désespère de la mort d'Athys :

> Athys au printemps de son âge
> Périt comme une fleur,
> Qu'un soudain orage
> Renverse et ravage.

Il vaut mieux que vous dégonfliez votre cœur que
de ruminer votre tristesse, car ce dernier système est
beaucoup plus malsain, et il est bien juste que je
prenne part à votre douleur. Je crains que la feue
reine n'ait trop chanté, car ceux qui chantent beaucoup meurent ordinairement phthisiques. Ce qui m'é-
tonne, c'est qu'elle ne se soit pas trouvée plus mal, et,
bien que les deux parties nobles fussent gâtées, qu'elle
n'ait pas éprouvé de plus grandes souffrances. La
crainte de devenir maladive a dû rendre la mort plus
douce à la feue reine. Dieu vous console ! etc,

## CXLII.

Versailles, le 22 mars 1705.

...Je pense bien comme M. Leibnitz que rien n'arrive dans le monde sans que le destin y ait part; mais lorsqu'il dit qu'on doit se consoler avec peu, cela me paraît difficile. Il me semble plutôt que votre unique consolation doit être d'avoir une fille si parfaite, qui a été admirée de tout le monde, qui est morte sans souffrir et dont la louange sera éternelle... Vous devez vous consoler aussi en pensant qu'elle a vécu heureuse, qu'elle est morte chrétiennement sans avoir peur de la mort, et qu'elle laisse un fils qui marchera sur ses traces, et se fera admirer autant que sa mère, etc.

## CXLIII.

Versailles, le 26 mars 1705.

...... Ce doit pourtant être encore une consolation pour vous que de voir le prince héréditaire si bien élevé, et suivant si bien les traces de la feue reine sa mère. C'est bon signe qu'à un âge si tendre il sache distinguer ceux qui le flattent d'avec ceux qui cherchent son bien; il fait preuve aussi d'un bon naturel en aimant ceux qui lui donnent de bons conseils. Cela fait bien voir qu'il n'a pas été élevé à Paris, etc.

## CXLIV.

Trianon, le 21 juin 1705.

...... Je suis très-bien logée ; j'ai quatre chambres
et un cabinet dans lequel je vous écris. Il a vue sur
les *sources*, comme cela s'appelle. Les sources sont
un petit bosquet si touffu qu'en plein midi le soleil
n'y pénètre pas. Il y sort de terre plus de cinquante
sources qui font de petits ruisselets larges d'un
pied à peine, et que, par conséquent, l'on peut tous
enjamber ; ils sont bordés de gazons et forment de
petites îles suffisamment larges pour y mettre une
table et des chaises, de façon à pouvoir y jouer à
l'ombre. Des deux côtés il y a de larges degrés, car
tout est un peu *en pante* (*sic*), (je ne saurais pas dire
cela en allemand) ; l'eau court aussi sur ces degrés
et fait de chaque côté une cascade. C'est, comme
vous voyez, un endroit très-agréable. De mon côté,
les arbres entrent presque dans mes fenêtres ; aussi
appelle-t-on les corps de logis où sont la princesse
de Conti, M. le dauphin, moi et M^me la duchesse,
Trianon-sous-Bois. Ce n'est pas ici comme à Marly,
car personne n'y peut entrer que les invités ; dans
l'après-midi, tout le monde peut venir, et l'on joue
toute la journée jusqu'au souper, etc.

Il paraît, à ce qu'on prétend, qu'il y a des enfants
ayant encore leur innocence avec lesquels parlent
les génies ; car lorsque M^me de Nevers apprit, par
les génies, avec M^me la duchesse, l'accouchement de

M^me de Montespan, c'était un enfant qui regardait dans le verre et qui disait tout ce qui se passait à Tournay dans la chambre de M^me de Montespan, et M^me de Nevers était à Paris, etc. [1].

## CXLV.

Versailles, le 4 février 1706.

...... Comme je le vois par les lettres de Louise et d'Amélie [2], nous avons, elles et moi, des opinions très-différentes, car il m'est impossible de condamner

---

1. « Il (le duc d'Orléans) était curieux de toutes sortes d'arts et de sciences, et, avec infiniment d'esprit, avait eu toute sa vie la faiblesse si commune à la cour des enfants d'Henri II, que Catherine de Médicis avait entre autres maux apportée d'Italie. Il avait, tant qu'il avait pu, cherché à voir le diable sans y avoir pu parvenir, à ce qu'il m'a souvent dit, et à voir des choses extraordinaires et savoir l'avenir. La Sery avait chez elle une petite fille de huit ou neuf ans, qui y était née et n'en était jamais sortie, et qui avait l'ignorance et la simplicité de cet âge et de cette éducation. Entre autres montreurs de curiosités cachées, dont M. le duc d'Orléans avait beaucoup vu en sa vie, on lui en présenta un chez sa maîtresse, qui prétendit faire voir dans un verre rempli d'eau tout ce qu'on voudrait savoir. Il demanda quelqu'un de jeune et d'innocent pour y regarder, et cette petite fille s'y trouva propre. Ils s'amusèrent donc à vouloir savoir ce qui se passait alors même dans des lieux éloignés, et la petite fille voyait, et rendait ce qu'elle voyait à mesure. Cet homme prononçait tout bas quelque chose sur ce verre rempli d'eau, et aussitôt on y regardait avec succès. »

C'est le même qui lui fit les prédictions dont parle Madame à la suite de la lettre de son fils, datée du 2 juillet 1707.

2. Les deux sœurs consanguines de Madame.

jamais ce en quoi je trouve quelque chose de bien ;
il me semble que le nom ne fait rien à la chose.
Mais comment les rangraves[1] peuvent-elles être si
partiales? car feu notre père, le prince-électeur, a
fait mettre dans toutes les instructions des gouver-
nantes de ses enfants d'empêcher la partialité. Je ne
puis pas non plus comprendre que le bien ne doive se
trouver que dans ce qui est désagréable, et que si le
même bien, la même morale se trouvent dans quelque
chose d'agréable, cela cesse, dès lors, d'être bien ;
il me semble plutôt fâcheux qu'on ne trouve pas de
manières plus aimables d'inculquer la vertu que par
des moyens aussi déplaisants et aussi ennuyeux que
le sont les dévotions dans toutes les religions. C'est
pour cela qu'il y a si peu de bien parmi les hommes, etc.

Mon fils n'est pas tout à fait de l'avis de M. Leibnitz, car il prétend que l'unité ne se trouve qu'en
Dieu. Il a voulu me le faire comprendre, mais j'avoue
mon ignorance, je n'en comprends pas un mot. Mon
fils en sait un peu plus que n'en savent ordinairement
les gens de son espèce ; cela lui va aussi dix fois
mieux de parler de choses sérieuses que de vouloir
dire des plaisanteries, car le sérieux lui est tout à
fait naturel ; mais, par malheur, il ne veut pas le
croire.

La chance a tourné. Sarragosse est maintenant

1. Ce mot est au féminin dans le texte allemand ; comme il n'a
pas en français de forme féminine, nous devons mentionner ici
qu'il s'agit des princesses sœurs des jeunes rangraves, c'est-à-
dire de Louise et d'Amélie.

pour notre roi d'Espagne ainsi qu'une bonne partie
de l'Aragon; on, a aussi fait lever le siége d'Alicante,
comme je l'ai appris aujourd'hui par une lettre de
la reine d'Espagne. En Catalogne, on n'est plus aussi
bien disposé pour l'archiduc; il est donc à espérer
que notre roi d'Espagne s'affermira encore sur son
trône. On n'entend pas dire que Naples et la Sicile se
soient montrées infidèles, etc.

## CXLVI.

Versailles, le 7 février 1706

...... Ce que je trouve encore affreux, c'est que la
mort enlève les gens coup sur coup. Hier matin, à
quatre heures, est mort le cardinal de Coislin, qui
était premier aumônier du roi et exerçait la charge
de grand aumônier depuis la disgrâce du cardinal de
Bouillon. Le roi a donné cette dernière charge au
cardinal de Janson qui revient de Rome. Le bon cardinal de Coislin est regretté de tout le monde. C'était
un homme de bien, plein d'urbanité et qui, de sa
vie, n'a été mêlé à aucune critique; de plus, charitable au delà de toute expression; il est impossible de
dire combien de charités il a faites dans son diocèse
d'Orléans. Il n'a été malade que quatre jours; mardi
soir il s'est mis au lit, et avant-hier matin il était
mort, etc.

## CXLVII.     •

Versailles, le 25 mars 1706.

...... On ne donne pas la fève à la vierge Marie ; voici comment les choses se passent. On coupe autant de morceaux qu'il y a de personnes à table ; on apporte alors le gâteau tout coupé et l'on a un enfant qui distribue les morceaux. En l'apportant on dit : *Phibé ;* l'enfant répond : Pour qui ? on répond : Pour le bon Dieu , et l'enfant tire un morceau ; ensuite on dit : Pour la Sainte Vierge , et l'enfant tire un autre morceau ; puis on en donne un à la ronde à chacun de ceux qui sont à table. Si le bon Dieu a la fève, c'est le maître de la maison qui est roi ; si c'est la sainte Vierge, c'est la dame du plus haut rang qui est reine de la maison. Jadis ce jeu donnait en France aux dames de la cour un grand avantage, mais le roi a aboli cette coutume. Du temps de Louis XIII encore, si une dame de la cour avait la fève et était reine, elle disposait des charges, quelles qu'elles fussent, qui venaient à vaquer dans les vingt-quatre heures. De là le proverbe qui dit que la fève porte bonheur [1]. S'il n'y avait pas de charges vacantes, la reine demandait au roi des grâces qu'il devait lui accorder. Toutes ces cérémonies m'ont fait douter qu'on tirât la fève à Berlin ; peut-être cela s'est-il passé tout simplement

---

1. On dit dans ce sens : trouver la fève au gâteau, c'est-à-dire faire une heureuse rencontre.

comme on fait d'ordinaire en Allemagne, c'est-à-dire en tirant des billets, etc.

## CXLVIII.

Versailles, le 30 mai 1706.

...... On a vraiment besoin maintenant de consolations, car je n'ai jamais vu de temps plus malheureux depuis les trente-cinq ans que je suis en France. Il ne se passe pas de jour où l'on n'apprenne quelque mauvaise nouvelle; mais comme vous les savez déjà sans aucun doute, je ne vous en dirai rien de plus, etc.

Toutes les manières du maréchal de Villars sont romanesques, on doit en convenir, mais il se bat mieux que le maréchal de Villeroy. Le prince Louis n'a pas besoin de tant se remuer; mylord Marlborough se remue assez pour eux deux, et ne se remue, hélas! que trop. On peut dire de lui ce que disait Rabenhaupt : « Bonjour, monsieur, vous faites un vacarme du diable. » Ceux qui croient à la sorcellerie penseront qu'il a fait un pacte avec le diable pour avoir un bonheur aussi inouï.

Vous savez déjà la tournure malheureuse et désolante qu'ont prise, devant Barcelone, les affaires de notre roi d'Espagne; je ne vous en dirai donc rien de plus.

Je ne sais pas quel talisman on a donné à l'archiduc, mais il est heureux, car, selon toute apparence, les affaires n'auraient pas dû si bien tourner pour lui.

Ses meilleures reliques sont les Anglais et les Hollandais, etc.

## CXLIX.

Versailles, le 12 septembre 1706.

..... Il est vrai que notre roi a encore très-bonne mine; il assure toujours qu'il veut aller à Fontainebleau, mais je ne peux pas le croire; la duchesse de Bourgogne ne le souffrira pas. Elle ne peut pas supporter que le roi me parle. Jeudi dernier, après souper, Sa Majesté me fit la grâce de vouloir me parler; mais la duchesse de Bourgogne, sans me laisser le temps de répondre, dit au roi de se retirer parce qu'elle se trouvait mal. Si M<sup>me</sup> la dauphine ou moi nous eussions fait autrefois pareille chose, on ne nous aurait pas approuvées; le roi est de si bonne humeur que c'est vraiment quelque chose d'étonnant. Le duc de Bourgogne raisonne bien sur les affaires temporelles, mais non sur les spirituelles, car c'est un pénitent des jésuites, et ceux-ci enseignent qu'on ne doit jamais raisonner sur la religion, mais tenir sur ce sujet sa raison prisonnière; c'est ce que fait le duc : aussi est-il bien loin de raisonner comme vous, etc.

Si mon fils pouvait être bien secondé, il prouverait qu'il connaît son métier; mais l'administration est mauvaise, pire qu'on ne saurait dire, et mon fils ne peut pas faire l'impossible. Je ne sais pas où restent les courriers; on aurait dû avoir des nouvelles depuis le 10, et il n'est encore rien arrivé. Je vous remercie bien sincèrement des vœux que vous formez pour la santé et la vie de mon fils. Dieu vous accorde que votre fils et votre petit-fils vous donnent mille satisfactions !

On m'avait déjà dit ce que Lützenbourg vous a conté du roi d'Espagne [1] et de son beau-père [2], etc.

## CL.

Versailles, le 16 septembre 1706.

.....: Je suis triste jusqu'au fond de l'âme, car le jour même où vous m'écriviez votre dernière lettre a été pour moi un jour bien malheureux, et cela parce que le maréchal de Marsin [3] et les autres généraux n'ont pas voulu croire mon fils. Il était d'avis d'attaquer l'ennemi hors des lignes avec son armée, mais le maréchal de Marsin, ni aucun des autres généraux, n'ont voulu y consentir, et ils ont montré des ordres qui leur défendaient de se risquer. Mon fils a donc dû suivre leur maudit conseil. Les ennemis ont attaqué le retranchement là où M. de la Feuillade [4] avait ou-

1. Philippe V.

2. Victor Amédée II, duc de Savoie, dont le roi d'Espagne avait épousé la fille, Marie-Louise-Gabrielle.

3. Le maréchal de Marsin qui commandait l'armée d'Italie sous le duc d'Orléans. Il y avait été envoyé sur le refus formel de Villars qui ne voulait pas, dit Saint-Simon, prendre l'ordre de M. de Vendôme, et ne s'accommodait point d'être sous un si jeune prince.

4. Le lieutenant général, duc de la Feuillade, gendre du ministre Chamillart. (Voir Saint-Simon, t. III, p. 50.)

blié de se fortifier. Il avait compté sur deux rivières qui coulent en cet endroit sans songer que par la chaleur elles sont à sec. Les ennemis ont donc passé l'eau et sont arrivés au nombre de trente-cinq mille hommes contre huit mille. Ils ont forcé nos lignes, comme bien vous pensez, et ont dégagé Turin. Mon fils s'est défendu aussi longtemps qu'il a pu et a été blessé en deux endroits. Il a reçu un coup de mousquet à la hanche et un au bras gauche entre le coude et le poignet. Son chirurgien m'a écrit et il m'assure qu'il n'y a aucun danger. Le maréchal de Marsin a payé de sa vie son mauvais conseil, car il a été tué. On voit aujourd'hui plus que jamais que, si l'on avait laissé faire mon fils, les choses en seraient mieux allées, etc.

## CLI.

Marly, le 19 mai 1707.

...... J'ai reçu, il y a une heure, une lettre de mon fils, datée du 8 de ce mois. Elle commence ainsi : « La ville et royaume de Valance, Madame, est enfin soumis : c'est un agréable païs, plain d'orangers, de jasmins, de grenades, de toutte sorte de fruits; en un mot, bien différent de l'affreux pays par où il a fallu passer pour y arriver. Les ennemis ce sont retires à neuf lieues d'icy et s'en vont a Catalogne, ainsi je croy ne pas trouver plus de dificulté a la réduction de l'Aragon[1]. » — Dans ce qui suit, il me parle de ses gens

---

1. En français dans l'original.

qui sont presque tous malades. Je crains bien que mon fils ne finisse aussi par le devenir, etc.

## CLII.

Marly, le 22 mai 1707.

...... J'ai fait des exercices violents, ce qui m'est toujours très-salutaire ; l'on chasse d'ailleurs dans le plus bel endroit du monde, car le parc d'ici est un véritable jardin. Il a plus de dix ou douze allées avec des étoiles auxquelles aboutissent six ou huit d'entre. elles. Toutes les haies sont en fleur et parfument l'air ; avec cela les rossignols et les autres oiseaux chantent si bien qu'on se console parfaitement en ce lieu, etc.

## CLIII.

Marly, le 2 juin 1707.

...... Mardi dernier, l'on m'éveilla pour m'annoncer l'arrivée d'un premier valet de chambre de mon fils qui m'apportait l'agréable nouvelle que la ville de Sarragosse et tout le royaume d'Aragon s'étaient rendus à lui. Ce qui me fait le plus de plaisir, c'est que les troupes de l'ennemi étaient deux fois aussi nombreuses que celles de mon fils ; ils avaient de l'artillerie dans la ville, et mon fils n'en avait pas. S'ils eussent tenu bon, ils lui auraient fait subir un échec ; mais ils avaient si peur que, lorsque mon fils donna à ses hussards l'ordre d'attaquer les quatorze escadrons, ils s'enfuirent tous épouvantés. Les quatre bataillons

16

d'infanterie, aussi bien que les quatorze escadrons de cavalerie, se sont retirés immédiatement au delà d'une rivière qu'on appelle l'*Ebro*. Alors la ville a envoyé des députés pour faire un accord ; mais mon fils a dit qu'il ne voulait pas entendre parler d'accord et qu'on eût à lui livrer *l'Inquisition*, qui est une grande maison fortifiée, et la porte du Pont. Les députés dirent qu'ils n'avaient pas d'ordres ; cependant mon fils s'avançait vers la ville avec sa cavalerie et disposait son infanterie de manière qu'on ne pût .pas voir combien il en avait ; puis il faisait tirer de fortes salves contre la ville. Il paraît que dans ce pays-là ils ne sont pas habitués au bruit de la fusillade, car cela leur fit une telle peur que les députés revinrent aussitôt et accordèrent tout ce que mon fils avait demandé. Il leur promit de ne pas livrer la ville au pillage, ce qu'ils redoutaient par-dessus tout, et ils ont tout de suite envoyé des courriers dans toutes les directions portant l'ordre à tout le monde de se soumettre au roi Philippe. Mon fils a passé l'Èbre et a été mettre le siége devant Lérida. Dieu veuille nous continuer son assistance !

Le roi, M. le-dauphin, le duc et la duchesse de Bourgogne, le duc de Berry et toute la cour sont venus me rendre visite et se sont réjouis avec moi. La vieille dame[1] est la seule qui ne soit pas venue ; elle ne m'a pas même fait dire le moindre mot, etc.

1. M^me de Maintenon.

## CLIV.

### LETTRES DU DUC D'ORLÉANS [1].

#### 1.

A Saragoce, ce 5 de juin 1707.

Cilly [2] est arives, madame, et m'a rendu vostre lettre que j'attandois avec bien de l'impatiance, je ne suis point surpris de l'acceuil qu'on vous fit en vous disant : Il n'y estois pas, mais je suis bien touché de la façon dont vous aves entré pour moy dans tout cela. Les marques de vostre amitié ne me sont pas nouvelles, mais elle me sont toujours esgalement sensibles ; nous n'avons point icy de nouvelles. Mons. de Barwick [3] arive incessament ; mon artillerie vient tout doucement ou, pour mieux dire, ne vient point, ce qui retarde cruellement tout mes projets. Il ne me reste plus, madame, qu'à vous assurer de mon respect et de ma tendresse qui vous est deue par tant dendrois.

#### 2.

Au camp de Nues, ce 12 juin 1707.

J'ay enfin receue, madame, la lettre que vous m'aves fait l'honneur de m'escrire du 14 par Silly. Par un

1. Ces lettres sont en français.
2. Le lieutenant général de Silly, ami du duc d'Orléans, par lequel il obtint un avancement rapide.
3. Le maréchal de Berwick, commandant de l'armée française en Espagne.

quiproquo, elle a estés a Madrit, ce qui m'a fait d'abord quelque touleur, mais j'ay bien examines le cachet, je m'y connois, elle n'a point estés ouverte. Celle du 21 est arivée aussi, mais un ordinaire plus tard qu'elle ne devoit. Je n'en suis pas surpris, car nos postes sont fort dérangées. Au reste, madame, je vous suplie de m'avertir quand vous me voudres faire le tour de montrer mes lettres pour que je sois un peu plus sur mes gardes que je ne le suis. Dans la confiance que vostre bonté pour moy vous fera excusser bien des fariboles, ce n'est pas que la façon obligeante dont Madame l'Électrice vous parle sur moy, et la part qu'elle y veust bien prendre, ne me doive rassurer, mais les louanges sont excessives, qu'elle m'effrayent d'autant, qu'il ne peust y avoir de bon dans mes lettres que ce qui part uniquement du cœur, c'est-à-dire les sentimens que j'ay pour vous, etc.

### 3.

A Ballobar, ce 2 de juillet 1707.

Coche m'a randu hier vostre lettre, madame. Je ne suis point surpris de tout ce que vous me mandes de cette bonne dame[1] ; mon année finit comme elle a comancée, et je trouve icy dans mon grand mulet anglois[2] toutte la lenteur et loposition possible a tout ce que je pense de bon. Il n'y a pourtant qu'un mois d'icy au 2

1. Ces mots nous paraissent devoir être pris ironiquement et s'appliquer à M^me de Maintenon.
2. Probablement le maréchal de Berwick.

d'aoust, et il est bien difficile, si Dieu ne s'en mesle ou le diable, que ce qui se passe a l'heure qu'il est n'influe sur ce temps la. Les ennemis ont enfin abbandonnés la Cinca, ou on m'a fait perdre quinze jours auxquels j'ay grand regret. Mequinança n'est pas encore pris. Un saint s'impatienteroit, et malheureusement je ne le suis pas encore tout à fait. La poste va partir. Je remets, madame, au premier courrier ou ordinaire a vous mander beaucoup de choses, et me contente icy de vous remercier et de vous demander la continuation de vos bontes.

Afin que vous compreniez bien cette lettre, je dois vous dire que l'an passé, au moment où mon fils devait partir, un astrologue d'ici fit deux révolutions de ces deux années et lui prophétisa tout le mal qui lui est arrivé; mais il lui dit que cette année dans laquelle il entrera le 2 août, serait plus heureuse. Aussi ai-je écrit à mon fils, pour le consoler, qu'il devait penser à l'autre année, et que, comme les mauvaises prédictions s'étaient trouvées si justes, il fallait espérer que les bonnes se vérifieraient aussi. C'est à cela qu'il me répond.

4.

A Algoyre, ce 30 juillet 1707.

Je receus avant hier, madame, vostre lettre du 17. Le mulet dont je vous ay parlé n'est qu'un mulet et point du tout soufflés, et c'est aprésent mon moindre ambaras. Son opiniâtreté, jointe à l'ignorance d'un Espagnol, natif d'Italie, qui est son homme de confiance, et n'est ny sot ny ignorant, avoit pensé faire mourir de faim l'armée, et nous avoit mis jusqu'a present hors d'estat d'entrer dans nos quartiers ; mais, a force de travail, j'ay remis cela un peu en ordre, nous allons y entrer et attaquer Monça; mais dans peu nous n'en serons pas mieu, si Dieu n'e s'en mesle, et il ne paroist pas que l'affaire de Provence me donne icy beaucoup de commodites pour l'argent et les vivres. Si cela tourne bien, j'aures foy aux miracles et vous croires prophétesse, et c'est un acheminement a devenir un saint. En attendant, je tire, comme on dit, le diable par la queüe, mais à breby tondue Dieu luy mesure le vent, car ce qui rebuteroit tout auttre ne fait que m'obstiner à travailler davantage. Me voila aux proverbes comme Sancho, quoiqu'il y ait longtemps que j'ay quittes son pays, mais il faut bien chercher à ce consoler de quelque façon, tout au moins ce chastouiller pour ce fair rire. J'arrive de Balaguier[1], dont j'ay fait racomoder le pont et ou je conte m'aller establir mardy, que nous entrerons dans nos quartiers, et moy dans ma trente-quatrième année. Dieu veuille qu'elle soit diférente de l'autre : elle ne le sera certainement pas du moins sur les sentiements de respect et de tendresse qui seront toutte ma vie également graves pour vous dans mon cœur.

1. Balaguer, ville de Catalogne à sept lieues de Lérida.

## 5.

A Balaguier, ce 12 aoust 1707.

Je ne sçay, madame, si j'ay eue l'honneur de vous montrer une lettre que Bariere m'ecrivit peu avant que je partisse. La pauvre fille confitte en devotion me conseilloit de faire comme Gedeon. Je croi que l'on pense de mesme à la cour, car j'ay eue ordre hier de me dessaisir de douze bon bataillons et quelque escadron pour envoyer en Provence; j'ay d'abord manque de poudre et de canon. J'ay negligé ces deux bagatelles, pour soumettre l'Aragon. On m'a ensuitte denié les ponts et le pain, je n'ay pas laisses de passer les rivieres, de prendre Mequinença et Monçon en dernier lieu. Il me vient apressent du canon, j'ay tant fait que j'ay des ponts et du pain. Pour que tout viene de la main de Dieu, et que nulle gloire n'en soit donnes aux hommes, on me les retranche. Nos affaires n'en iront pourtant pas plus mal, jusques a ce que la compagnie qui est devant nous augmente, au quel cas je croi que la nostre augmentera, alleluya. Je vous demande pardon de vous mander toutes ces folies, mais il faut bien chercher a segayer pour ne pas sucomber; ce qui me soutiendra plus que tout est l'amitié que vous me tesmoignes.

## 6.

A Balaguier, ce 27 aoust 1707.

Vous estes, madame, plus forte que moy en proverbe, il faut céder; mais comme de Sancho dans mes lettres, je me suis fait Gedeon [1], je vouderois soutenir le personage, et pour cela je vous envoy la relation tout au long d'une petite avanture qui s'est passée trois ou quatre jours après le despart du Mylord, et qui tient du Gedeon, par le peu de proportion de nostre perte a celle des ennemis, outtre qu'elle a caussé querelle dans leurs camps, et qu'il y en a eu de tues entr'eux, cela pouroit estre un presage de quelque chose de bon, de plus l'abondance revient et ceux qui avoit le plus mal fait, apresent que je suis seul, font les chiens couchant ; pourveu que mon affaire aille, je me moque du passé. Il ne me reste aujourdhuy qu'a vous demander la continuation de vos bontés.

## CLV.

Versailles, le 14 août 1707, 9 heures 1/2 du matin.

... Je suis persuadée que si le roi devait perdre Toulon, cela serait un obstacle à la paix, car je crois qu'il ferait des efforts désespérés pour reprendre cette ville. Il faut que le roi de Suède se plaise bien en Saxe, car il y reste longtemps. Il me semble qu'il ne soutient pas assez son Stanislas [2]. Le roi Auguste m'impatiente bien avec sa conduite ; on n'a jamais vu folie pareille ; bâtir à une maîtresse une maison de

---

1. Gédéon, vainqueur des Madianites, libérateur des Israélites, détruit l'autel de Baal. (Voir le livre *des Juges*, chap. vi, vii et viii.)

2. Stanislas Leczinski, élu roi de Pologne en 1704 à la place d'Auguste II, détrôné par Charles XII.

diamants! Il est entièrement ruiné. C'est toutefois un bonheur pour l'électeur qu'il fasse construire cette maison à Dresde, car si le roi Auguste vénait à mourir, il pourrait s'emparer de la maison et des diamants et, *met verloff, met vertoff*, chasser la putain [1]. Quand les généraux maintiennent le bon ordre, on ne peut pas leur en vouloir de l'argent qu'ils se font, etc.

## CLVI.

Marly, le 7 février 1709.

... Pour pouvoir bien profiter de cette vie, il faudrait être son maître et ne pas dépendre des autres. J'en suis maintenant de ma Bible au premier livre de Moïse, car je l'ai recommencée avec le nouvel an. C'est très-divertissant à lire, etc.

... Le duc de Bourgogne et le duc de Berry ont été élevés ensemble et de la même manière, mais ils sont d'humeur très-différente. Le duc de Berry n'est pas du tout dévot, il n'a de considération pour rien au monde, ni pour Dieu ni pour les hommes, aucunes maximes; il ne se soucie de rien et pourvu qu'il se divertisse, n'importe comment, tout est bien pour lui. Voici d'ailleurs quels sont ses divertissements ordinaires : chasser, jouer aux cartes, parler avec de jeunes femmes qui n'ont pas le sens commun et bien manger, c'est là tout son plaisir. J'allais oublier de vous dire

1. Le roi Auguste II, avant d'être roi de Pologne, était électeur de Saxe.

qu'un autre de ses plaisirs consiste à aller patiner sur la glace. Mon fils est d'une tout autre nature. Il aime la guerre et s'y entend. Il n'aime ni la chasse ni le tir, ni le jeu, mais il a le goût de tous les beaux-arts, et par-dessus tout de la peinture à laquelle, disent les peintres, il s'entend très-bien. Il aime à distiller, se plaît à la conversation et ne cause pas mal; il a fait de bonnes études et sait beaucoup, car il a bonne mémoire. Il aime aussi la musique et les femmes. Pour ces dernières, je voudrais bien qu'il les aimât un peu moins, car il se ruine et ses enfants avec lui; cela le lance aussi dans des sociétés trop débauchées qui le détournent de tout ce qui est bien. Vous voyez donc que c'est une nature différente. Mais le voilà qui entre à l'instant même, etc.

... Si les Français en voyage se font annoncer chez les souverains, c'est par orgueil; car ils pensent que tout ce qui n'est pas leur roi est leur égal, etc.

... Mon fils n'est jamais mécontent que lorsqu'il ne peut pas obtenir pour son armée ce qui lui est nécessaire, comme cela arrive souvent.

Je ne dis pas que le roi soit marié, mais en supposant qu'il le fût et qu'il voulût déclarer son mariage, personne ne dirait un mot là contre. Le Dauphin passe également pour s'être mésallié [1], le duc de Bourgogne a trop peur du roi et de la dame pour oser ouvrir la bouche; cette dame et la duchesse de Bourgogne ne sont qu'une seule âme en deux corps; le duc de Berry

---

1. Il avait, dit-on, épousé secrètement M<sup>lle</sup> Choin.

ne sait pas lui-même qui il est, il ne sait rien et trouve tout bien; vous pouvez donc hardiment croire que les princes n'ont rien fait pour empêcher cette déclaration. Des gens qui pensent bien connaître l'affaire assurent que jusqu'ici c'est le feu confesseur du roi, le père de La Chaise, qui s'y est opposé. Le temps nous apprendra le reste, etc.

## CLVII.

Marly, le 18 avril 1709.

... Je suis comme vous, je n'ai jamais pu rien comprendre à l'apocalypse de saint Jean. Le confesseur[1] que j'ai maintenant est raisonnable en tout, excepté en fait de religion où il est par trop simple; il a cependant du bon sens, mais c'est sans doute le zèle qui l'aveugle. Il est tout autre que mes deux précédents confesseurs, le père Jordan et le père St-Pierre. Ceux-ci reconnaissent ce qu'il y a dans la religion de bagatelles et de mauvaises choses, mais lui n'en veut pas convenir. Il veut qu'on admire tout, et cela m'est impossible. Je ne veux pas non plus qu'on m'en donne à garder : aussi trouve-t-il que je ne suis pas assez docile. Mais je lui ai avoué tout net que j'étais trop vieille pour croire des niaiseries. Il voudrait bien me faire croire à toutes les bagatelles de miracles. Le jeudi saint, il s'est passé à ce propos quelque chose

1. Le père de Linières, jésuite.

de très-drôle qui m'a fait rire de bon cœur. Comme
je revenais de l'église où j'avais communié, on se mit
à parler de miracles. Quelqu'un raconta que le père
de feu M. le dernier prince et M^me la Princesse palatine [1] s'étaient convertis pour avoir tenu exposé à la
flamme d'une chandelle du bois de la vraie croix qui
n'avait pas brûlé. Je dis que ce n'était pas un miracle
attendu qu'il y a en Mésopotamie un bois qui ne brûle
pas. Là-dessus, le père Linières fit observer que je ne
voulais croire à aucun miracle. Je répondis que j'avais
en main la preuve de ce que j'avançais, et c'était
vrai, car Paul Lucas m'avait vendu un gros morceau
de ce bois qui rougit au feu et ne brûle pas. Je me
levai donc, j'allai chercher mon bois et je le fis bien
examiner par le père Linières afin qu'il ne pût pas
douter que c'était du bois. Il en coupa un morceau et
jeta le reste au feu. Il y devint rouge comme aurait
fait un morceau de fer, mais ne brûla pas. Qui fut pe-
naud et confus? Ce fut mon bon confesseur, car je ne
pus pas m'empêcher de rire. Il se remit cependant et
dit qu'il n'était écrit nulle part que le bois de la sainte
croix fût incombustible, et que, par conséquent, ceux
qui le jetaient au feu faisaient mal. — Mais, lui dis-
je, si je ne vous avais pas donné la preuve que vous
venez d'avoir, vous m'auriez fait un crime de ne vouloir pas croire à ce grand miracle. Il dut enfin en rire
lui-même et avouer qu'il n'eût pas voulu croire, s'il
ne l'avait vu de ses yeux, qu'il y avait un bois pareil.

1. Anne de Gonzague.

Le père Cannet et lui auraient été bien ensemble.
Lorsque M<sup>me</sup> de Ratzenhausen [1] m'entend ainsi dis-
puter avec mon confesseur, elle me dit très-plaisam-
ment : J'espère qu'avec l'aide de Dieu Votre Altesse
Royale finira par donner une très-bonne éducation à
son confesseur.

Il est rare que mon fils soit longtemps auprès de
moi, car il ne couche jamais trois nuits de suite hors
de Paris, et, pendant qu'il est à la cour, il a tellement
à faire chez le roi et chez les ministres qu'il n'a guère
de temps à me donner. Mon fils, Dieu merci, est à
même de bien raisonner ; il connaît à fond toutes les
religions, et je me flatte que, s'il avait l'honneur de
vous entretenir, il ne vous déplairait pas, car il n'est
pas pédant. Mais ce qui vous choquerait, c'est sa démarche, qui est très-disgracieuse ; il courbe la tête et
traîne un bras et une jambe. Cependant, quand il veut,
il se tient mieux. Ainsi, quand il danse, c'est un tout
autre homme, etc.

1. Éléonore de Ratzenhausen, compatriote de Madame, l'avait
accompagnée en France, et lui fut toujours très-dévouée. Dans la
*Correspondance complète* (trad. de G. Brunet, t. I<sup>er</sup>, pages 398
et 399), Madame dit d'elle ce qui suit : « M<sup>me</sup> de Ratzenhausen
a le bonheur d'avoir été aimée des plus grands seigneurs ; le roi
lui-même la voyait avec plaisir ; elle le faisait rire ; elle divertissait aussi beaucoup M<sup>me</sup> la Dauphine. M<sup>me</sup> de Berri avait de l'affection pour elle, et la faisait souvent venir. Il n'est pas étonnant
que nous soyons amies ; nous sommes ensemble depuis l'enfance,
et nous nous connaissons depuis que je n'avais que neuf ans ;
parmi cent vieilles femmes, on n'en trouverait pas une qui ait
conservé autant de gaieté que Lénore. » (Lettre du 1<sup>er</sup> mai 1718.)

## CLVIII.

Marly, le 13 juin 1709.

...La nouvelle s'est trouvée vraie. M. de Chamillart[1] est destitué, et M. Voisin[2], conseiller d'État et intendant de Saint-Cyr, a pris sa place. Mais celui-ci doit payer huit cent mille livres à Chamillart, auquel le roi donne aussi une pension viagère de vingt mille

1. Chamillart (Michel de), né en 1651, mort le 14 avril 1721. Il fut nommé contrôleur général des finances en 1699 à la place de Pontchartrain, et ministre de la guerre en 1701 en remplacement du marquis de Barbézieux, fils de Louvois. Le ministre sentant sa faiblesse, Louis XIV le rassura par cette parole digne de sa présomption et de son orgueil : *Je vous seconderai.* Mme de Maintenon avoue dans ses lettres que c'était un homme incapable; et cependant il était son protégé. « Chamillard, dit Saint-Simon, étoit très-borné, et, comme tous les gens de peu d'esprit et de lumières, très-opiniâtre, très-entêté, riant jaune avec une douce compassion à qui opposoit des raisons aux siennes, et entièrement incapable de les entendre, par conséquent dupe en amis, en affaires et en tout... Le rare est que le grand ressort de la tendre affection pour lui étoit cette incapacité même. Il l'avouoit au roi à chaque instant, et le roi se complaisoit à le diriger et à l'instruire, en sorte qu'il étoit jaloux de son succès comme du sien propre, et qu'il en excusoit tout. » Chamillart se retira devant le mécontentement général qu'avait provoqué sa déplorable administration. Il emporta en mourant la réputation d'un homme honorable dans la vie privée.

2. Voysin était une créature de Mme de Maintenon : « Voysin, dit Saint-Simon, avoit parfaitement la plus essentielle qualité, sans laquelle nul ne pouvoit entrer et n'est jamais entré dans le conseil de Louis XIV en tout son règne, qui est la pleine et parfaite roture, si on en excepte le seul duc de Beauvilliers. »

écus reversible pour moitié sur sa femme dans le cas
où elle lui survivrait. Son fils reçoit douze mille livres
de pension, et achète de M. de Cavois la survivance
de la charge de grand maréchal des logis. M. de
Chamillart a appris sa disgrâce avec une grande fermeté, et comme les ducs de Chevreuse[1] et de Beauvil-
lier[2] la lui annonçaient de la part du roi, il leur a dit :
« Je sentais bien moi-même que cette charge était un
fardeau trop lourd pour moi, et je l'ai souvent dit au
roi. Je fais de mon mieux, et je souhaite de tout mon
cœur que mon successeur fasse mieux que moi. »

Cela dit, il envoya chercher sa voiture et se rendit
à l'Estang, où il possède une belle maison tout près
du parc de Saint-Cloud. De là il envoya un courrier à
Meudon au duc de la Feuillade[3], mais pas à son second
gendre, le duc de Lorge[4], car il pensait être aimé du

1. Le duc de Chevreuse « étoit, dit Saint-Simon, ministre
d'État *incognito.* »

2. Le duc Paul de Beauvilliers, mort en 1714, à l'âge de
66 ans, avait été gouverneur du duc de Bourgogne, père de
Louis XV.

3. La Feuillade, « ce gendre si chéri, dit Saint-Simon, avoit
gardé le secret, à Meudon, de l'avis qu'il avoit reçu par le billet
de son beau-père. Dès le lundi matin, l'air libre et dégagé, il vint
prier le roi, qui alloit à la messe, de se souvenir qu'il avoit
donné sa vaisselle, et de lui conserver le logement que Chamillart lui avoit donné. Le roi ne répondit que par un froid et méprisant signe de tête. Son maintien ne réussit pas mieux dans le
public, et tout à la fin de la matinée, il se résolut enfin d'aller
à l'Étang. »

4. Le duc de Lorges, fils du maréchal de ce nom, avait épousé
la troisième fille de Chamillart. Il se maria en secondes noces
avec la fille du premier président de Mesmes.

premier auquel il a toujours fait tout le bien possible, tandis qu'il s'est souvent querellé avec l'autre au sujet de sa fille. Hélas! le pauvre brave homme s'est trouvé trompé en cela comme en bien d'autres choses; car le duc de la Feuillade, au lieu de venir le trouver, resta à Meudon, y soupa avec Monseigneur, y passa tranquillement la nuit, et plaisanta toute la soirée sur la disgrâce de son beau-père. Le lendemain, il alla à Versailles demander au roi de pouvoir garder son *cossement*[1] (*sic*), et il ne se rendit chez son beau-père que dans l'après-midi.

Le duc de Lorge, au contraire, à qui l'on n'avait pas envoyé de courrier et qui n'avait été prévenu que par une lettre de sa femme, partit tout de suite en voiture pour l'Estang et dit à sa femme : « Vous avez toujours mal vécu avec moi, et vous m'avez attiré la haine de votre père à tel point qu'il me méprise, me décrie partout et que, même dans sa plus grande faveur, il ne m'a fait aucun bien; je vous le reproche ici pour la dernière fois, vu que dorénavant il ne tiendra qu'à vous d'être heureuse; car, si la disgrâce de votre père vous fait rentrer en vous-même et vous fait prendre la résolution de bien vivre avec moi désormais, je suis tout disposé à bien vivre avec vous. Je viens offrir à votre père mes maisons, mes biens, mon argent, tout ce que je possède. » Là-dessus il alla trouver Chamillart et lui dit : « Monsieur, pour vous prouver que je

---

1. C'est *lossement* (logement) qu'il faut lire. Il y a évidemment une faute d'impression. Mais Madame écrit partout *lossement* pour logement.

ne suis pas aussi méchant que vous l'avez cru, je viens vous offrir ma maison et tout ce que j'ai. Voulez-vous que je reste auprès de vous? j'y resterai; ne le voulez-vous pas? je me conformerai à votre volonté en fils obéissant; vous n'avez qu'à me la faire connaître; car maintenant que vous êtes en disgrâce, j'oublie tous les différends qu'il y a eu entre nous. Votre fille n'aura non plus jamais à se plaindre que je vive mal avec elle, pourvu qu'elle veuille seulement vivre bien avec moi. »

Vous pouvez penser si cela a touché M. de Chamillart, qui est un bon et honnête homme. Il se retirera dans la maison de ce gendre. Il a dit aussi, paraît-il, que la seule chose qui l'affligeât dans son malheur, c'était de n'avoir plus la faveur de voir le roi, auquel il doit tant de reconnaissance et pour qui il a une sincère affection. J'ignore la véritable cause de sa disgrâce; cependant je vais vous raconter ce qu'on en dit dans le public. Il y a différentes versions. Quelques-uns disent qu'il ne peut rendre compte de vingt-trois millions qui ont passé entre ses mains. Il ne les aurait pas pris, mais les aurait donnés à des gens intéressés qui, craignant que la chose vînt à se découvrir, ont comploté sa perte et ont mis à sa place une de leurs créatures. Ils n'ont qu'à empêcher M. de Chamillart de parler lui-même au roi, car ils sont bien sûrs que personne autre ne se hasarderait à révéler la chose à Sa Majesté. D'autres attribuent la disgrâce de Chamillart à la cause suivante : Le pape, croyant avoir la guerre avec l'empereur, avait fait

demander au roi par son nonce des armes que Sa
Majesté avait refusées en disant qu'il n'avait pas assez
d'armes dans les arsenaux pour ses propres troupes.
Mais dès que le nonce fut rentré chez lui à Paris, un
inconnu vint demander à lui parler. Le nonce le fit
introduire, et cet homme lui dit : « Monsieur, je sais
que le roi vous a refusé des armes; mais, si vous
voulez signer à M^me de Chamillart et à ses filles un billet portant que le pape leur donnera vingt mille livres,
vous aurez des armes tant que vous en voudrez et
qu'il vous en faudra. » Le marché fut conclu et le pape
reçut les armes, ce dont il fit part au maréchal de
Tessé [1]. Le nonce de son côté le dit au maréchal de
Boufflers [2], et tous deux le rapportèrent à M^me de
Maintenon pour qu'elle le dît au roi, ce qu'elle fit.
Sur quoi Chamillart fut disgracié. Je vous ai raconté
cette affaire dans tous ses détails, parce que je sais que
vous aimez bien à savoir la vérité sur toutes choses.
La disgrâce de M. Chamillart m'afflige, car il a toujours été très-convenable avec moi, et m'a fait tous
les plaisirs qu'il a pu, bien que je ne fusse pas en
faveur; ce dont je lui suis obligée.

1. Le maréchal de Tessé avait été envoyé en 1708 comme plénipotentiaire du roi à Rome, et pour toute l'Italie, avec pouvoir
de prendre le caractère d'ambassadeur si et quand il le jugerait
à propos, et de général des troupes s'il y en allait.

2. Louis-François de Boufflers, marquis, puis duc de Boufflers, maréchal de France, né le 10 janvier 1644, mort le 22 août
1711. Il est connu sous le nom de *Chevalier de Boufflers*.

## CLIX.

Versailles, le 23 mai 1709.

... Plût à Dieu que je pusse vous dire qu'il n'y a pas de famine ici, mais ce n'est malheureusement que trop vrai. La récolte des fruits ne signifie rien, pourvu qu'on ait seulement du pain et du vin en suffisance. Quel triste temps, grand Dieu !

## CLX.

Versailles, le 6 juin 1709, à 3 heures de l'après-midi.

... Ce que M^lle Hilgen a raconté à la princesse électrice est très-vrai. Feu Monsieur aurait bien aimé faire venir ma mère ici ; mais moi, qui sais ce qui s'y passe, et combien de chagrins ma mère se serait préparés en venant, j'ai pensé ne pouvoir mieux faire que de l'en dissuader. Elle ne m'a pas montré qu'elle eût pris en mauvaise part mon loyal conseil, lorsque je lui ai dit qu'elle n'aurait ici qu'à endurer toute sorte de désagréments, de chagrins et d'indignités, ce qui serait certainement arrivé. Aussi ai-je pensé que c'était mon devoir de l'en avertir ; car on ne peut pas rester toute sa vie dans l'*incognito,* et elle n'aurait trouvé partout que déboires. Si elle avait vu le monde, et qu'on ne se fût pas conduit avec elle comme on le devait, elle en eût été affligée. Quant à ne voir personne, c'est à quoi elle n'aurait jamais pu se résoudre. Tous les bâtards auraient passé avant elle, et chaque

jour j'aurais eu de nouveaux chagrins et je me serais
fait un mauvais sang terrible. Elle et moi nous n'aurions retiré de ce séjour qu'affronts et crève-cœur,
aussi l'ai-je détournée de venir. J'ai bien pensé que
vous seriez en cela de mon avis, etc.

## CLXI.

Versailles, 22 août 1709.

... Comme je passais en voiture par la porte Saint-
Honoré, à Paris, je vis tout le monde courir d'un air
effaré. Quelques-uns disaient : Ah! mon Dieu! Toutes
les fenêtres étaient pleines de monde; il y en avait
même jusque sur les toits. On voyait toutes les boutiques se fermer ainsi que les portes des maisons; le
Palais-Royal lui-même était fermé, et je ne pouvais
pas comprendre ce que cela signifiait. Mais au moment
où je descendais de voiture dans la cour intérieure,
une bourgeoise que je ne connais pas vint à moi et
me dit : « Saves vous, madame, qu'il y a une revolte
dans Paris, qui dure despuis 4 heure du matin[1]? »
Je crus que cette femme était folle et je me mis à rire;
mais elle me dit : « Je ne suis pas folle, madame, ce
que je vous dis est tres vray, et si vray qu'il y a déjà
40 personnes de tues[2]. » Je demandai à mes gens si
c'était vrai; ils me répondirent que ce n'était que trop

1. En français dans l'original. Voir dans les *Mémoires* de
Saint-Simon, t. V, p. 32 et suiv., le récit de cette émeute et la
façon dont elle fut apaisée par le maréchal de Boufflers.
2. En français dans 'original.

vrai et que c'était pour cela qu'ils avaient fermé les
portes du Palais-Royal. Je leur demandai la cause de
la révolte, et voici ce qu'ils m'apprirent. On travaille
au boulevard [1] et à la porte Saint-Martin, et l'on donne
à chaque travailleur trois sols et un peu de pain. Il y
avait ce matin deux mille travailleurs; mais, sans
qu'on s'en aperçût, il en vint quatre mille qui demandèrent à grands cris du pain et de l'argent. Comme
on n'en avait pas à leur donner, on arrêta une femme
qui se faisait remarquer par son insolence et on la
mit au carcan. Alors le tapage commença ; au lieu de
quatre mille hommes, il en vint encore six mille autres
qui arrachèrent la femme du carcan. Il y avait parmi
eux beaucoup de laquais congédiés qui se mirent à
crier : Pillons! pillons! et qui coururent en effet chez
les boulangers dont on pilla les boutiques. On appela
les soldats de garde pour tirer sur cette canaille; mais
les émeutiers, s'étant aperçus qu'on ne tirait qu'à poudre et seulement pour les effrayer, ils s'écrièrent :
Attaquons-les, ils n'ont point de plomb! Les soldats
furent alors obligés d'en abattre quelques-uns. Cela
dura ainsi depuis quatre heures du matin jusqu'à midi,
où le maréchal de Boufflers et le duc de Grammont se
trouvèrent par hasard passer en voiture sur le lieu de
la révolte. Ils descendirent au milieu d'une grêle de

1. « Pour amuser ce peuple, on employa, dit Saint-Simon,
les fainéants et les pauvres à raser une assez grosse butte de
terre qui étoit demeurée sur le boulevard entre les portes Saint-
Denis et Saint-Martin ; et on y distribuoit par ordre de mauvais
pain aux travailleurs , et en petite quantité à chacun. »

pierres, parlèrent au peuple, lui jetèrent quelque argent et promirent de dire au roi comme quoi on leur avait promis du pain et de l'argent qu'on ne leur avait pas donné. La révolte s'apaisa aussitôt, et les révoltés jetèrent leurs chapeaux en l'air en criant : Vive le roi et du pain !

Ce sont tout de même de bonnes gens que ces Parisiens qui se calment si vite ! Hier ils ont tous été sur le marché et sont restés bien tranquilles ; mais autant ils aiment leur roi et la famille royale, autant ils détestent M^me de Maintenon. Je voulus prendre l'air un moment, car il faisait très-chaud dans mon cabinet qui est bas et petit ; mais à peine eus-je mis le nez à la fenêtre qu'une grande masse de peuple arriva et m'accabla de bénédictions ; après quoi ils se mirent à parler de la dame [1] d'une façon si affreuse, que je fus forcée de rentrer et de fermer la fenêtre. Aucun de mes gens n'osait plus se faire voir, car aussitôt qu'il en paraissait un à la fenêtre, ils recommençaient leurs propos, disant tout crûment qu'ils voudraient la tenir pour la mettre en pièces ou la brûler comme une sorcière, etc.

## CLXII.

Versailles, dimanche 9 mars 1710, à 10 heures 1/2 du matin.

..... Je suis bien fâchée que vous ne vouliez plus rire de rien d'inconvenant, car cela entretient la

---

1. M^me de Maintenon.

gaieté, et la gaieté entretient la santé et la vie. Je suis bien persuadée que ce n'est pas uniquement parce que je m'endors à la comédie qu'on se moque de moi ; mais, cette fois, c'était pour ce que je vous ai dit.

Il n'est pas étonnant que le duc de Berry soit comme un enfant : il ne parle jamais à des gens raisonnables ; il est jour et nuit dans la chambre de la duchesse de Bourgogne, où il sert aux dames de valet de chambre. L'une l'envoie chercher une table, l'autre son ouvrage, la troisième lui donne une autre commission. Il se tient debout ou assis sur un petit tabouret, tandis que toutes les jeunes dames sont couchées en écharpe soit dans une chaise à bras, soit sur un lit de repos (je devrais dire un canapé). On ne le voit jamais parler ni avec des généraux ni avec des savants ; il ne fait que jouer au volant dans la salle de bal, s'exercer au tir, bien manger et bien boire, servir les dames comme je vous l'ai déjà dit, jouer au lansquenet ou au papillon : voilà toute sa vie. Comment pourrait-il apprendre quelque chose ? Mme la duchesse l'attire beaucoup ; je crois qu'elle aurait bien envie de lui endosser une de ses filles, et je ne voudrais pas jurer que cela ne se fera pas. Il sait si peu ce qu'il est que lorsqu'il trouve quelqu'un qui le traite avec respect, il en est tout étonné, ne sait quelle contenance tenir et s'imagine presque qu'on se moque de lui, etc.

## CLXIII.

..... Vous deviez bien penser qu'on fait ici, à la messe, des distinctions de rang. Ainsi, personne autre que les petites-filles de France ne peut avoir un clerc de chapelle qui fait les réponses de la messe et tient un cierge depuis le *Sanctus* de la *Préface* jusqu'au *Domine non sum dignus.* Les princesses du sang ne peuvent pas avoir de cierge ni de clerc de chapelle à part, et elles font faire les réponses de la messe par leurs pages. A la fin de la messe, le prêtre apporte le *Corporal* à baiser; cela ne va pas plus loin que les enfants de France. Il en est de même d'un calice dans lequel on donne à boire du vin et de l'eau; nous seuls y avons droit, et il ne va pas jusqu'aux princes du sang. Vous voyez donc qu'ici il y a des cérémonies en tout aussi bien que de la dévotion. Dans toutes les choses spirituelles, on a toujours, en ce pays, égard au temporel; de sorte que si cela ne plaît pas au bon Dieu autant qu'il serait désirable, il y a un côté temporel par où c'est bon; ainsi tout n'est pas perdu, comme vous voyez, etc.

## CLXIV.

..... Lundi le roi a pris médecine; comme je venais auprès de lui, il me dit : « Vous me paroisié bien gaye hier. madame. — Je lui répondis : Monsieur, j'avois bien raison de l'estre, car mon fils venoit de me parler de la part de Votre Majesté. — Je suis ravis, dit le roi, d'avoir fait quelque chose qui vous soit agréable, madame, et j'espère que ce mariage nous unira encore davantage. — Je dis : Rien ne peust plus m'attacher n'y mon fils à Vostre Majesté que nous le sommes de tout tamps. Mais assurement s'il pouvoit estré possible qu'il y eust de l'ogmentation, ce mariage le feroit, il nous comble d'honneur et de joye. — Le roi me répondit : Vostre joye m'en fait beaucoup, mais n'en parles pas encore de deux ou trois jours [1]. » — Après cela, comme mes dames venaient dans la chambre, on parla d'autre chose.

Le soir, après sept heures, étant de retour de la promenade, comme j'écrivais devant ma fenêtre aux reines d'Espagne et à Mme de Savoie, je vis tout à coup arriver en sautant dans ma chambre la duchesse de Bourgogne avec son mari et toutes ses dames qui me criaient : « Madame, nous vous amenons M. le duc de Berry, car le Roy vient de déclarer tout haut qu'il espoussera Mademoiselle. Le Roy va vous le dire et Monseigneur aussi, nous les avons devancés. — Je dis à Mme la duchesse de Bourgogne : Alheur qu'il m'est permis de parler, je vous assureres, madame, que j'ores une recognoissance etternelle de tou'tes les soins et peines que vous vous estes donnée pour cette affaire. Je say aussi, dis-je au duc de Bourgogne, que

1. Tout ce dialogue est en français dans l'original. Il s'agit du mariage du duc de Berry avec la petite-fille de Madame

vous l'aves tousjours désirés, dónt je vous rends mille
graces ; et au duc de Berry : Venes que je vous am-
brasse, car vous voila plus que jamais comme disoit
M^me la dauphine. Elle l'appelloit toujours *mon Berry,*
le *Berry de Madame;* il le sait bien. — Je l'ai embrassé
de grand cœur. — Il me dit : Je n'ay point auttre
chose a vous demander, Madame , que de resprendre
pour moy la même amitie et bontes que vous avies
.pour moy pendant toutte mon enfance et de reco-
mancer à me donner vos bons advis. — Je lui répondis en riant : Je croi qu'il veaut mieux que je vous
demande pardon de vous avoir estés si souvent importune, mais je ne l'ay pas fait pour mon plaisir,
et si M^me la dauphine ne me l'avoit ordonnés en mourant, je m'en serois bien gardee. Vous estes trop
grand pour qu'on vous donne des advis, aussi je ne
vous en importuneres point. Je me contenteres de faire
mille vœux pour vous et M^me la duchesse de Bery, je
vous ores ·dans mon cœur, je vous aimeres tendrement, mais je suis trop vielle pour vous voir souvent,
car je ne vous puis estre bonne a rien. Soyez heureux,
gay et content, et je jouires de vostre contentement[1]. »

A peine avais-je dit ces mots que le roi arriva avec
M. le dauphin. Tout avec eux se passa bien aussi. Mon
fils et M^me d'Orléans, qui n'avaient pas pensé que
la chose serait déclarée sitôt, avaient été à Saint-Cloud
pour cacher leur joie, car elle est inexprimable. J'en-

---

1. Tous ces passages sont en français dans l'original,

voyai aussitôt un laquais à Saint-Cloud et je fis, par écrit, mon compliment à Mademoiselle. Vous pouvez bien penser que ma chambre ne tarda pas à être pleine de tout ce qu'il y a à Marly de petits et de grands ; elle ne désemplit pas jusqu'à l'heure du souper. Dès le lendemain, j'allai remercier M^me de Maintenon, car elle s'est très-bien conduite dans cette affaire. Elle fut très-gaie ce jour-là, et notre conversation ne languit pas. On m'a rapporté qu'elle avait été très-contente de tout ce que je lui ai dit, etc.

## CLXV.

..... Notre roi est changé de visage d'une manière inouïe, mais il a encore grande et bonne mine, et, lorsqu'il parle, il est encore agréable. La toute-puissante dame [1] et sa pupille [2] ont bien travaillé pour nous, comme vous l'avez vu par ma dernière lettre ; aussi je ne vous en dis pas davantage. Harling est tout à fait consolé. Cette fois, notre nouveau a été quelque chose de bon, contrairement au proverbe qui dit : Tous les jours du nouveau et rarement du bon, etc.

## CLXVI.

Marly, le 7 septembre 1710.

..... La duchesse de Berry vient souvent me voir

1. M^me de Maintenon.
2. La duchesse de Bourgogne.

parce que le roi et son père l'ont voulu; mais, pour vous dire toute la vérité, elle n'a pas grande sympathie pour moi. On n'estime ici que ce qui est en faveur. La duchesse de Berry a de l'esprit, c'est certain, mais je suis trop sincère et il m'est impossible de louer ce qui me déplaît, plus encore chez ceux que j'aime et qui sont des miens que chez des étrangers ; or il y a souvent des choses qui me déplaisent. Je suis d'ailleurs trop vieille pour pouvoir devenir flatteuse; on doit me prendre comme je suis. Je suis très-contente qu'elle soit duchesse de Berry et je lui souhaite toute sorte de bonheur, mais je ne compte pas sur une grande tendresse de sa part; on ne l'élèvera pas si bourgeoisement. Voilà tout ce que je puis vous dire à ce sujet par la poste. Vous ne connaissez qu'une des *actions* qui ont eu lieu en Espagne, mais il y en a eu trois dont la dernière est la plus mauvaise pour notre roi d'Espagne; la seconde a été bonne pour lui, et c'est celle-là que vous avez vue dans la *Gazette française*. Je ne m'étonne pas que le pape veuille défendre le cardinal de Bouillon. Si notre roi était dans la prospérité, le pape approuverait tout ce qu'il fait au cardinal; mais comme c'est l'empereur qui est heureux, notre roi doit avoir tort aux yeux du pape envers le cardinal.

## CLXVII.

Marly, le 11 janvier 1711.

...Le duc de Berry est très-amoureux de sa femme, qui n'est pas du tout jolie; cela me fait craindre que cet amour ne dure pas. J'ai bien peur qu'elle ne se rende malheureuse, etc.

... On a tellement détourné notre roi de toute grandeur qu'il n'y pense plus, etc.

... Le Dauphin en effet n'est pas ignorant. Il a beaucoup appris, mais il ne veut parler de rien, et il s'applique de toutes ses forces à oublier tout ce qu'il a appris, *car tel est son bon plaisir*. Il est impossible d'en trouver une autre cause. Le duc de Bourgogne sait beaucoup et a fait de bonnes études. Je ne sais pas comment est le roi d'Espagne, mais notre duc de Berry n'a rien appris, il est très-ignorant et le restera probablement toute sa vie. J'ignore si c'est ou non la faute du roi Charles qu'on ait fait tant de mal auprès de Madrid et de Tolède; mais en tout cas cela ne lui porte pas bonheur, etc.

## CLXVIII.

Marly, le 15 janvier 1711.

... Tous les malheurs qui fondent en Espagne sur l'armée du roi Charles [1] vous prouvent que je n'avais pas tort quand je vous disais que notre roi Philippe y est aimé, tandis que l'autre est détesté. Le comte Starenberg [2], qui avait vaincu de son côté, a cru pendant

1. L'archiduc Charles, second fils de l'empereur Léopold Ier, compétiteur de Philippe V. Il s'était fait proclamer roi, à Madrid, en 1706, sous le nom de Charles III.

2. Le comte de Starenberg, général autrichien, battu en 1710 par M. de Vendôme dans les plaines de Brihuega. C'est de cette bataille que parle ici Madame.

quelques heures qu'il avait gagné la bataille. Il envoya un courrier porter la nouvelle au roi Charles,
mais quelques heures après il vit l'ennemi arriver sur
lui, et au jour il apprit que toute son aile gauche et
son corps de bataille avaient été battus. Il dut donc
prendre la fuite. On le poursuit encore, mais on ne
pense pas pouvoir l'attraper. Il y a du changement
dans toutes les affaires, etc.

## CLXIX.

Marly, le 16 avril 1711.

— Je dois vous dire dans quelle affliction profonde
est plongée la France entière, ainsi que nous tous, par
la mort tout à fait inattendue de M. le Dauphin. Je
vous ai déjà dit dimanche dernier qu'il avait la petite
vérole, mais que la maladie suivait bien son cours, et
qu'on avait bon espoir de le sauver; cet espoir se
maintint jusqu'au mardi matin. Comme le peuple de
Paris aime énormément M. le Dauphin, il lui députa
des harengères qui l'embrassèrent et dirent qu'elles
voulaient faire chanter un *Te Deum*. Monseigneur répondit : « Il n'est pas encore temps, attendes que je
sois tout a fait gueris [1]. » Le même jour, j'allai à Meudon me réjouir avec le roi de ce que M. le Dauphin
était si bien. J'arrivai à cinq heures ; comme je savais
que le roi était au conseil, je me promenai jusqu'à ce
que le conseil fût fini. J'allai alors trouver le roi, qui

---

1. En français dans l'original.

me reçut très-gracieusement; il était de très-bonne
humeur; il me reprocha de m'être tant plainte quand
j'avais eu la petite vérole, et me dit que M. le Dauphin
ne ressentait aucun mal. Je lui répondis que cela
viendrait encore, que les boutons devaient nécessai-
rement enfler et faire mal. A six heures, au moment
où j'allais partir, on vint annoncer que M. le Dauphin
avait des inquiétudes, et que sa tête enflait beaucoup; tout le monde pensa que c'était la suppuration
et regarda cela comme un bon signe. A mon retour à
Versailles, je reçus la visite de toute la cour d'Angleterre; elle repartit à huit heures pour Saint-Germain;
à neuf heures, on vint de nouveau annoncer que tout
allait bien; mais à dix heures on écrivit que M. le
Dauphin commençait à devenir inquiet, et qu'il avait
la figure tellement enflée qu'on ne pouvait plus le reconnaître; on ajoutait que le mal se portait fortement
sur les yeux. Cela n'était pas encore alarmant; je
soupai comme d'habitude à dix heures; à onze je me
déshabillai et je causai encore un instant avec la maréchale de Clerembeau; je voulais ensuite faire ma
prière et me mettre au lit. Mais à minuit je fus très-
étonnée de voir revenir la maréchale, toute boule-
versée; elle me dit que M. le Dauphin était à la mort,
que le roi se rendait à l'instant même à Marly par
Versailles, et que la duchesse de Bourgogne avait envoyé chercher sa voiture pour suivre le roi. Un moment après, on vint annoncer que tout était fini, que
M. le Dauphin avait cessé de vivre.

Vous pouvez penser l'horrible effet que produisit

cette nouvelle. J'envoyai aussi chercher ma voiture, je
me rhabillai bien vite [1], et je courus tout de suite chez
la duchesse de Bourgogne, où m'attendait un affreux
spectacle. Je vis le duc et la duchesse anéantis, pâles
comme la mort et ne disant pas un seul mot. Le duc
et la duchesse de Berry étaient étendus à terre, les
coudes appuyés sur un lit de repos, et criaient tellement qu'on les entendait à trois chambres plus loin ;
mon fils et M^me d'Orléans pleuraient en silence et faisaient tout leur possible pour calmer le duc et la duchesse de Berry. Toutes les dames assises sur le parquet
autour de la duchesse de Bourgogne pleuraient avec
elle. Je conduisis le duc et la duchesse de Berry dans
leur appartement, et ils se couchèrent, mais sans
cesser de crier. Comme je sortais, la duchesse de
Bourgogne me dit que le roi avait défendu qu'on par-
tît la nuit pour Marly, qu'on n'irait que le lendemain matin. Il était trois heures quand je rentrai dans
ma chambre et me mis au lit ; mais je ne dormis que
de cinq à six. Je me levai à sept, je m'habillai et je
partis à huit heures et demie. Le temps n'était pas
comme nous autres, car il faisait le plus beau temps
du monde.

1. « Madame, dit Saint-Simon, rhabillée en grand habit,
arriva hurlante, ne sachant bonnement pourquoi ni l'un ni
l'autre, les inonda tous de ses larmes en les embrassant, fit re-
tentir le château d'un renouvellement de cris, et fournit un
spectacle bizarre d'une princesse qui se remet en cérémonie, en
pleine nuit, pour venir pleurer et crier parmi une foule de
femmes en déshabillé de nuit, presque en mascarades. »

Quand j'arrivai, tout était encore fermé chez le roi.
Je me rendis chez M^me de Maintenon, qui me raconta
comment tout s'était passé. Elle me dit qu'à dix heures on avait encore eu de l'espoir, mais qu'à dix heures et demie, la mort paraissant imminente, on avait
envoyé chercher l'extrême-onction. Le roi était au
dessert (*confect,* à la confiture) quand on vint le lui
annoncer. Vous pouvez aisément vous figurer quel
coup cette nouvelle lui porta. Il voulait aller tout de
suite dans la chambre du dauphin, mais on retint Sa
Majesté en lui disant qu'il n'arriverait que pour le voir
mourir. Le roi envoya aussitôt chercher ses voitures,
mais avant qu'il n'y fût monté avec M^me de Maintenon,
M^me la duchesse et la princesse de Conti, le pauvre
M. le Dauphin avait rendu l'âme. Aussitôt après sa
mort, il devint tout noir, ce qui montra que la fièvre
pourprée s'était jointe à la petite vérole. Tout était
resté dans la tête; il n'avait presque pas de boutons
sur le corps, mais son nez en était couvert; il a été
étouffé à proprement parler. Son corps répandit tout
de suite une telle infection qu'on fut obligé de le conduire immédiatement à Saint-Denis sans aucune cérémonie.

J'ai vu le roi hier à onze heures, il est en proie à
une telle affliction qu'elle attendrirait un rocher; cependant il ne se dépite pas, il parle à tout le monde
avec une tristesse résignée et donne ses ordres avec
une grande fermeté, mais à tout moment les larmes
lui viennent aux yeux, et il étouffe ses sanglots. J'ai
une frayeur mortelle qu'il ne tombe lui-même malade,

car il a très-mauvaise mine. Je le plains du fond de
l'âme. Ceux qui ont cru me faire grand tort en éloi-
gnant de moi M. le Dauphin m'ont peut-être sauvé la
vie, car si nous eussions encore été ensemble dans les
mêmes termes qu'avant la mort de Monsieur, j'aurais
pu tomber malade de chagrin, en mourir même, ou
tout au moins rester inconsolable ; tandis que maintenant je supporte ce malheur avec patience et ne
suis inquiète que pour le roi. Je regrette sans doute
M. le Dauphin, mais je ne puis autant déplorer la
perte d'une personne qui ne m'aimait pas et m'avait
entièrement abandonnée, que si elle fût constamment
restée mon amie.

On m'apprend à l'instant sur quel pied sera le nouveau dauphin (l'ex-duc de Bourgogne). Il ne portera
pas simplement le titre de *monseigneur* comme son
père. En lui parlant, on l'appellera *monsieur* tout court;
en parlant de lui, on dira *monsieur le Dauphin*, mais
en lui écrivant on devra mettre sur la lettre *Monseigneur*. Mais il est bien temps que je réponde à votre
bonne lettre. Je voudrais avoir souvent quelque chose
d'amusant à vous communiquer pour vous fournir
matière à entretenir le roi de Prusse. Je ne possède
pas du tout l'art de dire beaucoup de choses en peu
de mots, et c'est pour cela que je fais mes lettres si
longues. La maréchale de La Motte ne pouvait pas
dire deux mots de suite, et cependant elle écrivait
très-bien. Cela tient, je crois, à ce que, quand on
écrit, on a le temps de réfléchir à ce qu'on veut dire
et qu'on le dit mieux. Mais il arrive souvent que des

gens d'esprit écrivent mal parce qu'ils ont trop de feu
et se pressent trop ; ils veulent exprimer toutes leurs
pensées d'un seul coup, ce qui rend leur style difficile
à comprendre, etc.

## CLXX.

Marly, le 18 avril 1711.

... Tout Paris et les provinces en sont désespérés.
C'est bien un affreux poison qui a fait mourir le pauvre
prince ; car on m'a raconté hier qu'après sa mort on
avait vu sortir de sa bouche une vapeur noire qui lui
a rendu toute la figure noire comme de la poix, couleur qu'elle a conservée, etc.

... Que d'intrigues et de projets n'a-t-on pas faits
en prévision de l'époque où M. le Dauphin serait roi !
Mme la duchesse avait menacé, paraît-il, la duchesse
de Bourgogne de lui faire bien payer le mariage de
ma petite-fille la duchesse de Berry ; maintenant
voilà son règne terminé. Sauf qu'elle va le soir dans
le cabinet du roi, elle n'a pas plus d'avantages que
moi qui ne me suis jamais mêlée à aucune intrigue.
Cela m'apprend plus que jamais que je dois m'en remettre à Dieu, ne m'inquiéter de rien, et fuir toutes
les cabales et les intrigues, comme je l'ai fait jusqu'ici, etc.

## CLXXI.

Marly, le 9 mai 1711.

...... Vous avez bien raison de dire que Sa Majesté
a sujet de regretter M. le dauphin. Il était parfait pour

le roi. Aucun fils n'a jamais eu plus d'obéissance, de respect et d'amour filial pour son père que n'en avait le dauphin. Il faut le dire à sa louange, et c'est aussi la plus grande qu'on puisse faire de lui. Si je pouvais trouver l'occasion de parler au roi, je ne manquerais pas d'exécuter vos ordres et de lui dire combien vous prenez part à sa douleur; mais à table c'est difficile, car le roi n'y dit pas un seul mot, personne n'y parle à haute voix, et ce n'est que là que je puis voir Sa Majesté. On m'en ôte plus que jamais l'occasion. Je ne suis pas d'ailleurs la seule à qui l'on rend de mauvais offices auprès du roi. Ma fille et son mari ne sont pas mieux partagés que moi, car hier, Sa Majesté m'ayant fait des plaintes sur leur compte, je lui dis que je connaissais leurs sentiments à tous deux, qu'on leur avait fait tort comme à plusieurs autres, et que je priais seulement Sa Majesté de juger par elle-même, et non par autrui. Mais voilà comme on est ici; l'on croit tout ce qu'on vous dit sur les gens et on ne leur donne pas l'occasion de se justifier.

Feu M. le dauphin n'a jamais cru être si bien que l'ont dit les docteurs, car il disait à Mme la duchesse qui me l'a rapporté depuis : « Voicy une terrible maladie pour un homme de cinquante ans; je ne crois pas que je m'en tire bien[1]. » Mme la duchesse ne se console encore pas du tout, non plus que la princesse de Conti. Mlle Choin[2] est très-affligée; le roi lui fait une

---

1. En français dans l'original.
2. Marie-Émilie-Joly de Chouin, favorite du Dauphin, née d'une famille noble à Bourg, en Bresse, morte en 1744. Le Dau-

pension de douze mille francs et elle reste à Paris
dans sa maison. Le dauphin a de la comédienne[1] une
bâtarde qu'il n'a pas reconnue. C'est maintenant une
fille de dix-sept ou dix-huit ans, belle comme un ange
de corps et de visage ; elle est désespérée. Elle se fait
appeler M^lle de Fleury, parce qu'il y a dans le parc de
Meudon un village qui porte ce nom. Dieu sait ce
qu'elle deviendra ! Il n'y a pas une bien grande amitié
entre le dauphin actuel et moi, mais il se conduit poliment à mon égard, et c'est tout ce que je lui demande.
Sa femme se montre aussi plus polie qu'autrefois ;
pourvu que cela dure ainsi, je m'en contenterai. Je
dois lui rendre ce témoignage que, depuis le mariage
du duc de Berry, elle a beaucoup changé à son avantage ; maintenant elle vit bien avec son mari. Le bon
seigneur n'est pas si laid que mal bâti. Il est boiteux
et bossu, mais sa figure n'est pas laide ; il a de beaux
yeux pleins d'esprit, de beaux cheveux. Il est un peu trop
bigot, c'est certain, mais du moins il ne prêche pas.
Nos trois princes sont tous amoureux de leurs femmes ;
mais maintenant M^me la Dauphine est trop polie avec
moi pour que je craigne d'être brusquée par M. le
Dauphin. A quoi cela m'avance-t-il que le roi n'ait pas
changé à mon égard, puisque je ne peux jamais lui
parler ? etc.

* phin en était éperdument amoureux, et ne pouvant, à ce qu'on
croit, en faire sa maîtresse, il l'épousa secrètement, comme
Louis XIV avait épousé M^me de Maintenon.

1. La Raisin. Voir plus haut la note qui la concerne, ainsi que
sa fille.

## CLXXII.

Marly, le 5 juillet 1711.

...... Je ne sais pas quelle rage on a de persécuter les jansénistes. Beaucoup de braves et honnêtes gens sont par là tombés en disgrâce. On n'a pas accusé M. de Cambray d'être janséniste, mais piétiste. Quant à moi, pour dire la vérité, je l'ai toujours regardé comme un honnête homme et un homme d'esprit. Il est laid de sa personne; il n'a que la peau sur les os et ses yeux sont très-caves; mais il est agréable dans la conversation. Il a beaucoup de vivacité, de courtoisie, de gaieté même; il rit et cause volontiers sans façon; bref, il me plaisait beaucoup. On n'entend plus parler de M^me Guyon. Je ne l'ai jamais vue, mais, à ce qu'on m'a dit, elle est très-aimable. A la cour, on ne croit pas que l'évêque de Cambray ait été éloigné à cause de ses doctrines, mais bien parce qu'il affermissait le roi dans la croyance qu'on pouvait sans péché tenir secret un mariage inconvenant, ce qui ne plaisait pas à tout le monde. C'est pour cela qu'on a pris prétexte de l'histoire de M^me Guyon et qu'on l'a fait pousser par feu M. de Meaux, etc.

## CLXXIII.

Marly, le 14 octobre 1711.

...... Mardi dernier, j'ai été rendre visite à la toute-puissante dame[1]. Elle me pria de faire passer mes

1. M^me de Maintenon.

dames dans une autre chambre et débuta d'un air si sévère que le cœur commençait à me battre. Je croyais
que j'allais recevoir ma *leçon*; cependant je fis un court
examen de conscience et je ne trouvai rien à ma
charge. Elle me dit que le roi avait recommandé à
mon fils et à sa femme de veiller sur la conduite de
leur fille; que s'il ne m'en avait pas parlé, c'est qu'il
croyait fermement que je ferais de moi-même ce qui
serait convenable. Mais, ayant appris que depuis qu'il
avait donné cette *commission* au père et à la mère, je
ne disais plus rien à la fille, il lui avait ordonné à
elle, Mme de Maintenon, de me charger de sa part de
sermonner à l'avenir la jeune femme. Elle m'a détaillé
ensuite tous les points sur lesquels je devais la sermonner. Je lui répondis que, bien que ce fût une
chose ennuyeuse que de prêcher les gens, j'acceptais
cependant la *commission,* pour prouver à Sa Majesté
que je voulais toujours lui obéir en tout ce qu'elle
pourrait m'ordonner, mais que je priais Sa Majesté de
faire savoir à la duchesse de Berry qu'il m'avait im-
posé cette commission, afin que mes paroles fissent
plus d'impression sur elle. Le roi le fit.

Le soir, le père, la mère et la fille vinrent chez moi
et je commençai sur-le-champ mon rôle. « Ma chère
enfant, dis-je à la duchesse, vous savez bien vous-
même que, depuis votre mariage, je ne vous ai ser-
monnée qu'une seule fois; mon intention était de ne
plus jamais le faire, mais j'ai reçu aujourd'hui du roi
un ordre auquel, comme bien vous pensez, je ne peux
pas résister. Il m'a chargée de vous dire pourquoi,

lundi dernier, il ne vous a pas menée avec lui à la chasse dans sa calèche. La raison en est que toute votre conduite lui déplaît. » Je lui ai ensuite exposé de point en point que, si elle voulait être parfaitement malheureuse, elle n'avait qu'à continuer; mais que si au contraire elle voulait être heureuse, elle devait commencer par se faire aimer de tout le monde, comme elle s'en était fait détester jusqu'alors; que lorsque le roi apprendrait qu'elle s'était corrigée complétement, il lui rendrait certainement ses bonnes grâces. « Prenez donc bon courage, lui dis-je; voyez tout ce qui peut contribuer à votre amendement et faites-le. De la sorte vous ferez votre bonheur et le nôtre. » J'ai encore ajouté beaucoup d'autres choses qu'il serait trop long de vous raconter. Elle a pleuré à chaudes larmes et m'a bien promis de se corriger, etc.

### CLXXIV.

Versailles, le 15 novembre 1711.

...... On me traite mieux qu'autrefois, c'est sûr, mais on ne veut toujours m'avoir dans aucun *particulier*; je ne puis donc pas encore me flatter qu'on trouve ma société agréable. La pupille dont on m'a chargée se conduit mieux maintenant, grâces à Dieu, et profite de mes sermons. Dieu veuille que cela dure! Le père et la mère n'ont pas dit un mot pendant ma réprimande; ils étaient tout attendris. Quant à la fille, elle pleurait amèrement. Je ne lui ai pas adressé une seule mauvaise parole; au contraire, je l'ai beaucoup plainte d'avoir été si mal élevée et, avec tout son bon sens, de n'avoir pas appris à faire ce qu'elle devait, ni à remplir les obligations que Dieu nous a imposées pour être heureux dans ce monde et dans l'autre. J'ai ajouté que j'étais bien fâchée qu'on m'eût donné la commission de la morigéner, mais que je la croyais si raisonnable que je ne doutais pas que, lorsqu'on lui montrerait ce qui convenait à une grande princesse comme elle était maintenant, ce qu'il lui fallait éviter et suivre, ce qu'elle devait au roi, à son mari, ainsi qu'à ses père et mère, elle changerait complétement de conduite et chercherait à se faire aimer de tout le monde, ce en quoi consistait le bonheur. Puis j'ajoutai : « Je ne vous dis rien de Notre-Seigneur Dieu, cela serait trop haut pour moi et je n'en pourrais pas parler assez dignement. Je laisse donc ce soin à votre confesseur. Je vous dirai seulement que rien n'est plus laid que de voir une personne de votre âge s'efforcer de ne pas croire à la divinité. Cela nous attire non-seulement la colère et les châtiments de Dieu, mais encore le mépris des hommes, car il nous est ordonné à nous, chrétiens, d'aimer Dieu de tout notre cœur et notre prochain comme nous-mêmes. Ceux qui vous ont donné ces mauvaises maximes sont vos plus grands ennemis, puisqu'ils cherchent à vous rendre malheureuse dans ce monde et dans l'autre; mais moi, qui ne vous considère que comme mon enfant et ma petite-fille, je ne désire rien plus ardemment que de vous voir parfaitement heureuse; c'est là-dessus que je

18.

fonde le bonheur de ma vieillesse. Ne croyez donc pas
que ce que je vous dis pour votre bien, je vous le
dise par mauvaise humeur ou envie de gronder; non,
ce n'est que parce que le roi me l'a ordonné, que
votre père, dis-je en riant, est aveugle à votre égard,
et votre mère trop paresseuse pour se donner la peine
de vous reprendre toutes les fois que vous faites une
sottise. On vous accuse de trop boire, de faire la moue
au roi, de maltraiter votre mari et de lui faire jouer
un méchant personnage, de vivre mal avec M^{me} la dauphine, de rompre en visière à tout le monde, d'être
impolie, et autres choses semblables; j'espère que
vous vous corrigerez de tout cela. » Ma harangue fut
plus longue encore, mais je m'arrête, car je crains de
vous avoir ennuyée déjà avec ce que je vous en ai dit.
Mon fils gâte souvent ce que j'ai fait de bien à force
de patience, etc.

## CLXXV.

Versailles, le 22 novembre 1711.

..... Messieurs de l'Académie, avec toute leur vivacité, sont lents dans leur opération. On leur a souvent
reproché que, pendant qu'ils faisaient leur dictionnaire, ils étaient restés vingt ans sur la lettre Q. Mais
c'est bien plus drôle en français, car on disait que :
« Messieur de l'accademie pour faire leurs dictionnaire
estoit demeures 20 ans sur le Q [1]. »

1. En français dans l'original.

## CLXXVI.

..... Dieu! que les enfants opiniâtres sont une chose déplaisante! Mardi dernier, j'avais passé toute la matinée à faire la leçon à la duchesse de Berry et à lui dire comment elle devoit demander pardon au roi. Elle finit même par me dire : « Il faudroit que j'eusse bien peu de memoire si je ne pouvoit retenir ce que vous me dittes, madame [1]. » Mon fils, contrairement à son habitude, l'exhorta aussi de son mieux, de sorte qu'il était à espérer que tout se passerait bien et que le roi serait content d'elle. Lundi, sa mère avait déjà prié le roi de vouloir bien lui permettre de le revoir, car il lui avait fait défendre par moi de se présenter devant lui jusqu'à nouvel ordre. Mon fils intercéda aussi pour elle, mais le roi leur répondit qu'il ne voulait rien faire à ce sujet sans m'avoir consultée. Le soir, comme je suivais le roi dans son cabinet, je vis qu'il était tout embarrassé, et je lui dis en riant : « Que V. M. ne s'embarrasse pas de me voir dans ce cabinet malgré vous, et j'en sortires dais que j'ores eue l'honneur de vous parler, et ce que j'ay a dire sera court. Mais je vous prie, Monsieur, de ne vous jamais ambarasser de moy, je n'entreprendres jamais rien qui vous puisse estre desagreable. La raison qui m'ameine icy sans

1. En français dans l'original.

que V. M. m'ait ordones de la suivre dans son cabinet, c'est que mon fils et M^me d'Orléans m'ont
dit tout deux que vous ne voulles permettre a
M^me la duchesse de Bery de paroistre devant vous,
Monsieur, et de demander pardon à V. M. de luy
avoir desplue que je ne joigne ma priere a la leurs :
et voila seullement ce que je vients faire. — Le roi
ne répondit rien sur les premiers points, mais sur le
dernier il dit : Quoy ! Madame, vous me conseilles de
revoir deja M^me de Bery ! — Je répondis en riant : De
conseil, il ne m'appartient jamais de vous en donner, mais bien de suplier V. M. de donner cette
consolation à M^me la duchesse de Bery, car je vous
assure qu'elle est très mortifiée. La tape qu'on luy a
donnee est bonne et rude, car elle avoit une grande
passion pour cette fille. — Le roi me dit avec une
grande politesse : Vos conseil sont bon, ayant bon
esprit comme vous aves, et je reveres demain au
soir M^me de Bery; vous luy pouvez dire ou mander.
— Je fis une grande révérence, pris la porte à la
main, et je dis : Je ne respond pas comme je devroit
afin de ne retenir plus longtemps V. M. de la compagnie qui l'attant [1]. » Sur quoi je me retirai.

Le mardi soir, la duchesse de Berry alla chez
M^me de Maintenon, à laquelle elle ne dit pas un seul
mot, bien que je lui eusse expressément ordonné de
commencer par elle et de lui dire qu'elle avait désiré voir le roi dans sa chambre parce qu'elle espé-

---

1. Tout ce dialogue est en français dans l'original.

rait que M^me de Maintenon serait assez bonne pour
l'aider à apaiser le roi. Au lieu de parler ainsi, elle
ne desserra pas les dents ni à elle ni au roi, et elle ne
fit que pleurer du commencement à la fin ; de sorte
que le roi dut lui dire : « Je vois bien qu'il faut que
ce sois moi qui rompe les glaces [1]. » Tout s'est passé
très-froidement, comme le roi a eu la bonté de me le
raconter ensuite. Cela ne doit pas vous surprendre, etc.

## CLXXVII.

Versailles, le 4 février 1712.

...... Il n'est pas étonnant que la reine d'Angleterre
haïsse le duc de Marlborough et sa femme ; ils ont
été assez insolents envers elle. Il me semble pourtant
que la reine devrait pardonner à Marlborough, car il
n'a que trop bien fait son devoir à l'armée, dans les
batailles comme dans les siéges, et, à mon avis, les
triomphateurs méritent plutôt des remercîments que
des châtiments. Si pourtant la reine pouvait le convaincre, comme on le dit ici, de vouloir la détrôner
et se faire protecteur comme Cromwell, la reine aurait raison de le prendre au collet et de l'arrêter, car
on dit qu'il l'est déjà. Je ne crois pas que les Harlay
soient parents de ceux d'ici, car je n'ai jamais entendu
dire que personne de leur famille ait été à l'étranger.
Il y a peu de gens en France qui regardent aux aïeux,
mais, à l'argent, tout le monde y regarde, etc.

1. En français dans l'original.

## CLXXVIII.

Marly, le 14 février 1712.

...... La princesse royale (de Prusse) n'a pas été longtemps en mal d'enfant, trois heures et demie seulement; il est impossible de s'en mieux tirer.

En vérité, l'on ne peut compter sur rien. Qui n'aurait pas compté sur le bonheur de M^me la Dauphine? Et maintenant tout est fini. Mon Dieu! que la pauvre duchesse de Savoie va être affligée! Je la plains de tout mon cœur et je ne puis penser à ce qu'elle va souffrir. M. le Dauphin est bien affecté, mais il est jeune, il peut se remarier et remplacer ce qu'il a perdu; tandis que, pour M^me de Savoie, la perte est irréparable. Il en est de même pour notre roi, car on avait élevé la dauphine tout à fait à son gré; elle était toute sa consolation, son unique plaisir; elle avait l'humeur si gaie qu'elle trouvait toujours quelque chose pour l'égayer, quelque triste qu'il pût être. Cent fois par jour elle entrait et sortait, et rapportait chaque fois quelque chose de drôle; aussi elle manque partout au roi, et il n'est pas étonnant que sa mort l'ait profondément affligé, etç.

## CLXXIX.

Marly, le 18 février 1712.

...... Je pensais n'avoir rien de triste à vous écrire aujourd'hui, si ce n'est la douloureuse cérémonie que

j'ai dû faire hier à Versailles; mais le malheur
nous accable de nouveau. Le bon M. le Dauphin
a suivi sa femme au tombeau; il est mort ce matin
à huit heures et demie. Vous pouvez aisément vous
figurer dans quelle affreuse désolation nous sommes
tous ici. La douleur du roi est si grande qu'elle me
fait trembler pour sa santé. C'est une immense perte
pour tout le royaume, car c'était un prince vertueux,
juste, sensé; la France ne pouvait faire une plus
grande perte. Tout ce qui est ici perd à cette mort, qui
me touche jusqu'au fond de l'âme. Je n'ai aussi, après
Dieu, d'autre consolation **que vous.**

Comme le roi a un gros rhume, on ne l'a pas éveillé,
mais on lui a appris à son réveil cette terrible nouvelle. Dès que nous sûmes qu'il en était instruit, nous
nous rendîmes tous auprès de lui; c'était un spectacle
vraiment lamentable. Le roi perd beaucoup en per-
dant ce prince; car, depuis la mort de son père,
Sa Majesté le faisait assister à tous les conseils, et les
ministres travaillaient avec lui. Il soulageait le roi en
tout ce qu'il pouvait, il était compatissant et faisait
beaucoup d'aumônes. Il avait vendu tous les joyaux
de sa mère pour en distribuer le prix à de pauvres
officiers blessés, et de sa vie il n'a fait de mal à personne. Je ne crois pas qu'on ait jamais vu ce qu'on va
voir cette fois, c'est-à-dire le mari et sa femme conduits à Saint-Denis dans la même voiture. Je suis
encore tellement ébranlée que je ne peux pas me remettre, je ne sais presque pas ce que je dis. Vous qui
avez bon cœur, vous aurez certainement pitié de nous,

car la tristesse qui règne ici ne se peut décrire. Je vois que tous, tant que nous sommes ici, nous allons mourir les uns après les autres, etc.

### CLXXX.

Marly, le 20 février 1712.

Ce n'est pas aujourd'hui jour de poste, mais quand mon cœur est aussi oppressé, aussi triste qu'il l'est à présent, je ne connais rien qui me console mieux que de me plaindre de mon malheur à ma tante bien-aimée. Ce n'est pas assez que je sois vraiment affligée de la mort de M^me la Dauphine et de M. le Dauphin, qui, depuis deux ans, m'avait donné bien des sujets d'être contente de lui ; il faut qu'il vienne s'y joindre quelque chose qui m'est encore plus sensible et qui me fend le cœur. Des méchants ont répandu le bruit dans tout Paris que mon fils avait empoisonné le dauphin et la dauphine. Moi qui me laisserais brûler pour soutenir son innocence, j'ai regardé d'abord ce bruit comme une folie ; je croyais impossible qu'on pût dire sérieusement une chose pareille ; mais on l'a présentée très-sérieusement au roi, qui en a immédiatement parlé à mon fils, avec bonté toutefois. Il l'a assuré qu'il n'y croyait pas ; cependant il a conseillé à mon fils d'envoyer à la Bastille son chimiste, le pauvre et savant Humberg [1], afin que celui-ci pût le justifier.

---

1. Guillaume Homberg, chimiste et médecin hollandais, né le 8 janvier 1715 à Batavia (Java), mort à Paris le 24 septembre 1715. A partir de 1704, il était premier médecin du duc d'Orléans,

Vous pouvez penser combien cela me fait de la peine, j'en suis toute hors de moi. Quelques-uns disent que ce méchant bruit vient d'Espagne ; si c'était vrai, il faudrait que la princesse des Ursins [1] fût un vrai démon pour pousser aussi loin sa vengeance contre mon fils. Cela lui coûte cher d'avoir vexé cette dame. Il me semble que je me sens déjà un peu soulagée, maintenant que je vous ai fait part de mes peines, etc.

## CLXXXI.

Dimanche, 21 février, 10 heures du matin.

Il faut que je vous dise comment s'est terminée l'affaire d'hier. Mon fils ayant envoyé son Humberg à la Bastille pour y être examiné, le roi a défendu qu'on l'y reçût ; d'abord parce que Sa Majesté ne croit pas à ce qu'on dit sur mon fils, et ensuite parce que tous

et en 1691 il avait été reçu à l'Académie des sciences. Fontenelle dit de lui : « Il ne vantoit ni ses remèdes, ni sa capacité ; il n'osoit dire plus qu'il ne savoit, ni donner le vraisemblable pour assuré, et, par là, il ne pouvoit guère être le médecin que de malades assez raisonnable. Il se faisoit même peu d'honneur des succès, et renvoyoit à la nature la plus grande partie de la gloire ; mais, au lieu de l'art de se faire valoir, il avoit celui de découvrir assez juste par des raisonnements fins la cause de la maladie et le remède qui convenoit. »

1. Anne-Marie de La Trémoille, fille de M. de Noirmoutiers, mariée en premières noces avec Blaise de Talleyrand, prince de Chalais, devint veuve de bonne heure, et épousa en secondes noces, à Rome, le duc de Bracciano, qui lui légua, par testament, toute sa fortune mobilière. Don Livio Odescalchi, neveu du pape Innocent XI, acheta, pour près de deux millions, le duché de

les docteurs qui ont assisté à l'autopsie des deux corps déclarent qu'ils n'ont trouvé ni dans l'un ni dans l'autre aucune apparence de poison, que M^{me} la Dauphine est morte de la rougeole, et que c'est le mauvais air et le chagrin qui ont causé la mort de M. le Dauphin. Tous les docteurs peuvent attester cela, ce qui prouve suffisamment que personne, et encore moins mon fils, n'est cause de ces deux morts. Aussi j'espère que, Dieu aidant, cette méchanceté aura un terme; mais comme je ne savais pas, en me couchant, que Humberg n'avait pas été reçu à la Bastille, il m'a été impossible de fermer l'œil de toute la nuit.

... On ne peut connaître Humberg sans l'estimer. C'est un esprit net, pas du tout embrouillé comme est ordinairement l'esprit des savants; il n'a pas non plus leur gravité pédantesque, mais il est toujours gai. Tout ce qu'il sait, même les choses les plus difficiles, ne semble être pour lui qu'un badinage dont il se

---

Bracciano, mais à la condition expresse que M^{me} de Bracciano en quitterait le nom ; c'est ce qui lui fit prendre celui de princesse des Ursins. Elle tenait à Rome au palais des Ursins une espèce de cour ; de là le choix de ce nom. (Voir Saint-Simon.)

Voici d'où venait la haine de la princesse des Ursins contre le duc d'Orléans, d'après le récit de Saint-Simon. « Le duc d'Orléans étant à Madrid, dépité de ce que M^{me} des Ursins, qui gouvernoit tout, n'eût pas songé à la moindre des choses concernant la campagne, et le tînt dans l'inaction, porta un soir dans un dîner de Français et d'Espagnols, la santé de M^{me} de Maintenon et de la princesse des Ursins en ces termes : « Messieurs, je vous porte la santé du C... capitaine et du C... lieutenant. » On fit raison de la santé sans toutefois répéter les mots, et le scandale fut étrange. »

joue; il se permet des farces et rit de lui-même. Je
suis sûr qu'il vous plairait. Il a une voix douce et
parle très-lentement, mais il s'explique très-bien. Les
sciences, voilà ce qui va à mon fils; c'est tout à fait
dans sa nature, mais lorsqu'il veut faire le drôle, c'est
quelque chose d'écœurant, tant cela lui sied mal. Les
jeunes gens et sa fille elle-même se moquent alors de
lui, mais rien n'y fait. Il arrive à mon fils ce qu'on lit
dans ces contes où l'on implore les fées au baptême
des enfants. L'une souhaite que le nouveau-né soit
bien fait; l'autre, qu'il soit éloquent; la troisième,
qu'il puisse apprendre tous les arts; la quatrième,
qu'il soit habile aux exercices du corps, tels que l'es-
crime, l'équitation, la danse; la cinquième lui souhaite de bien apprendre l'art de la guerre; la sixième,
d'avoir plus de courage qu'un autre; mais la septième
fée, qu'on avait oublié d'inviter au baptême, dit : Je ne
peux rien ôter à l'enfant de ce que mes sœurs lui ont
donné, mais je lui serai si contraire pendant toute sa
vie que tout ce qu'on lui a donné de bon ne lui servira à rien; ainsi je veux lui donner une si vilaine
démarche, qu'on le croira boiteux et bossu; je veux
lui faire pousser une barbe si noire et si épaisse, lui
faire faire de si singulières grimaces qu'il sera mécon-
naissable; je veux le dégoûter de tous les exercices;
je veux mettre en lui un ennui qui lui fera perdre
le goût de tous les arts, musique, peinture et dessin;
je veux lui donner l'amour de la solitude et l'horreur
des honnêtes gens, etc.

## CLXXXII.

Versailles, le 10 mars 1712.

Je ne doute pas que vous ne soyez vous-même épouvantée en apprenant comment le malheur continue à nous frapper ici. Les docteurs ont commis encore une fois la même faute qu'avec M<sup>me</sup> la Dauphine; car le petit Dauphin étant tout rouge de la rougeole et en transpiration, ils l'ont saigné, lui ont ensuite donné de l'émétique, et le pauvre enfant est mort pendant l'opération : voici qui prouve bien que ce sont les docteurs qui l'ont tué. Son petit frère a précisément la même maladie ; les neuf docteurs étant occupés avec l'aîné, la bonne du plus jeune s'est enfermée avec son prince et lui a donné un peu de vin et de biscuit. Hier, comme l'enfant avait fort la fièvre, les docteurs ont voulu aussi le saigner; mais M<sup>me</sup> de Ventadour et la sous-gouvernante du prince, M<sup>me</sup> de Villefort, s'y sont énergiquement opposées; elles n'ont absolument pas voulu le permettre et se sont contentées de tenir l'enfant bien chaudement. Celui-ci, grâce à Dieu, est sauvé, à la honte des docteurs, mais il serait certainement mort comme son frère si on les eût laissés faire. Il faut que je vous dise encore combien le monde ici est affreusement méchant. Bien que ni mon fils ni aucun de ses gens n'aient été autour de l'enfant ni de loin ni de près, on dit cependant publiquement que c'est lui qui a aussi empoisonné le jeune Dauphin et qu'il ne laisse vivre le dernier que par crainte de voir revenir le roi d'Espagne, car le roi d'Espagne hait mon fils. Hier, des gens dignes de foi ont entendu ce propos : « Ah! qu'on laisse mourir aussi le petit duc d'Anjou, afin que le royaume ne demeure pas après le roi en minorité. » Ce n'est que dans ce pays-ci que l'on entend de pareilles insolences, etc.

## CLXXXIII.

Versailles, le 13 mars 1711.

..... Je suis sûre qu'il y a cent saints canonisés qui méritent moins de l'être que feu notre deuxième Dauphin; car, chose horrible, nous en avons perdu trois en onze mois, un de quarante-neuf ans, un de vingt-six, et un de cinq. Je ne crois pas qu'on trouve un autre exemple d'un fait pareil dans l'histoire. M. le Dauphin est très-certainement mort de chagrin. Il aimait sa femme d'une manière inouïe, et c'est le chagrin de sa perte qui lui a donné la fièvre. Pendant quelques jours, elle ne fut pas réglée, mais ensuite elle revint tous les quatre jours. On le saigna. Après la mort de sa femme, il lui poussa des boutons au front, ce qui cependant ne l'empêcha pas de sortir. Il ne se mit au lit que le lundi soir. Il lui vint à la peau beaucoup de taches violettes avec des boutons plus gros et d'une autre nature que ceux de la rougeole ordinaire ; on lui donna des cordiaux et on le fit transpirer ; mais cela ne voulait pas bien sortir. Mercredi, dans la nuit, lorsque tout le monde fut couché, il fit dresser un autel dans sa chambre, reçut la communion avec une grande dévotion, et l'extrême-onction quelques heures après. A partir de ce moment, il commença à divaguer; il voulait se lever, aller à la chasse et à la guerre, il était furieux et ne connaissait plus personne. A huit heures, il devenait de plus en plus faible, et à neuf il rendait le dernier soupir. A onze heures, on l'exposa dans sa chambre jusqu'à trois heures de l'après-midi; après quoi on lui prépara un lit dans une voiture et on le conduisit ainsi à Versailles. Le lendemain, après les vingt-quatre heures révolues, on fit l'autopsie du bon prince et on le trouva tout putréfié; le cœur était desséché et aplati, d'où l'on conclut qu'il est mort de chagrin, etc.

## CLXXXIV.

Versailles, le 17 mars 1712.

..... Hier le petit chien de M. le Dauphin m'a fait pleurer. La pauvre bête vint à la tribune de la chapelle et se mit à chercher son maître à l'endroit où elle l'avait vu s'agenouiller la dernière fois; elle regardait tout le monde d'un air tout triste comme pour nous demander où était passé son maître; cela m'a fait une véritable peine. Je me réjouis d'aller au sanctuaire pour deux raisons : la première, c'est qu'on n'entend parler le roi que là, et moi qui respecte et aime le roi, il m'était pénible de ne pouvoir jamais lui parler que par audience; la seconde, c'est que cela ressemblait à une véritable disgrâce d'être la seule exclue de toute la famille royale ; excepté ces deux raisons-là, je n'en avais aucune pour désirer d'être admise dans le cabinet. La cause pour laquelle on me permet aujourd'hui d'y entrer m'est tout à fait inconnue ; car comme on me l'avait interdit autrefois, je n'en ai plus parlé. Je ne crois pas non plus que les derniers malheurs en soient cause, à moins qu'on ne veuille me faire croire que c'était uniquement la faute de M^{me} la Dauphine, etc.

## CLXXXV.

Versailles, samedi 19 mars 1712.

..... Je ne puis deviner la raison pour laquelle mon fils est si détesté à Paris. Il n'a jamais fait de mal à personne ; feu M. son père ainsi que moi nous n'avons jamais été haïs à Paris, et, Dieu merci, je ne le suis pas encore. Je crois, à dire vrai, que cela vient de ce que beaucoup des *domestiques* de mon fils étaient jaloux de Humberg, parce que mon fils fait beaucoup de cas de lui, et avec raison, car c'est un savant distingué, un homme agréable, toujours gai, et de très-bonne compagnie. Les domestiques ont cru ne faire tort qu'à Humberg en répandant le bruit que c'était un empoisonneur ; mais les politiques qui craignent mon fils et qui servent les intérêts d'autres personnes, ainsi que ceux qui redoutent de le voir entrer au conseil où il ferait, si je puis le dire, preuve de plus d'esprit et de science que les autres, voilà ceux qui lui ont joué ce petit tour. J'ai examiné tout avec

soin; le roi, c'est certain, ne croit pas aux bruits
qu'on répand sur mon fils, non plus que ceux qui les
propagent; mais on les fait circuler parmi le peuple,
afin de rendre mon fils. *audieux* (*sic*). J'espère pourtant, maintenant qu'on voit comment le roi a pris la
chose, qu'on agira avec plus de réserve. Si vous con-
naissiez les gens d'ici, vous ne trouveriez pas étonnant
que ces mensonges m'aient attristée. Quand les cabales
entreprennent quelque chose, elles peuvent aisément
réussir; les croyances ne sont pas libres comme en
Allemagne; la prison et l'exil sont la punition de la
liberté.

C'est la faute de mon fils, si sa fille est si capri-
cieuse et si entêtée; il l'a mal élevée. Je ne crois pas
que la cour imitera ses manières, car elle n'est en
faveur nulle part. Ce n'est pas l'usage du roi d'entretenir la cour, excepté ceux qui ont été auprès de lui
depuis leur enfance, comme M. Le Grand, le maréchal
de Villeroy, et autres. Si l'on ne m'eût pas permis
d'aller au cabinet, je n'aurais plus de ma vie entendu
parler le roi que par audience. Quand le roi ne va
ni à la chasse à tir ni à Marly, il passe toute l'après-
midi chez M^me de Maintenon; il y travaille tous les
soirs avec les ministres. Le soir, je fais ma dernière
causerie au souper, où il m'arrive parfois de dire des
choses qui font sourire le roi.

Ce n'est pas ici comme en Hollande; il n'est permis
à personne, excepté aux ministres, de parler des affaires d'État. Il y a bien d'autres qui en parlent, mais
on le trouve mauvais, etc.

## CLXXXVI.

Versailles, le jeudi saint, 24 mars 1712

.....Dans le sanctuaire[1] on parle beaucoup des affaires passées, mais on ne dit pas un mot du présent, ni de la guerre, ni de la paix. On ne parle pas non plus des trois Dauphins et de la Dauphine de peur d'y faire songer le roi. Dès qu'il commence à entamer ce chapitre, je parle vite d'autre chose, et je fais comme si je n'avais pas entendu. Plût à Dieu qu'il n'y eût pas pour la conclusion de la paix de points plus difficiles que ceux de reconnaître la reine d'Angleterre[2] comme reine légitime, et de reconnaître également l'héritier qu'elle s'est choisi[3]! Notre roi d'Angleterre[4] me fait peine cependant; il mérite plus de bonheur qu'il n'en a. C'est un prince affable et bien élevé. Je crois que si la reine d'Angleterre n'avait pas demandé qu'on reconnût ici comme prince-électeur l'électeur de Brunswick, on l'aurait fait également, etc.

## CLXXXVII.

Versailles, le jour de Pâques, 27 mars 1712, 10 heures du matin.

.....Les docteurs reconnaissent bien que M. le Dauphin et Mme la Dauphine ont été mal traités, puisqu'ils

1. Le cabinet du roi.
2. La reine Anne, fille de Jacques II.
3. Georges Ier, fils de l'électrice Sophie.
4. Le fils de Jacques II.

19.

avouent n'avoir pas connu la maladie. Autrefois mon
fils était aimé de tout le monde ; depuis l'affaire d'Espagne [1], tout Paris le déteste et les Parisiens n'ont pas
de plus grand plaisir que de pouvoir dire quelque
chose contre lui. La chose n'est pas comme on la raconte, et lors même que cela serait, je ne vois pas en
quoi elle regarderait les Parisiens ; mais voilà comment on est ici. Vous pouvez bien penser qu'il ne m'est
pas agréable de savoir qu'on placarde sur les murs du
Palais-Royal des affiches ainsi conçues : *Voicy ou se
font les lotteries et ou on trouve le plus fin poison* [2]. Par
les *lotteries* on veut dire que mon fils vit avec sa fille
comme Loth. On n'exige pas que mon fils soit bigot,
mais on ne trouve pas bon qu'il blasphème comme
s'il n'y avait pas de Dieu, et en cela on n'a pas préci-

1. C'est-à-dire l'affaire dont on prétend que le bruit est venu
d'Espagne, comme il est dit dans la lettre du 20 février 1712.

2. « Le cri public était affreux, dit Voltaire ; on ne peut s'en
faire une idée sans en avoir été témoin. »

Saint-Simon de son côté raconte ce qui suit : « Dès le 17 février que M. le duc d'Orléans fut avec Madame donner de l'eau
bénite à la Dauphine, la foule du peuple dit tout haut toutes
sortes de sottises contre lui tout le long de leur passage... Il y
eut même lieu de craindre pis d'une populace excitée et crédule,
lorsque, le 21 février, il alla seul donner l'eau bénite au Dauphin. Aussi essuya-t-il sur son passage les insultes les plus
atroces d'un peuple qui ne se contenoit pas, qui lançoit tout
haut les insultes les plus énormes, qui le montroit au doigt avec
les épithètes les plus grossières, que personne n'arrêtoit, et qui
croyoit lui faire grâce de ne pas se jeter sur lui et le mettre en
pièces. Ce fut la même chose au convoi. Les chemins retentis-
soient de cris, plus d'indignation et d'injures que de douleur.
On ne laissa pas de prendre sans bruit quelques précautions

sément tort. Je le lui ai dit cent fois, mais il ne me croit pas. Ma vue commence à baisser beaucoup. On a aussi accusé mon fils de la mort de Seignelay, parce qu'un mois auparavant ils avaient mangé ensemble après avoir joué à la salle de bal, etc.

## CLXXXVIII.

Marly, le 8 avril 1712.

Comme M. Hassenberg vous remettra ma lettre en mains propres, je veux profiter de l'occasion pour vous dire d'où vient le malheur de mon fils. M. du Maine, M$^{me}$ la duchesse et M. le duc d'Antin [1], qui sont les plus ambitieuses créatures qui existent, voyant que le roi a de l'inclination pour mon fils,

dans Paris pour empêcher la fureur publique dont les brouillons se font craindre en divers moments. Elle s'en dédommagea par les gestes, les cris et par tout ce qui se peut d'atroce, vomi contre M. le duc d'Orléans. Vers le Palais-Royal, devant lequel le convoi passa, le redoublement de huées, de cris, d'injures, fut si violent, qu'il y eut lieu de tout craindre pendant quelques minutes. »

Quant à la cour, voici, toujours selon Saint-Simon, quelle fut son attitude : « M. le duc d'Orléans fut non-seulement abandonné de tout le monde, mais il se faisoit place nette devant lui chez le roi et dans le salon ; et s'il y approchoit d'un groupe de courtisans, chacun, sans le plus léger ménagement, faisoit demi-tour à droite ou à gauche, et s'alloit rassembler à l'autre bout, sans qu'il lui fût possible d'aborder personne que par surprise, et même aussitôt après il étoit laissé seul avec l'indécence la plus marquée. »

1. Fils de M$^{me}$ de Montespan et du marquis de Montespan, favori de Louis XIV.

cherchent par tous les moyens possibles à le désho-
norer. Tant que Monseigneur a vécu, ils n'ont travaillé
qu'auprès de lui et auprès du duc de Bourgogne. Ils
ont réussi auprès du premier, mais ils n'ont rien pu
gagner sur le second, qui était plus juste que son père.
Depuis un an, et depuis la mort de Monseigneur, ils
se sont mis à l'œuvre ; ils ont attiré dans leur cabale
la vieille Maintenon, qui a dit au roi que mon fils avait
empoisonné le dernier Dauphin, ainsi que le Dauphin
et la Dauphine. Ils pensaient que le roi serait si épou-
vanté de cette révélation qu'il renverrait mon fils de
la cour sans examen. Et voici comment je le sais :
quand les docteurs vinrent rapporter au roi qu'ils
avaient tout examiné minutieusement, et que ces
deux personnes n'avaient certainement reçu aucun
poison, le roi se tourna vers Mᵐᵉ de Maintenon, et lui
dit : « Eh bien, madame, eh bien, ne vous avois-je pas
dit que ce que vous m'aves dit de mon neveu estoit
faux[1] ? » On a vu à Paris des gens de d'Antin qui répandaient ce bruit parmi le peuple. Cela vous prouve
que nous avions très-bien jugé, et que la vieille voudrait bien voir sur le trône celui qu'elle a élevé. Elle
nous hait tous, mais je ferai semblant de ne pas m'en
douter, etc.

## CLXXXIX.

Versailles, 21 mai 1712.

..... Bien que la vieille[2] soit notre plus cruelle en-

1. En français dans l'original.
2. Mᵐᵉ de Maintenon.

nemie, je lui souhaite cependant une longue vie à
cause du roi, car tout irait encore dix fois plus mal si
le roi venait à mourir maintenant. Il a tant aimé cette
femme qu'il ne lui survivrait certainement pas; aussi
souhaité-je qu'elle vive encore de longues années.

Quant à M. le duc de Berry, il ne serait pas si niais,
si on ne l'avait pas élevé dans une telle ignorance; mais
il ne sait rien de rien, à peine sait-il ce qu'il est, et
avec cela il est très-opiniâtre. Mais il est très-amoureux de sa femme, qui malheureusement ne l'est pas
de lui, et, bien qu'elle se conduise mieux qu'autrefois, je crains qu'elle ne devienne coquette; elle y a
une grande propension, et bon chien chasse de race.
Madame sa mère, malgré toute sa gravité, n'est cependant jamais sans *affaires*; on doit toutefois lui
rendre cette justice qu'elle s'y gouverne bien et ne
fera jamais d'éclat. Tout Paris la croit une vestale;
mais moi, qui vois les choses de plus près, je sais bien
ce qu'il en est. Elle vit bien avec moi, et je me garde
de lui causer le moindre chagrin; je conseille aussi à
mon fils de toujours bien vivre avec elle; car à quoi
servirait un éclat? Le roi serait pour sa fille, et, malgré
l'éclat, mon fils devrait la garder; il vaut donc mieux
fermer les yeux et vivre bien ensemble. Cela l'obli-
gera à servir toujours mon fils auprès du roi et à
parler pour lui. Sur ce point, mon fils suit mes conseils et s'en trouve bien. Pour le reste, voici ce qu'il
en est. M. le duc du Maine et M$^{me}$ la duchesse sont les
créatures les plus ambitieuses du monde; ils cherchent par tous les moyens possibles à se mettre en

faveur, et comme le duc d'Antin y est beaucoup, ils sont sans cesse en éveil pour supplanter leur demi-frère. Ils ne s'aiment donc pas du tout. M<sup>me</sup> d'Orléans et M<sup>me</sup> la duchesse se haïssent aussi comme le diable; car M<sup>me</sup> la duchesse voulait que M. de Berry épousât une de ses filles, et elle ne peut pas pardonner à sa sœur que sa fille ait eu la préférence; de plus elle cherche maintenant à éloigner de M<sup>me</sup> d'Orléans son très-cher frère, ce qui donne lieu encore à une nouvelle jalousie. Voilà où est à présent l'intérieur de la cour, etc.

## CXC.

Versailles, le 1<sup>er</sup> octobre 1712.

..... Notre duchesse de Berry est plus folle et plus impertinente que jamais. Hier elle voulait me ra-brouer, mais je lui ai bien dit ma façon de penser. Elle venait très-parée, en grand habit avec plus de quatorze poinçons des plus beaux diamants du monde; tout était bien, sauf qu'elle avait sur la figure douze mouches qui lui allaient horriblement mal. Quand elle arriva devant moi, je lui dis : « Madame, vous voilà à merveille, mais il me semble que vous avez trop de mouches, cela n'a pas l'air asses haut. Vous estes la première personne de ces pais cy; cela de-mande un peu plus de gravité que d'estre mouchetée comme les comediens sur le theatre. — Elle fit la moue, et dit : Je say que vous n'aimes pas les mou-ches et que vous les trouves mal, mais comme je le

trouve fort bien et que je ne veux plaire qu'à moy...
— Je lui dis : C'est une ereur de vostre grande jeunesse, car plus tost que de plaire a vous mesme, vous
deves songer a plaire au roy. — Oh! dit-elle, le roy
s'accoutume a tout, et moy j'ay pris mon partis de ne
me mettre en peine de rien et ne me soucies de rien.
— Je ris, et lui dis : Avec ces sentiments, on va loin.
Escoutes, quand je vous dis mon sentiement, c'est pour
vostre bien parce que j'y suis obligée comme vostre
grande mère, et parce que le roy me la ordonnes ;
sans cela je n'en dirois mot. Ce taire est un bon partie.
— Oui, fit-elle, car cela ne sert de rien, et on ne
m'empêchera pas de faire ce que je veux. — Je lui
dis : Tant pis pour vous, mais comme tout ce que je
vous entends dire là sont des abus et erreurs de jeunesse, j'espère que cela changera ; ne vous souvenes
vous pas avoir ouy dire a M^{me} la Dauphine qu'on ne
pensoit pas tousjours de mesme et qu'elle estoit fâchée
de n'avoir pas esté plus tost raisonable ? — Pour moy,
dit-elle, je me trouve bien et ne changeres pas. — Je
dis : Cela ne suffit pas que vous soyes contente de
vous, il faut que tout le monde le puisse estre. — Là
dessus elle se leva. — Voilà, dis-je, une petitte teste
qui vous donnera bien de la peine. — Qu'est-ce que
cela veust dire? me demanda-t'elle. — Vous m'enten-
des, répondis-je, cela suffit, mais si vous ne m'enten-
dies pas, l'expérience vous rendra bientost savante sur
cela ; et elle partit avec cette leçon[1]. » Vous voyez à

1. Tout ce dialogue est en français dans l'orignal.

quelle extravagante nous avons affaire. Le soir, j'ai
raconté à son père tout ce qui s'était passé, en ajou-
tant qu'il ferait bien d'apprendre à sa fille de quelle
manière elle devait me parler; que j'avais eu cette
fois de la patience, mais que je n'étais pas sûre d'en
avoir toujours autant, et que je pourrais bien me
plaindre au roi de la façon dont elle reçoit mes avis.
Mon fils eut peur, il me pria de ne rien dire et me
promit de la tancer vertement, etc.


## CXCI.

Rambouillet, le 5 octobre 1712.

...... Je ne veux dans cette lettre vous parler de rien
autre que de Rambouillet. Lundi dernier, à deux
heures de l'après-dînée, le roi monta en voiture. Il
me prit auprès de lui; derrière était M^me d'Orléans,
seule, et sur les deux *estropontins* (strapontins), contre
les portières, mon fils et M^me de Brancas, qui ne peuvent ni l'un ni l'autre supporter d'être assis face en
arrière. En approchant de Saint-Cyr, le roi ordonna
d'aller lentement, car il y avait sur la route deux cent
cinquante demoiselles de Saint-Cyr, formant la haie
en quatre divisions : la jaune, la bleue, la verte et la
rouge. M^me de Maintenon était en voiture en face
d'elles et les présenta au roi. M^me Danjeau et M^me de
Quélus étaient à la tête de ces demoiselles. Après cela
nous allâmes bon train, nous trouvâmes un relais à...

J'ai oublié le nom qui, du reste, vous importe peu, et nous arrivâmes ici à huit heures. Cette maison[1] paraît petite extérieurement, mais intérieurement elle est grande, et je ne puis vous dire quelle quantité il y a de beaux logements et très-commodes. L'appartement du roi consiste d'abord en une longue salle où mange Sa Majesté. En haut, entre deux fenêtres, on voit le portrait du roi de grandeur naturelle. En face, entre deux portes, est le portrait de feu Monseigneur. De chaque côté du portrait de Sa Majesté il y a une porte, celle de droite, ouvrant sur une chapelle, celle de gauche, sur l'antichambre du roi. A côté de Monseigneur sont les portraits du roi et de la reine d'Espagne, et sur les deux portes susdites ceux du feu duc et de feue la duchesse de Bourgogne. L'antichambre du roi est comme une petite galerie; la tapisserie est très-riche; elle représente l'empereur et l'impératrice de la Chine de toutes sortes de manières; ici on les voit se promenant sur l'eau dans des galères, là ils sont à terre sur un trône. La chambre du roi est très-grande et très-belle : les tapisseries représentent le palais de Thétis. Thétis fait venir son fils Achille, auquel les nymphes apportent ses armes, etc.

1. Le château de Rambouillet.

## CXCII.

Versailles, le 8 avril 1713.

..... Il me semble que le jeune roi de Prusse[1] se hâte trop de montrer que, selon lui, son père a eu tort; il aurait dû attendre encore et laisser Danckelmann[2] acheter sa fortune par des services. Je trouve très-juste la loi sur les procès qu'a faite ce jeune roi. Je suis comme vous, je n'ai pas cru qu'il eût mal parlé de notre roi; c'est bon pour un malotru tel que le prince d'Anhalt. Quand on est aussi brutal que le prince d'Anhalt et qu'on ne sait pas mieux vivre que lui, cela gâte tout ce qu'on peut avoir d'ailleurs de bonnes qualités, etc.

1. Frédéric-Guillaume Ier, fils de Frédéric Ier.

2. Éverard-Christophe-Balthasar Danckelmann, homme d'État prussien, né en 1643, mort en 1722. Après avoir été gouverneur du prince Frédéric, il devint son premier ministre lorsque celui-ci fut l'électeur Frédéric III. Il ne flattait pas le prince et s'opposa à ce qu'il prît le titre de roi comme les autres courtisans l'auraient voulu. Pendant longtemps l'électeur le soutint; mais las des menées de la cabale formée contre lui, il donna sa démission en 1607. La cabale l'emporta enfin : accusé sans preuves de rapports avec les ennemis de l'État, il fut arrêté et transféré dans la forteresse de Peitz. Ses biens furent confisqués. Il ne recouvra la liberté qu'à l'avénement de Frédéric-Guillaume Ier (1713), qui le réhabilita complétement.

# CXCIII.

Versailles, le jour de Pâques, 16 avril 1713.

Aujourd'hui devait être un jour de joie; mais, au lieu d'entendre des alleluia, on ne voit que des gens en pleurs, car le pauvre enfant, le duc d'Alençon[1], est mort cette nuit à minuit, comme je m'y attendais depuis longtemps. Il est certain en effet qu'on l'a saigné trop tôt. Son père et sa mère sont inconsolables. Ils me font vraiment pitié. Je suis aussi bien inquiète pour le duc de Berry : il a tous les jours ce qu'on appelle une fièvre lente, et sa mine est des plus mauvaises; son frère ne l'avait pas pire lorsqu'il mourut. Le prince Ragotzki[2] m'a pourtant un peu rassurée; il dit que le duc de Berry aura la fièvre autant de jours qu'a duré son flux de ventre; car il a vu souvent que, lorsqu'en pareil cas on se faisait saigner, la fièvre se déclarait aussitôt après et durait autant qu'avait duré le flux. Dieu veuille qu'elle cesse bientôt et que cela ne tourne pas mal !

1. Fils du duc de Berry.

2. François-Léopold Ragotzki, prince de Transylvanie; après avoir longtemps lutté contre l'Autriche à la tête des Hongrois soulevés, il vint en France en 1713. Il se retira dans la maison des Camaldules à Grosbois; puis, éloigné sur la demande de l'Empereur, il chercha un refuge en Turquie, où il mourut en 1713. Voir dans Saint-Simon, t. VI, p. 360 et suiv. (édit. Chéruel), l'origine et les aventures de ce prince.

## CXCIV.

Marly, le 19 novembre 1713.

...... On a raconté à ma table comme quoi deux hommes de talent, qui déclaraient n'avoir jamais cru aux esprits, sont maintenant parfaitement convaincus qu'il y en a. L'un est l'abbé Dubois, l'ancien précepteur de mon fils; l'autre est Fontenelle, de l'Académie, qui a fait le livre de la *Pluralité des mondes*. On a aussi raconté tout ce qu'ils ont vu et entendu, et j'ai recommandé à Leplat de bien écouter, afin que je puisse tout vous mander. Mais mon fils pense que Fontenelle ne s'est montré si crédule que parce qu'il est mal avec les jésuites. Ceux-ci l'accusant de ne croire à rien, il a saisi cette occasion pour se poser en croyant. Quant à l'abbé Dubois, c'est le plus grand fourbe et imposteur de Paris; il se garde donc bien de découvrir les fourberies des autres. C'est déjà beaucoup quand il n'y ajoute pas quelque chose du sien, etc.

## CXCV.

Marly, le 24 novembre 1713.

...... Mon fils et sa fille s'aiment tant, comme vous savez, que malheureusement cela a fait dire de vilaines choses sur leur compte; mais maintenant ils commencent à se haïr, ils se font chaque jour des disputes du diable, et, ce qui est le pire de tout, la fille brouille le père avec son mari. Le père est parti désespéré pour Paris. Il me cache tout, mais je l'apprends par sa femme et je fais comme si je ne savais rien, etc.

## CXCVI.

Versailles, le 27 décembre 1713.

..... Mon fils est petit-fils de France. Les petits-fils de France sont au-dessus des princes du sang ; ils n'ont pas, il est vrai, autant de priviléges que les enfants de France, mais ils en ont beaucoup plus que les princes du sang. Ainsi, mon fils mange à la table du roi, tandis que les princes du sang n'y mangent pas. Il n'a jamais pris le titre de premier prince du sang, car il n'est pas prince du sang, mais petit-fils de France ; c'est pour cela qu'on l'appelle Altesse Royale. Mais son fils, qui est le premier prince du sang, s'appelle Altesse Sérénissime et non Altesse Royale. Il n'est pas avec le roi matin et soir ; il n'y est que dans les grandes cérémonies, lorsque toute la famille mange avec le roi ; il n'a non plus aucun des priviléges qu'a son père, tels que carrosse cloué, premier écuyer, premier aumônier, etc.; ses officiers ne peuvent ni ne doivent le servir devant le roi ; il n'a pas de gardes au château, et cent autres choses du même genre, à la différence de mon fils. Il faut que je me sois trompée en écrivant, car mon fils n'a jamais été prince du sang. Le roi a bien donné au duc du Maine, à ses fils et à son frère[1] le rang de princes du sang, mais après tous les princes et princesses du sang ; c'est tellement vrai que, dans sa propre maison, la femme du duc du Maine est assise au-dessus de lui ; qu'elle a en tout le pas sur son mari, et que, lorsqu'on signe un contrat, elle signe au rang que lui donne sa naissance, tandis que lui ne met son nom qu'après celui de tous les princes et princesses du sang. Il est donc bien loin de mon fils : il y a entre eux deux tous les princes du sang. Quant à moi, ma position ne peut pas changer. Si le roi avait une fille, on l'appellerait Madame, et moi, Madame, duchesse d'Orléans. La femme de mon fils s'appelle M<sup>me</sup> *la* duchesse d'Orléans. Le *la* indique qu'elle n'est pas enfant ou fille de France, mais seulement petite-fille. Il faut avoir l'habitude de cette cour pour pouvoir bien faire toutes ces différences. M. le Dauphin a commis envers la fille de mon fils une grande injustice en décidant qu'elle viendrait après les princesses du sang mariées. Il est cependant bien certain qu'elle est la première, puisque son frère est le premier prince du sang. Mais alors M<sup>me</sup> la duchesse était la favorite du premier Dauphin, elle lui faisait faire tout ce qu'elle voulait, et le roi faisait tout ce que demandait M. le Dauphin. S'il eût vécu, les princes du sang auraient été loin...

La constitution du pape contre le père Quesnel[2] fait

1. Le comte de Toulouse.
2. Le père Quesnel, chef du parti janséniste à Bruxelles, ayant été vendu et découvert, fut obligé de se sauver en Hollande. Il

ici un bruit terrible. Tous les évêques se sont rassemblés à propos de cette affaire. Je ne sais pas ce qu'il en est, car cela m'ennuie d'en entendre parler, et, quoi qu'on puisse décider à ce sujet, je n'en dormirai pas moins bien. Quelqu'un me trouvant dernièrement en train de lire dans la Bible de Lunebourg[1], me reprocha en riant d'agir contre le pape; je lui répondis : Je ne fais rien contre l'*institution* du pape. Le pape défend de lire la Bible du père Quesnel, ainsi que la Bible en français. Or, celle que je lis n'étant ni du père Quesnel ni en français, je ne tombe pas du tout sous le coup de la défense, etc.

## CXCVII.

Marly, le 3 mai 1713.

.... Nous avons ici notre duc de Berry dangereusement malade. Dans la nuit de dimanche au lundi matin avant quatre heures, il eut un accès de fièvre avec frissons; il cacha la chose, se leva, s'habilla et voulut aller trouver le médecin du roi; mais le frisson l'ayant repris de nouveau, il ne put plus le cacher, et comme il avait un très-violent mal de tête, il dut se mettre au lit. La fièvre a toujours été en augmentant, accompagnée de forts vomissements. D'abord il ren-

mourut à quatre-vingts ans, après avoir fait une profession de foi très-orthodoxe.

1. Lunebourg, ville de la principauté de Brunswick-Lunebourg, aujourd'hui appartenant au Hanovre.

dit une matière toute verte, et ensuite noire comme du charbon. Mais hier, en examinant les matières noires, on s'aperçut que c'était du sang caillé. Il en rendait par le haut et par le bas. Les docteurs étaient très-contents, et ils croyaient M. le duc de Berry hors de danger, parce qu'ils espéraient arrêter le sang. Nous allâmes tous à Versailles pour nous réjouir avec M<sup>me</sup> de Berry de ce que son mari était hors de danger; mais cette nuit il lui a pris un vomissement si affreux, qu'il ne peut plus rien garder dans le corps; il est donc très-dangereusement malade, bien qu'il n'ait presque plus de fièvre et que les redoublements aient cessé. On vient à l'instant même de le saigner pour la cinquième fois; je suis persuadée que la forte dose d'émétique qu'on lui a donnée est cause de son mal, car on lui en a fait prendre neuf grains; cela peut bien avoir rompu une veine. D'autres disent qu'il y a huit jours, étant à la chasse, il a voulu faire un effort pour retenir son cheval qui avait fortement butté, et qu'il s'est rompu une veine; qu'il s'est aussitôt trouvé mal, mais qu'il a caché cet accident. Vendredi il a eu la diarrhée; il était abattu et sans appétit; dimanche soir il a commencé à vomir. Je sors de sa chambre à l'instant; on vient de le saigner pour la huitième fois; il est affreusement défait; il a mangé une pleine assiette de gelée que, sauf votre respect, il n'a pas rendue. Il a très-peu de fièvre, mais tout ce sang caillé me fait trembler, et je crains bien que cela ne tourne mal. Ce serait affreux! Dieu veuille nous assister, car nous en avons grand besoin!

## CXCVIII.

Marly, le 6 mai 1714.

Je ne prévoyais, hélas! que trop juste lorsque je vous disais jeudi dernier que le pauvre duc de Berry n'en reviendrait pas. Le malheureux prince a expiré, en effet, vendredi dernier à quatre heures du matin. Il parlait encore trois quarts d'heure avant d'expirer, et il est mort avec une grande fermeté. Il a seulement regretté d'être lui-même la cause de sa mort, et s'est plaint de ne pouvoir pas même voir sa femme avant de mourir. Il a témoigné jusqu'à la fin une grande considération pour le roi son grand-père; car comme on lui demandait s'il ne voulait pas recevoir le viatique et l'extrême-onction, il répondit : « Ouy, tres volontier; mais que ce ne soit qu'après le couche (coucher) du roy, pour luy espargner ce triste spectacle qui pourroit le trop toucher. — Cependant se sentant mal, il dit : Non, ne recullons rien, je vois que cela presse [1]. » Le roi a été lui-même chercher le saint-sacrement; nous assistions tous à cette triste cérémonie qui a duré trois quarts d'heure : on ne peut rien imaginer de plus navrant; c'était à vous fendre le cœur. Une heure et demie auparavant, nous avions été, Mme d'Orléans et moi, auprès du pauvre malade. Il croyait être hors de danger et me disait en riant :

1. En français dans l'original.

20

« Pour asteur, madame, je crois pouvoir vous dire que
je´suis sauves, je n'ay plus de fievre et ne sens plus
de mal. Il cria d'une voix forte : Donnes une chaisse
à Madame et un siege à M^me d'Orléans, caussons-là.
— Je répondis : Non, de parler pouroit vous ramener
la fievre, ne parles pas tant [1]. » Tout en causant, il fut
pris d'un violent hoquet; et il parlait péniblement,
car il ne pouvait presque pas respirer. M^me. d'Orléans,
qui pensait qu'il était effectivement hors de danger,
fut tout étonnée de me voir, en sortant, les larmes
aux yeux. Elle me demanda pourquoi je pleurais. Je
lui dis : « Eh! mon Dieu, madame, ne voyes vous pas
à la respiration, à la parolle et à ce hoquet que ce
prince se meurt?» Elle ne voulut pas le croire, mais
elle vit ensuite que je n'avais dit que trop vrai.

Un peu avant sa mort, le pauvre duc de Berry a
avoué que c'était lui-même qui en était cause; car le
jeudi précédent, c'est-à-dire huit jours auparavant,
comme il chassait au bois dont une petite pluie avait
rendu le terrain humide, son cheval glissa des pieds
de devant. Il le retint avec force, et le cheval se releva
si brusquement que le pommeau de la selle atteignit
le duc de Berry entre la poitrine et l'estomac. Il res-
sentit sur le coup une vive douleur, mais il ne dit
rien. Le même soir il fit du sang, et défendit à son
valet de chambre d'en parler. Il pensait avoir la dys-
senterie et ne voulut rien en dire de peur qu'on ne lui

---

1. Toute cette conversation est en français dans l'original,
ainsi que les paroles de Madame à la duchesse d'Orléans.

fît avaler un tas de remèdes. Il espérait que cela se
passerait tout seul. Vendredi il commença à se sentir
mal à l'aise; mais il dit que ce n'était qu'un peu de
diarrhée, et le samedi il alla à la chasse. Ce même
jour, un paysan, qui avait vu le coup que le prince
avait reçu, demanda à un des gens du roi : « Comment
se porte M. le duc de Berry? — Fort bien, répondit
l'autre, car il court le loup aujourd'hui. — Si cela
est qu'il se porte bien, dit le paysan, il faut que les
princes ait les os plus dur que nous auttres paissants,
car je luy vis recevoir un coup jeudy à la chasse en
relevant son cheval dont trois paissants en seroit
crevé [1]. »

S'il eût dit un seul mot de cela, on ne lui aurait pas
donné d'émétique; mais il sait lui-même qu'il rend
du sang caillé et il prend de l'émétique. Cela prouve
bien que quand un malheur doit arriver, tout y con-
court. Sa maladie avait toutes les apparences d'une
fièvre vénéneuse : saignement du nez, somnolence,
vomissements accompagnés d'une fièvre épouvantable
qui l'a pris lundi à quatre heures du matin. Il voulait
encore ce jour-là aller à la chasse. M. Fagon, qui est
venu me voir tout à l'heure, m'a dit que du moment
où le duc de Berry avait rendu ces caillots de sang
noir, il n'y avait plus de remède, car il avait déjà la
gangrène dans le corps. Mes dames, qui ont vu le
pauvre prince huit heures avant sa mort, disent qu'il
était si affreusement changé que personne n'aurait

1. En français dans l'original.

été capable de le reconnaître. Je ne l'ai pas vu, je suis bien assez affligée. On a immédiatement conduit le corps *au thuillerie* (sic) où toutes les cérémonies doivent avoir lieu. Le vendredi même, j'ai été à Versailles trouver la pauvre duchesse de Berry. Elle est bien à plaindre, car elle a assez d'esprit pour comprendre toute l'étendue de son malheur et de la perte qu'elle vient de faire. Elle m'a fait pleurer à chaudes larmes, car j'ai grandement pitié d'elle. De la femme la plus heureuse du monde, elle va devenir la plus malheureuse si elle n'a pas un fils. Elle croit fermement qu'elle n'aura qu'une fille, etc.

## CXCIX.

DERNIÈRE LETTRE, DONT IL N'Y A QU'UN FRAGMENT.

Rambouillet; le 15 juin 1714 [1].

..... Il est très-certain que la princesse des Ursins a en Espagne plus d'autorité que le roi, auquel il pourrait bien arriver la même chose qu'à son grand-père Louis XIII. Ce roi demandait à un de ses courtisans : « Est-il vray que tu est chasses de la cour? L'autre répondit très-bien : Sire, j'espère que non puis que vous n'en saves rien [2]. » Il en va de même là-bas...

1. Nous rappellerons au lecteur que la princesse Sophie, à qui cette correspondance est adressée, mourut le 18 juin 1714.
2. La demande et la réponse sont en français dans l'original.

La reine d'Espagne [1] n'était pas belle, mais jeune, sensée et agréable. Un prince de trente ans [2] n'est cependant plus un enfant pour se laisser garder par une femme, etc.

1. Marie-Louise-Gabrielle de Savoie, épouse de Philippe V, née le 17 septembre 1688 à Turin, morte le 14 février 1714 à Madrid. Elle n'eut à se reprocher que son aveugle amitié pour la princesse des Ursins.

2. Philippe V, né en décembre 1683, avait alors trente ans révolus.

FIN.

20.

# INDEX

## DES NOMS DE PERSONNAGES

### CITÉS DANS LES

## LETTRES NOUVELLES INÉDITES

#### DE LA

## PRINCESSE PALATINE

---

### A.

### B.

## C.

## D.

## E.

## L.

## M.

# O.

# P.

# Q.

# R.

## S.

## T.

PARIS. — IMPRIMERIE DE J. CLAYE, RUE SAINT-BENOIT, 7.

# COLLECTION HETZEL

18, RUE JACOB

*En vente :*

*En préparation :*

PARIS. — IMPRIMERIE DE J. CLAYE, RUE SAINT-BENOÎT, 7.

www.ingramcontent.com/pod-product-compliance
Lightning Source LLC
Chambersburg PA
CBHW050318030726
47505CB00003B/761